少年学典故

四 人生处处有真知

安然 主编

江西美术出版社
全国百佳出版单位

图书在版编目（CIP）数据

少年学典故. 人生处处有真知 / 安然主编. -- 南昌：
江西美术出版社, 2021.2

ISBN 978-7-5480-7861-6

Ⅰ. ①少… Ⅱ. ①安… Ⅲ. ①汉语—典故—少年读物

Ⅳ. ①H136.3-49

中国版本图书馆CIP数据核字（2020）第222815号

出 品 人：周建森

企　 划：北京江美长风文化传播有限公司

责任编辑：楚天顺　朱鲁巍　　策划编辑：朱鲁巍

责任印制：谭 勋　　　　　　　封面设计：韩　立

少年学典故：人生处处有真知

SHAONIAN XUE DIANGU：RENSHENG CHUCHU YOU ZHENZHI

主　 编：安 然

插图绘制：陈来彦　陈福平

出　 版：江西美术出版社

地　 址：江西省南昌市子安路 66 号

网　 址：www.jxfinearts.com

电子信箱：jxms163@163.com

电　 话：010-82093785　　0791-86566274

发　 行：010-58815874

邮　 编：330025

经　 销：全国新华书店

印　 刷：三河市华成印务有限公司

版　 次：2021 年 2 月第 1 版

印　 次：2021 年 2 月第 1 次印刷

开　 本：880mm×1230mm　1/32

总 印 张：24

ISBN 978-7-5480-7861-6

定　 价：118.00 元（全 4 册）

目录

·国家篇·

·经济篇·

·军事篇·

·节日篇·

国家篇

安居乐业

典出（春秋）老子《老子》。

又见（东汉）班固《汉书》。

居住的地方安定，对自己的职业喜爱。比喻安定地生活，愉快地劳动。

老子生活在由奴隶社会向封建社会过渡的大动荡、大战乱的时代。当时，阶级斗争非常激烈，人民不满意自己的"食""服""居""俗"，敢于犯上作乱，暴动起义，而且有了频繁的战争。

针对这种现实，老子渴望出现"小国寡民"的理想社会：国家很小，人口稀少。即使有许多的器具，也不去使用；不要让人民去冒险，也不向远处迁移；即使有车辆和船只，也无人去乘坐；即使有兵器装备，也无处使用。要求人民重新使用古代结绳记事的方法，吃得很香甜，穿得很舒服，住得很舒适，满足于原有的风俗习惯。邻近各国互相望得见，鸡鸣狗叫互相听得着，但是人们直到老死，都不相往来。

老子的这种想象的动机是反对奴隶制，反对一个阶级剥削压迫另一个阶级。从这一方面看，尚有它的积极意义。

百姓所以养国家也，未闻以国家养百姓者也

典出（北宋）王安石《再上龚舍人书》。

我只听说过靠百姓供养国家，但却从未见过靠国家供养百姓。所以：用以、用来的意思。养国家：供养国家。

在这里，王安石把国家与人民的关系阐述得十分透彻，强调了民众是国家之本；人民才是物质财富与精神财富的创造者，而非国家机器。

不在其位，不谋其政

典出《论语·泰伯》。

不在那个职位之上，就不去考虑那个职位的政事。谋：考虑、谋划。政：在位者的政事。

其实，这句话还有言外之意，即在其位者就应尽心做好自己的工作，认真地履行自己应尽的职责；倘若不在其位，就不能僭（jiàn）越而谋其政。否则就会引发一些不必要的争执，小则影响到工作，大则影响到国家的安定团结。

这句话可以说是人们在社会生活中频繁引用的一项基本原则，而这对于执政者而言更为重要，因为只有如此才能保证社会的安定有序，保证国家机器的正常运行。

干戈化玉帛

典出（战国）左丘明《左传》。

比喻使战争转变为和平。引申为重修于好，相互礼尚往来的意思。干戈：古代的两种兵器，指打仗。玉帛：玉器和丝织品，指和好。

春秋时，秦穆公娶了晋献公的女儿为妻，两国非常友好。有一年，晋国发生了饥荒，秦国运粮去帮助他们渡过难关。有一年，秦国遭了灾，去向晋国借粮，晋惠公却不给。而且，他原来答应送给秦国的城市和土地，也赖掉不给了，秦穆公很气愤，就派兵攻打晋国。

晋军一触即溃，晋惠公带兵逃到韩地。秦兵追到韩地。结果晋惠公被俘，秦穆公打算把他带到秦国去。

秦穆公的夫人穆姬听说同父异母的哥哥晋惠公被俘，认为晋惠公忘恩负义，现在又成了俘虏，是她的极大耻辱。于是，她领着几个儿女登上一座高台，台下堆满柴草。然后，她命令人们穿上丧服迎接秦穆公，并且让他们传话说："上

天降下了灾难使得秦、晋两国国君不得用玉帛相见，而是大动干戈。我坚决不见晋惠公，如果大王把他带进国都，我立刻就自焚而死。"

　　秦穆公没有办法，只好将晋惠公暂时安置在灵台。后来，秦穆公又和晋惠公讲和，把他送回了晋国，秦、晋两国终于干戈化玉帛。

苟利国家，不求富贵

典出（西汉）戴圣《礼记》。

只求有利于国家，不求个人富贵。

春秋时期，鲁哀公向孔子询问儒家所主张的道德品行。孔子说："苟利国家，不求富贵。"这两句话体现了儒家基本的道德观点，即为了国家的利益，个人的荣辱富贵不足道。这种为国为民的思想很值得赞赏和传承，清代林则徐《赴戍登程口占示家人》诗中有"苟利国家生死以，岂因祸福避趋之"两句，正是对孔子这一思想的继承。后世的人多用此话来阐述自己的爱国情怀。

划一制度

典出（西汉）司马迁《史记·秦始皇本纪》。

统一的制度规定。划一：统一，一律，使一致。

在秦始皇统一中原以前，各国都有车马，主要的地方都有通车马的道路，可是道路有宽有窄，车辆有大有小。各地方的车只能够在自己的地方行驶，如果在三十六郡的道路上都能很快地行驶，那就办不到了。要是秦国的兵车不能立

刻开到每个郡县，这么多城怎么管得住呢？

　　秦始皇规定车轴上两个车轮子的距离，一律改为六尺。车的大小规定好了，道路自然就得修一修。这就是说，三十六郡都应当有一定宽窄的"驰道"。这样，一面改造车辆，一面赶修"驰道"。很快，三十六郡都修起驰道来，从咸阳出发，北边通到燕国，东边通到齐国，南边通到吴国、楚国，甚至湖边、海岸上都修了驰道。驰道宽五十步（秦以六尺为一步），每隔三丈还种上青松。天下已经统一，各地方不再打仗，所有的兵器都收集到咸阳来，铸成了十二座很大的铜像（古文叫金人）和好几口大钟。各地方不打仗，原来士兵的一部分变成了修路的人。改良交通这件事，很快就办到了。

　　交通一方便，商业跟着就发达起来了。商业一发达，麻烦的事又多了。除了秦国以外，各地方的尺寸、升斗、斤两全不一样，怎么做买卖呢？比方说，东郡的一丈绢到了南郡一量，才合八尺；三川郡的一斗大麦，用巨鹿郡的斗一量，倒多了一升；南阳郡的十斤腌肉，到了九江郡，才够八斤四两。各地方的买卖人必须来回地折合计算，要不然，就得带着几十种不同的尺、斗、秤，才能做买卖。

　　那时，中国早已出现了不少工商业者聚会在一起的大城市，像咸阳、洛阳、临淄、定陶、邯郸、大梁、寿春等。在这些大城市，几乎什么东西都能买到，比如北方的马、牛、羊、大狗；南方的羽毛、象牙、犀牛皮、油漆颜料；东方的

海鱼、食盐；西方的皮革、毛织品等。由于手工业的发达，农民自己不打铁，不烧窑；工商业者自己不种地，不养蚕，也随时可以买到粮食和布帛，甚至绣花的丝织品。全中国工商业的发展，为了通商的方便，也要求有个统一的制度。秦始皇就规定全国一律用统一的度、量、衡，禁止使用旧有且杂乱的度、量、衡。这么一来，全国的老百姓可就方便得多了。

统一货币。货币用于买卖，具有流通性质，没有统一的货币就无法促进各地区间经济发展。秦始皇把铜钱改为统一的"孔方兄"，方便了人们的贸易。

可是还有一件多少年来最难办的事情，也必须有个妥当的改革办法，才能叫三十六郡的官长、百姓，彼此都能交往和了解。那就是语言和文字。中国从夏、商、周三代以来，已经不是一个单纯的民族了。东、西、南、北好多个部族都会合进来，这么多人合成了一个国家，当然各有各的语言。那时候，各地方虽然都有"方言"，可是已经有了一种比较普通的互相可以听得懂的语言，叫作"雅言"，如同书面官话。这种雅言老百姓不怎么听得懂，可是各国的大夫和读过书的人都能够听懂。秦始皇就把这种雅言作为正式的语言。

可是口头的雅言写在书面上应当用哪一种文字呢？秦始皇决定采用比较方便的书法，规定为正式的统一文字，其余各地写法不同的文字，也跟那些杂乱的度、量、衡一样，一律废除。

克勤于邦，克俭于家

典出《尚书·大禹谟》。

能够辛勤地为国效力，能够节俭地操持家务。克：能够。邦：古代诸侯封国之称。

此句为古人立身处世的准则。古人向来视修身、齐家、治国、平天下为人生之追求。"克勤于邦，克俭于家"正是古人对于国家、家庭的要求。对于国家，应该尽心尽力，报效国家。而对于家庭，要做到勤俭持家，家庭和睦。

成语"克勤克俭"即是来自此处。勤劳节俭是我们中华民族的传统美德，应坚持下去，不可舍弃。

利天下之民者，莫大于治

典出（战国）商鞅《商君书·开塞》。

对于天下百姓而言，最为有利的事情莫过于国家能够保证社会的安定和谐。

在商鞅看来，治理民众最重要的手段就是保证国家的长治久安，也只有这样才能让百姓真正得到实惠，并能快速地赢得民心。

民人以食为天

老百姓把吃饭作为最要紧的事。天：此处指最重要、最根本的依靠。

人活着不是为了吃饭，但是人吃饭是为了活着。食物是维持人们生命最重要、最根本的生活资料，是不可或缺的东西，所以在这里把它喻为天。

东汉班固在《汉书·郦食其传》中把此句写作"民以食为天"，两句意思相同。后人多引用此句强调农业生产对于国计民生的重要性。现代社会，人们也常引用此句，借以说明饮食对于一个人的重要性。

民生在勤，勤则不匮

人民的生计贵在勤劳，勤劳就不会贫乏。不匮：不缺乏。春秋战国时期，晋楚两强争霸，中原诸侯择强而从。晋国下军副统帅栾（luán）书深入分析晋楚两国的政治、经济、军事、军心、民心等条件时，认为楚庄王雄才大略，治国有

道，晋国不能与楚国开战。

栾书说了较长的一段话，当中就引用了"民生在勤，勤则不匮"。此话体现了人文思想，是千百年来颠扑不破的真理。

在我国悠久的历史中，无论是哪个朝代、哪一个区域的人，只要他们有勤劳的精神，就能创造财富。这种财富既可能是经济上的财富，也可能是政治上的财富。因为经济上的繁荣，物资富足，是能够获得较为良好的政治地位的。此话传承千年，至今仍然有深刻的教育意义。

天下兴亡，匹夫有责

典出（清代）顾炎武《日知录·正始》。

国家的兴盛或衰亡，每个普通人都有一份责任。匹夫：普通百姓。

顾炎武的原文为"保天下者，匹夫之贱，与有责焉耳矣"。后来，梁启超把它概括为"天下兴亡，匹夫有责"。

正所谓"皮之不存，毛将焉附"，国家兴亡与个人的荣辱密切相关，所以无论任何人，无论身处社会何种地位，都对国家兴亡存有一份责任。在国家兴亡之计，应该勇敢站出来，共赴国难，为保卫国家民族而斗争。此句运用十分广泛，多用来表达普通人的爱国之心。

天下之本在国，国之本在家，家之本在身

典出（战国）孟子《孟子·离娄上》。

统治天下的根本在于建立的国家，而形成国家的根本在于每一个家庭，而组成每一个家庭的根本则是我们自

身。本：根本。

这里体现了"修齐治平"的治国思想，点出了治国在于治人，这对后世历代治国方略的制定都产生了极大的影响。

为国者以富民为本

典出（东汉）王符《潜夫论·务本》。

治理国家的人应当以富民作为根本。为（第一个）：治理。国家的根本在于人民，人民生活安定富足了，就会维护统治，国家就会富强安定。

反之，如果统治阶级不注重民生，无法满足人们富足的生活需求，就会招致人们的不满。

正所谓"水能载舟，亦能覆舟"，如果解决不了这个矛盾，必然会引起民众的激烈反对，从而使国家陷入不稳定。

所以，如欲安国，必先富民，此为治国安邦之策。古代贤君多将此句视为治国名言。

文事武备

典出（西汉）司马迁《史记·孔子世家》。

治国之道，既需要文德教化，也要有武装力量，两者缺一不可。

公元前501年，齐景公正打算拉拢鲁国和别的中原诸侯，以匡复齐桓公当年的事业，恰巧鲁国的阳虎（鲁国大夫季孙氏的家臣）跑到齐国来，请齐景公派兵帮他去打鲁国。

公元前517年，鲁国的国君鲁昭公被大夫季孙如意（季孙行父的孙子）轰出去了，再也没能回来。鲁国的老百姓都护着季孙氏，说鲁昭公失了民心，不配做国君。他死在国外，谁也不去可怜他。鲁国的政权全在季孙氏、孟孙氏、叔孙氏三家大夫手里。鲁昭公死在外头，三家大夫立鲁昭公的兄弟为国君，就是鲁定公。鲁定公也是个挂名的国君，大权还是在三家大夫手里。那时候，周天子的实权早就掌握在诸侯手里，而诸侯的实权又多半掌握在大夫手里。

一国的几家大夫得到了实权，国君独尊的局面就被打破了。大夫夺取国君的实权，大夫的家臣又想夺取大夫的实权。

公元前502年，季孙氏的家臣阳虎不但要夺取季孙氏的大权，而且还要把季孙、孟孙、叔孙三家灭了，打算把整个鲁国大权拿到自己手里来。"三桓"被逼得没法儿，只好合到一块儿去对付阳虎，才把阳虎打败。他跑到齐国，请齐景

公派兵帮他去打"三桓"。齐景公觉得这样不行。晏平仲请齐景公把阳虎送回鲁国去。齐景公就把阳虎逮住押回鲁国去。

半路上，阳虎买通了看守他的人，逃走了。齐景公给鲁定公写了一封信，告诉他阳虎偷跑了，还约鲁定公到齐、鲁交界的夹谷（今山东省莱芜市）开个会。鲁定公自己不敢做主，就把三家大夫请来商量。

季孙斯（季孙如意的儿子）对鲁定公说："齐国为了祖护先君昭公，三番两次地来打咱们，弄得咱们总没法安定。现在他们愿意和好，咱们怎么能不去呢？"鲁定公说："我去开会，谁当相礼跟我一块儿去呢？"大夫孟孙何忌推荐鲁国的大司寇孔子去。

齐景公约鲁定公到夹谷去开个会。鲁定公请孔子做相礼，陪他一块儿到齐国去。孔子对鲁定公说："我听说讲文事的必须有准备。就是讲和，也得有兵马防备着。从前宋襄公开会的时候，没带兵车去，结果受了楚国的欺负。这就是说，光有文的没有武的不行。"鲁定公听了孔子的话，便让他去安排。孔子就请鲁定公派申句须和乐颀两名大将带领五百辆兵车跟着上夹谷去。

到了夹谷，两位大将把兵马驻扎在离会场十里的地方，自己随着鲁定公和孔子一同上会场里去。开会的时候，齐景公有晏子当相礼，鲁定公有孔子当相礼。举行了开会仪式后，齐景公就对鲁定公说："咱们今天聚在一起，实在不易，我预备了一种特别的歌舞，请您看看。"说话之间他就叫乐工

表演土人的歌舞。一会儿台底下打起鼓来，有一队人扮作土人模样，有的拿着旗子，有的拿着长矛，有的拿着单刀和盾牌，打着呼哨，一窝蜂似的拥上台来，把鲁定公的脸都吓白了。孔子立刻跑到齐景公跟前，反对说："中原诸侯开会，就是要有歌舞，也不应该拿这种土人打仗的样子当作歌舞。请快叫他们下去。"晏子也说："说的是啊。我们不爱看这种打架的歌舞。"晏子哪儿知道这是齐国大夫黎弥和齐景公两个人使的诡计。他们本来想拿这些"土人"去威胁鲁定公，好在会议上向鲁国再要些土地。经晏子和孔子这么一说，齐景公只好叫他们下去。

黎弥躲在台下，等着这些"土人"去吓唬鲁定公，自己准备在台底下带着士兵一起闹起来。没想到这个计策没办到，

只好另想办法。散会以后，齐景公请鲁定公吃饭。正在宴会的时候，黎弥叫了几个乐工，准备让他们去献唱。他布置完了，上去对齐景公说："土人的歌舞不合鲁君的胃口，我们就唱个中原的歌儿吧！"齐景公说："行，行！"

那些涂脂抹粉的乐工就在齐、鲁两国的君臣跟前连唱带跳地表演起来了。唱的词很不雅。气得孔子拔出宝剑，瞪圆了眼睛，对齐景公说："他们竟敢戏弄诸侯，应当定罪！请贵国的司马立刻将他们治罪！"齐景公没说话。乐工们还继续唱着，这明摆着是侮辱鲁国的君臣，孔子忍不住了，就说："齐、鲁两国既然和好结为弟兄，那么鲁国的司马就跟齐国的司马一样。"接着他就扯开了嗓子向台下说："鲁国的大将申句须和乐颀在哪儿？"两位大将一听见孔子叫他们，飞也似的跑上去把那两个领头的乐工拉了出去。别的乐工吓得慌慌张张地全跑了。齐景公吓了一大跳，晏子十分镇静地请他放心。这时候，黎弥才知道鲁国的大将也在这儿，还听说鲁国的大队兵马都驻扎在附近，吓得他也缩着脖子退出去了。

宴会之后，晏子狠狠地数落了黎弥一顿。他又对齐景公说："咱们应当向鲁君赔不是。要是主公真要做霸主，真心诚意地打算和鲁国交好，应当把咱们从鲁国汾阳地方霸占过来的灌阳、郓（yùn）城和龟阳这三块土地还给鲁国。"齐景公听了他的话，就把三个地方都退还给了鲁国。

这个故事告诉我们，要有勇有谋，有胆有识，治国如此，做人也如此。

（头部图案）

·人生处处有真知·

戏弄使臣

典出（西汉）司马迁《史记·齐太公世家》。

意思是不要讥笑别人的身体缺陷，并说明了恶有恶报的道理。

孙叔敖死了四年之后，楚庄王也去世了。晋景公打算利用这个机会，耀武扬威一番，就引兵先去攻打齐国。

这时候，中原的诸侯国如郑国、陈国、宋国等都归附了楚国，就连齐国和鲁国也跟楚国亲善起来。晋景公眼看情势的发展对晋国十分不利，心里非常焦急。他采纳了大夫伯宗的建议，派遣大夫郤（xì）克去访问齐国和鲁国，打算先将这两个国家联合起来。

公元前592年，郤克访问过鲁国之后，准备前往齐国，鲁国正好也有意和齐敦睦一番。两年前（公元前594年，鲁宣公十五年），鲁国刚实施了一项大改革，把以前的公田制改为按亩数收税的"税亩制"。这对于国君大有好处。因为公田制只是收取公田上的谷物，农民无法既耕种公田，又同时供应军役，遇有战事，公田一旦乏人耕种，公家的收入就会受影响。现在改为税亩制，农民仍然有服军役的义务，可是五谷的收成是好是坏，公家不管，只是向有田地的人按亩数收税。如此一来，农民既要负担赋税，又要当差打仗，日子就更苦了。然而鲁宣公根本不考虑这些，

19

还一心一意想借这项新措施来富国强兵。

此时鲁国的大臣东门遂和叔孙得臣已经相继死了，大权掌握在季孙行父手里。鲁宣公就派遣季孙行父跟郤克同行。这两国的大夫来到齐国的边界，凑巧遇见了卫国的使臣孙良夫及曹国的使臣公子首。他们也要到齐国去。四国的使臣就一起到齐国去见齐顷公（齐桓公的孙子、齐惠公的儿子）。齐顷公见了他们，办完了公事，请他们第二天到后花园参加宴会。

齐顷公回到宫里见到母亲萧太夫人，就笑了起来。萧太夫人问他什么事这么好笑。

齐顷公说："今天晋、鲁、卫、曹四国的大夫一块儿来访问，已经够巧的了。谁知晋国的大夫郤克瞎了一只眼睛，只眨巴着一只眼睛看人；鲁国的大夫季孙行父是个秃子，头上无发，又光又滑，永远不必梳头；卫国的大夫孙良夫是个瘸子，两条腿，一条长，一条短；曹国的大夫公子首是个驼子，老是弯着腰。您想一个瞎子、一个秃子、一个瘸子、一个驼子，不约而同地到了这儿，不是挺有意思的吗？"

萧太夫人说："真有这种怪事吗？明天我可要好好瞧一瞧。"

齐顷公连年进犯邻近的小国，处心积虑想做东方的霸主。以前他只怕西方的晋国和南方的楚国，后来晋国在邲城被楚国重挫锐气后，齐国跟楚国又订立了盟约，他还怕谁呢？这一次，他存心要跟这四国的使臣开个玩笑，看他们服不服自

己，也算是试探他们对齐国的态度。

第二天，齐顷公特地挑选了四个人招待这四个大夫，陪着他们到后花园来。接待单眼瞎子郤克的也是一个单眼瞎子，接待秃子季孙行父的也是一个秃子，接待瘸子孙良夫的也是一个瘸子，接待驼子公子首的也是一个驼子。萧太夫人在楼台上瞧见单眼瞎子、秃子、瘸子、驼子，成双成对地走过来，不禁捧腹大笑。旁边的宫女们也跟着笑弯了腰。郤克他们起初瞧见那些招待的人都带点残疾，还以为是凑巧的事，并不十分在意。一听见楼台上不绝于耳的笑声，才意识到是齐顷公故意戏弄他们，个个气得脸色铁青。

他们敷衍地喝了几杯酒，就告辞出来，一打听才知道，在楼台上嘲笑他们的竟是国母萧太夫人，就更加恼火。

三国的大夫异口同声对郤克说："咱们诚心诚意地来访问，

他竟戏弄咱们，给这些妇女们取乐，简直岂有此理！"郤克说："咱们遭受这种侮辱，如果不想办法报仇，哪算得上是大丈夫！"其他三个大夫都摩拳擦掌地说："只要贵国兴师攻打齐国，我们一定请求国君发兵，鼎力帮助你。"

于是四国大夫当场对天发誓，准备报仇。郤克回到晋国，立刻怂恿晋景公去征伐齐国，但是晋景公不答应。郤克只好忍辱暂时搁下这件事。

翌（yì）年，鲁宣公去世了。他的儿子鲁成公不像他那样小心翼翼地服侍齐国，反而有归附晋国的意思。齐顷公就毫不客气地进攻鲁国的北边，夺下了一座城和邻近的土地。齐国乘胜又顺便去侵犯卫国，卫国的孙良夫出兵抵抗，被打了个落花流水。他急奔到晋国去求救，此时鲁国也正向晋国请求救兵。晋景公为了保有中原盟主的地位，不得不发兵去征讨齐国。

公元前589年，晋景公拜郤克为中原大将，带着蛮书、韩厥等人率领八百辆兵车浩浩荡荡向齐国进发。鲁国季孙行父、卫国孙良夫、曹国公子首也各自带领着兵车前来会合，四国兵车绵延三十多里，一辆接一辆地往前奔去。

齐顷公听说四国出兵来犯，就挑选了五百辆兵车去迎战。双方在鞍地（今山东省济南市西）遭遇上了。齐顷公派国佐、高固两个大将去对付鲁、卫、曹三个小国的军队，自己带领着一队兵马去跟晋国军队交战。他吩咐士兵们拿着弓箭，一起朝他的车马奔跑的方向射过去。他亲自领了一个"冲锋队"，

直冲到晋国的阵地里。齐国人的箭如蝗虫般纷飞而至，晋国的人马死伤了不少。齐顷公本人在大批的箭矢掩护下，并没有多大的危险。晋国的解张（解扬的儿子）替中军大将郤克赶车，不料胳膊上中了两箭，他咬紧牙，忍着痛，依旧不放松缰绳。郤克亲自擂鼓，激励将士们勇往前进。冷不防迎面飞来一支箭，射中了他的肩膀，他的上衣、下裳和靴子顿时染满了鲜血，鼓声就慢慢地微弱下来了。解张急嚷着说："中军的旗鼓是全军的耳目，如果将军还有一分力气，就请把它全使出来吧！"郤克猛然醒悟，狠狠地将军鼓擂得震天响。那辆兵车好似受伤的老虎猛往前冲去，两旁擂鼓的兵车也跟着一起冲过去。

鼓声打得越来越急，越急越响，简直是地动山摇。晋国的大军还以为前边打了胜仗，大家精神抖擞，排山倒海似的压了下去。齐国的军队抵挡不住，大败而逃。司马韩厥看见郤克身负重伤，赶忙请他先回去休息，自己代他去追击齐顷公。齐国人已被打得乱窜乱逃。齐顷公往华不注山（今山东省历城县东北）的方向逃去。韩厥在后面紧追不舍。不多久，晋国的士兵越来越多，团团围住了华不注山。

齐国的将军逢（páng）丑父对齐顷公说："咱们已经被围住了。主公赶快跟我换穿衣裳，交换座位，让我假扮主公，主公您假扮臣下，也许还能够有条活路。"

齐顷公只好照办。他们刚穿好衣服，换妥座位，韩厥的人马便赶到了。韩厥上前拉住齐顷公的马，向假扮齐顷公的

逢丑父行了个礼，说："寡君答应了鲁、卫两国来向贵国责问，我只好尽我军人的职责，请君侯跟我到敝国去吧！"逢丑父用手指着喉咙，显出一副渴得不能说话的样子，然后拿出一个水瓢，交给齐顷公，挣扎着说了一句："丑父，给我舀点水来。"齐顷公下了车，向韩厥行了个礼，征得了他的许可，就拿着水瓢假装去舀水，终于逃跑了。韩厥等了一会儿，不见那舀水的回来，就把那装扮成齐顷公的逢丑父带回兵营里去。

大家听说擒住了齐顷公，都兴奋极了。没想到郤克出来一瞧，却说："这不是齐顷公！"韩厥大怒，揪住他问："你是什么人？齐顷公呢？"他说："我是逢丑父。主公已经拿着水瓢走了。"郤克说："你冒充齐顷公瞒骗我们，还想活吗？"逢丑父说："像我这样肯代国君死的忠臣，竟要被贵国杀害了。"郤克听了，若有所悟，就只把他拘押起来。

郤克领着大军及鲁、卫、曹三国的兵马往临淄进攻，决心灭掉齐国。齐顷公只好打发国佐带着厚礼到晋国兵营去见韩厥，向他求和。

韩厥说："因为贵国屡次侵犯鲁、卫两国，他们才请寡君出面主持公道。本来我们和贵国是无冤无仇的呀！"国佐说："寡君愿意把从鲁国和卫国夺来的土地还给他们，这样总该可以讲和了吧？"韩厥说："这个我不能做主。咱们去见中军大将吧！"

韩厥引着国佐去见郤克。郤克说："如果你们真心打算

求和，就得依我两件事：第一，萧同叔子（就是萧太夫人）必须到晋国来做人质；第二，齐国境内田地的垄亩全得改为东西向。万一齐国违反盟约，我们就杀了人质，兵车顺着垄亩由西向东直攻到临淄。"

国佐说："将军，您这个主意行不通呀！萧太夫人是齐国的国母，列国的争端再多，也没有拿国母当人质的道理。至于田地垄亩的方向全是依天然形势辟成，哪能统一改成一个方向呢？将军提出这两个条件，想必是不答应讲和了！"郤克说："偏不答应，你敢怎么样？"国佐说："将军您别太瞧不起齐国，虽然我们打了个败仗，也不至于一蹶不振。要是您不答应讲和，我们还可以再打一次；第二次如果又打了败仗，还可以来第三次；第三次如果又败了的话，顶多是亡国，也不至于拿国母当抵押，更用不着改变垄亩的走向。您不答应就算了！"说完，他站起来走了。

鲁大夫季孙行父、卫大夫孙良夫听说了这件事，生怕事端扩大，都力劝郤克宽容一些。郤克是个聪明人，就顺水推舟地说："只要两位大夫同意他们讲和，我也不坚持己见。可是齐国的使臣已经走了，怎么办呢？"季孙行父说："我去追他回来。"

齐国就这样又归到晋国这边来了。齐顷公还依约把从鲁国和卫国夺得的土地退还了他们。大家订了盟约。晋国把逢丑父释放回齐国，四国的军队全都撤回本国去了。

先天下之忧而忧，后天下之乐而乐

典出（北宋）范仲淹《岳阳楼记》。

在天下人忧愁之前我就开始忧愁，在天下人快乐之后我才享受快乐。

用现在的话说，就是吃苦在前，享乐在后。这里，范仲淹"先忧"与"后乐"的态度异常鲜明。这两句话为脍炙人口的千古名言，体现了范仲淹忧国忧民、关心国家大事的高尚精神。因而流芳千古，为后人所称颂。

小康大同

典出（西汉）戴圣《礼记》。

小康，指天下统一，用封建道德来巩固君臣、父子、夫妇等封建秩序；现指丰衣足食，国家较为强大的一种社会。大同，是儒家将原始共产社会理想化的一种无法实现的社会。"小康"与"大同"是儒家所追求的两种理想社会。

有一次，孔子参加当地的祭典礼。典礼结束后，他信步来到一座高台上，举目望去，只见远处雾茫茫的一片。此情此景，他想到诸侯各国征战不止，周王室日渐衰弱，禁不住发出长长的感叹来。

他的学生言偃在一旁问道："先生为什么长吁短叹？是不是为鲁国的前途忧虑呢？"

孔子语重心长地说："我没有赶上尧、舜、禹的时代。那时，天地间的一切财物是大家拥有，所选拔的官吏也是贤明有道德的人；人与人之间和睦相处，讲求信义和友谊，不像现在这样，人们只关心自己家里的人，而不对别人家的老人和孤儿寡母也一样关怀。那样的社会真好啊！"

言偃说："先生说过：那时的东西丢在路上都没有人要，人们唯恐自己的力量贡献不出来，一切财富归公家所有，需要时，人们去取来就是。"

孔子接着说："是的，这就是所谓的'大同社会'。"

言偃又问道："先生曾说过'小康社会'，指的是什么？"

孔子回答道："禹、汤、文王、武王、成王、周公，都是以礼义治理天下。他们以此来分清是非，考查人诚实不诚实，树立仁爱的榜样，给人民揭示了生活的准则。如果有人公然违反礼义，群众会把他看成是祸害，使他陷于孤立。这样的社会，就叫作'小康'。"

言偃说："看来礼义很重要。小康社会还会出现吗？"

孔子说："恐怕不容易了。"

兴天下之利，除天下之害

典出（战国）墨翟《墨子·兼爱下》。

凡是于天下人有利的事就去干，帮助它兴办起来；凡是对天下人有害的事，就把它除掉。意思是，保留那些有利于国家发展的政策，极力革除那些有害于国家发展的弊政。

对于执政者而言，也只有如此，才能保证我们的国家快速地走向繁荣昌盛的道路。

以国家之务为己任

典出（唐代）韩愈《送许郢（yīng）州序》。

把国家的事情当作自己的责任。

韩愈的朋友许志雍准备到郢州出任刺史，而他的顶头上司于顿却在领地中公然聚敛，肆无忌惮。韩愈就乘着为许志雍写序送别的机会，讽谏规劝于顿，要于顿真正把国家的事情当成自己家的事来办，多做实事，少骚扰百姓。

"以国家之务为己任"这句话虽然是韩愈写给别人的话，但是也可以从中感受到其对于国事的态度，即大公无私、为

国为民，此种情怀正是正直之士的毕生追求。

殷鉴不远

典出《诗经·大雅·荡》。

指周朝子孙应以商的灭亡为鉴戒。后泛指前人失败的教训就在眼前。

在我国历史上，第一个朝代叫夏。相传是夏后氏部落领袖禹的儿子启所建立的奴隶制国家。夏建都安邑（今山西省夏县北）、阳翟（今河南省禹县）等地。夏朝共传了十三代、十六王，最后一个君王叫桀。夏桀是一个荒淫暴虐的君王，终于被汤所灭。

汤灭夏桀后，建立了商朝。这个朝代共传了十七代、三十一王，最后一个君王叫纣，又称商纣。商纣王也是一个荒淫暴虐的君王，执政期间，政治腐败，当时的周族领袖伯昌曾善意地向纣王提出劝告，说："殷商的教训不必向远处去找，就在夏桀那一代。"也就是告诉纣王：夏代的灭亡，应当作为殷商的鉴戒。但是，昏君纣王不听劝告，还囚禁了伯昌。最后，商朝终于毁灭在纣王的手里。

丈夫贵兼济，岂独善一身

典出（唐代）白居易《新制布裘》。

大丈夫贵在以天下人的利益为重，怎么能够仅仅满足自己，而不顾别人呢？

此二句体现了白居易救世济民的伟大抱负。大丈夫立身处世，应该以天下人为念，努力为百姓谋福利，如果只顾自己，独善一身，就无法实现其人生价值。

丈夫皆有志，会见立功勋

典出（唐代）杨炯《出塞》。

男子汉大丈夫都应有高远的志向，并在适当的时机为我们的国家建立功业。会：即时机，或是事情变化的一个时间。

杨炯与王勃、骆宾王、卢照邻被称为初唐四杰。此句表达了其愿为国家建功立业的决心。

31

丈夫志四海，万里犹比邻

典出（三国魏）曹植《赠白马王彪》。

大丈夫应当志在四海，我们即便是相隔万里之遥，也要当作是相互毗邻的邻居一样。

这是曹植赠给其弟白马王曹彪的一首诗，并以此诗互相慰勉。这是兄弟二人相互激励之语，寄托了二人想为国家建功的理想与抱负。

治大者不治细

典出（战国）列子《列子·杨朱》。

做大事的不做小事。引申为处理问题时，应该抓住主要矛盾。

杨朱去谒见梁王，夸口说治理天下如同反掌那么容易。

梁王说："先生三亩地的园子，还不能除草治理好；而你却说治理天下易如反掌，这是为什么呢？"

杨朱回答说："您见过牧羊的人吗？有成百只的羊群，派一个五尺高的孩童，扬起鞭子尾随着它们，说向东就向东，说向西就向西。假使让尧帝牵一只羊，让舜帝扬起鞭子在后

面跟着，那羊也不会听话往前走了。况且我还听说，口能吞船的大鱼，从来不到水的支流里去游泳；鸿鹄飞得很高，从来不聚集在脏水池边。这是为什么呢？是由于它们的目标更加远大呀。黄钟大吕这种乐调，不能伴奏繁杂凑合的舞曲，这是为什么呢？是因为它的声调节奏过于稀疏呀！所以说，要管理国家大事的不去顾及琐屑的生活小事，要成就大功业的不去纠缠小的利益。说的就是这个道理呀！"

巨细大小，本来是相比较而存在的，在它们之间并没有不可逾越的鸿沟。古人所说的修身、齐家、治国、平天下，除了反映出封建意识外，作为事物发展过程中的各个发展阶段来说，首先彼此是相通的，其次情形又往往互相区别。从前一方面看，矛盾的普遍性是绝对的，成大不成小，这说法是难以成立的；从后一方面看，矛盾的特殊性是相对的，治大不治细，这说法是能站住脚的。也就是说，具体事物具体分析，无论做什么事情，都必须抓住要害。

自矜犝牛

典出（明代）宋濂《燕书》。

意思是自己夸自己买的小牛是天下无可匹敌的。比喻眼光狭小，见识短浅。矜（jīn）：自夸。犝（tóng）：

无角小牛。

在南海边上，有一个叫昭支昷（wēn）的人，他居住在蛟水弯处的山丘上。这个地方不产牛，有一个人牵来了一头犝牛，它的体形像四尺长的大狗，而角却像蚕茧、栗子一般小。昭支昷看了以后惊疑地说："这是个什么东西呀？"他的朋友伯昏氏告诉他说："这叫作犝牛。《易经》书上称之为'童牛之牿'的就是它呀。"昭支昷说："我看见画上的牛，它的形体不过咫尺长罢了，活牛竟有这样大的吗？"他便恳求牛的主人，买了那头牛牵回家来，向他的近邻夸耀着，对他的差役们吹嘘着，自以为是天下无可匹敌的。

过了几天，宁宣子路过这里，对昭支昷说："这并不足以称为庞然大物呀。在高凉山上，有一种牛叫作犕（bèi）牛，它有黄色的尾巴、黑色的身子，体形肥壮像个圆筒子，它的肉重三百多斤，你为什么不去寻求来呢？"昭支昷于是再去把犕牛购买回来了，又自以为是天下无可匹敌的。

再过了几天，爰（yuán）子旃（zhān）路过昭支昷的家，对他说："这也不足以称为庞然大物呀。在空宾的森林里，有一种牛叫作旄（máo）牛，红色的毛，下垂到大腿，天青色的牛尾毛遮蔽着膝盖。体形很长，力气又大，它的肉重六百斤，你为什么不去寻求来呢？"昭支昷再去把旄牛买回家来，又自以为是天下无可匹敌的。

又过了几天，倨（jù）无膝路过他的家，对他说："这不足以称为庞然大物呀。在巴峡里面，有一种牛叫作犎（fēng）

牛，它的毛卷曲着，它的眼睛明亮闪光，它的角非常锐利，它的肉重一千斤，你为什么不去寻求来呢？"昭支显再去把它购买回来了，又自以为是天下无可匹敌的。

再过了几天，梁都之舟走过他的家，对他说："这也不足以称为庞然大物呀。在合浦那里，有一种牛叫作摩（má）牛，脖颈上的肉向上隆起，神髯般的胡子往下垂到大腿，跑起来飞一般快，它的肉重有三千斤，你为什么不去寻求来呢？"昭支显又去把它买回来，并且向人们夸耀说："像这样大的牛，世界上还有可以与之相匹敌的吗？"便趾高气扬蹦跳着，傲慢自得地自吹自夸着。

过了几天，公孙伯光走过他的家门，昭支显便拉出他的牛来应答着。公孙伯光说："这还不足以称为最大的牛呀。在岷（mín）峨的山谷，有一种牛叫作犣（wèi）牛，像用瓦刀抹平的头顶，像天鹅伫立般的脚后跟，像纹彩碧玉般的脊背，填塞满了油脂的屁股，它的肉重七千斤，你为什么不去寻求来呢？"昭支显听后疑惑地说："真有这样的牛吗？虽是这么说，明天我也要去验证一下。"昭支显到了那里，果然有像伯光所说的那样的大牛。因而叹了一口气说："假使别人不来告诉我这些情况，我将始终认为犝牛是天下最大的牛了！"

坐井观天，往往不知天地之大。尤可悲者，反以井天自骄，这就贻笑大方了。

经济篇

抱鸡养竹

典出（明代）冯梦龙《古今谭概》。

比喻官吏坐地盘剥，不择手段。

唐朝新昌县令夏侯彪之刚到任，就向里正问道："鸡蛋一钱几个？"

里正回答说："三个。"

县令便叫人取出一万钱，买三万个鸡蛋，并对里正说："我现在不要这些鸡蛋，你可让孵卵的母鸡给孵化出来，就得三万只鸡，过几个月，等它们长大后，让县吏给我卖掉，一只鸡卖三十个钱，半年之内就是三十万钱。"

过了一会儿，县令又问里正："竹笋一钱几根？"

里正回答说："五根。"

于是县令又取出一万钱交给里正，让他买五万根竹笋，并吩咐里正说："我现在不要笋，你就在林园里给我培育起来，到秋天长成竹，一根卖十钱，便可得五十万钱。"

后人用"抱鸡养竹"的这个典故鞭挞那些贪官是如何利用职权，想方设法剥削劳动人民的。

薄我货者，欲与我市者也

典出（南宋）崔敦礼《刍（chú）言》。

贬低我的货物的人，就是想与我交易的人。薄：贬低。

买商品的人为了能够以低价收购，就会设法找出商品的缺陷，对商品进行贬损；而卖商品的人为了能够以高价出售，就会尽量指出商品的优点，对商品进行赞美。因此，我们要善于把握买卖双方的心理，这样就能把握好商机，促成交易的完成，从而就能赚取到利润。

不涸泽而渔，不焚林而猎

典出（西汉）刘安《淮南子·主术训》。

不把池水排干来打鱼，不把林地烧毁来打猎。涸（hé）：水干。

人们在进行生产的时候，很容易为了眼前的利益，而做出一些杀鸡取卵的事情，将自身的索取建立在对他人的掠夺之上，这种做法虽然能够较快得利，但是从长远来看，仍然是弊端大于得益的。

人们做任何事情都应该考虑周全，既要考虑眼前，也要考虑到长远，不要为了眼前利益而不顾长远利益。

楚人遗弓，楚人得之

典出《孔子家语·好生》。

楚国人丢失弓，拾到的仍是楚国人。比喻自己的东西虽然丢了，拾到它的人并不是外人。比喻利益并未外流。

一次，楚共王带了随从出去打猎。

中午野餐时，把弓矢解下来，放在地上。大家欢饮后，继续去打猎。走了二十多里山路，楚共王忽然发现自己把弓遗失在地上，忘记拿了。

这张弓是上品，是用最好的材料做成的，饰以金玉，深为共王所爱。左右侍者很惶恐，立刻要去找回来。

楚共王说："不必找了，我是楚国的人，拾到弓的人也必然是楚国的人。楚人遗弓，楚人得之，何必一定要找回来呢？"

左右大臣都认为楚共王心胸开阔。

这句话后来演变成四字成语"楚弓楚得"。

点石成金

典出（东晋）葛洪《神仙传》。

神仙故事中说仙人用手指一点使铁变成金子。后来比喻把不好的文章改为好文章。

晋代初年，有一个县令叫许逊。他经常装神弄鬼，咒符作法，并编造一些离奇古怪的故事，让人们相信他是位道术高深的仙人。

据晋代葛洪编的《神仙传》记载，这位许逊在当旌阳县令的时候，百姓交不起租子，他施展法术，把石头点化成黄金，替百姓上缴欠租。

钓鳏鱼

典出（秦）孔鲋《孔丛子》。

意思是告诫人们不能贪图享受。

子思居住在卫国。卫国人在黄河钓鱼，得了一条大鱼，大得可以装满一辆车。

子思问钓鱼的人说："鳏（guān）鱼，是很难得的鱼。你到底是怎么钓到的呢？"

钓鱼人回答说："我开始下钓，只垂下一只鳊（biān）鱼的诱饵，那鱼经过那里连看都不看一眼；我换上猪肉做的钓饵，那鱼就来吞钓了。"

子思听了，长叹了一声说："鳏鱼虽然难钓，却因为贪吃钓饵而死亡；有些读书人虽然胸怀大志，却因为贪图俸禄而身败名裂。"

东壁余辉

典出（西汉）刘向《列女传》。

形容希望沾点别人的光，使自己得到帮助和照应。

传说齐国某地有一个女子，名叫徐吾，她的家境非常贫寒。每天夜里，她与邻女们聚在一间大屋子里绩麻纺线，而照明的蜡烛则由每个女子从家里带来。

徐吾因为穷，所以她带来的蜡烛最少。有一个姓李的女子很不高兴，便对其他人说："徐吾带的蜡烛不够，以后不要她来和我们一起干活了。"

徐吾听了此话，颇感不平，她分辩道："你怎么能这样说呢？大家都看得到，我每天来得最早，休息得最迟。天天打扫好房间铺好席子等你们来。坐的时候也自觉地坐在下面。这都是因为我穷，自知带的蜡烛太少。何况，同一间屋子内，

多我一个人，烛光不会暗淡一点；少我一个人，烛光也不会明亮一些，而我只需借着照在东墙上的余光，就可以每天干自己的活。请你们不要吝惜那一点余光，让我蒙受大家的同情与恩惠吧。"

见徐吾说得很有道理，而且她也的确让人同情，其他女子都不再有异议，李女也无话可说了。

从此，徐吾仍天天与邻女们在一起绩麻纺线，也不再有人因为她带的蜡烛少而说三道四了。

东海黄公

典出（明代）刘基《郁离子》。

说明只看问题的表象，不深入研究，终究要吃大亏的。安期生在芝罘山得道成仙了。他拿着一把红色的刀能够驱使老虎。他用刀左右指挥，要老虎进就进，退就退，好像使唤小孩子一般。

东海有个黄公，看到这种情况很羡慕。他以为安期生的神妙本领就在刀上，于是将刀偷来佩带在身上。不久，黄公在路上碰到老虎，便拿出刀来与虎搏斗。那刀一点儿也不灵。黄公斗不过老虎，被老虎吃掉了。

这个故事是改造汉代杂戏"东海黄公"而写成的，原义是讽刺妄求非分的人。

好酒爱屐

典出（唐代）裴炎《猩猩铭》。

本意是猩猩爱喝酒、爱穿鞋，终被捉住。比喻为了眼前的利益不能做到避害，是很危险的。屐（jī）：泛指鞋。猩猩往往几百只在一起，成群结队地出没于山谷中。

它们好喝酒，乡下人把很多酒和酒糟摆在道路两边；它们还爱穿鞋，乡下人就编了不少草鞋并用绳子勾连起来，也放在路旁。

猩猩一见摆着的酒和鞋就知道是乡下人设置的机关，还知道他们祖先的姓名，便指名道姓地骂道："你们这些家伙，想诱捕我们吗？我们决不上当！"说完就走了。但它们又舍不得美酒，一会儿又返了回来。这样三番五次，实在忍耐不住了。便互相商议说："咱们少尝尝吧。"说着这个一口那个一口地喝起来，越喝越有味，最后全都喝得酩酊大醉。于是，又都把草鞋穿上。就这样，一下子被人们统统捉住，没有一个能逃脱。

后人用"好酒爱屐"的这个典故教导人们，处世要当机立断，不要明明知道有害，却不能与之断然决裂，结果越陷越深，最终毁灭了自己。

好讨便宜

典出（明代）冯梦龙《笑府》。

意思是爱占便宜或善于取巧。

从前，有个人特别爱占便宜，全城的人都防备着他，不敢从他家门口走过。

有一个人拿着一块砂石，自己觉得没有什么关系，便径直从他家门口走过。那个人一见，就叫道："慢走！"于是急忙跑进家里拿了厨房的菜刀出来，在砂石上鐾（bèi）来鐾去，把刀磨快了，才挥手说："去吧！"

后人用"好讨便宜"的这个典故讽刺那些爱占便宜的人。

和璧隋珠

典出（战国）韩非《韩非子》。

又见（西汉）刘安《淮南子》。

比喻极珍贵的东西。和璧：和氏璧。隋珠：传说中的夜明珠。

春秋时期，楚国有个叫卞（biàn）和的人，他在山里偶然发现一块璞玉，心中十分欢喜，拿去献给了楚厉王。楚厉王见到送来的璞（pú）玉很高兴，便找来玉匠，让他们辨认一下是什么样的玉。玉匠看过了，摇摇头说："大王，这不是什么玉，而是一块普普通通的石头！"楚厉王听说卞和送来的是一块石头，心中十分恼火，气急败坏地说："你竟敢骗我，真是好大的胆子！"于是他命令将卞和的左脚用刀砍去。

　　事隔不久，楚厉王死了，楚武王继了位。卞和捧着那块璞玉来见楚武王。楚武王接过璞玉，又请玉匠来看，玉匠还说是石头。于是楚武王命令将卞和的右脚砍掉。

　　后来，楚武王又死了，楚文王继了位。卞和听到了这个消息，就抱着那块璞玉，在荆山脚下号啕大哭，一直哭了三天三夜。他哭得非常悲切，眼泪哭干了，眼睛里淌出了血。这件事很快便传到楚文王的耳朵里，楚文王觉得很奇怪，就派人去问个究竟。派去的官员找到了卞和，问他："你为什么哭呀？天底下像你这样被砍去双脚的人不是很多嘛，为什么偏偏你如此悲痛呢？"卞和止住哭声，悲伤地说："我并不是因为失去了双脚而悲痛，我悲痛的是，奉献给大王的璞玉，明明是一块宝玉，却被人当成石头；我对大王是一片真心实意，却被说成是骗子。这才是让我悲痛的原因啊！"

　　官员把这件事情告诉了楚文王，楚文王就将卞和请进宫中，又找来玉匠把那块璞玉进行加工，果然得到了世间罕见的美玉，就给它起了个名字，称作"和氏璧"。从此以后，和氏璧便成了极其名贵的珍宝。

　　传说古时候有个"汉东之国"，国内有个姓姬的诸侯，叫"隋侯"。有一天，隋侯在路上遇见一条大蛇，这条大蛇受了重伤，半截身子都快要折断了。隋侯很同情它，就回家取来药，给蛇敷在伤处，又用布带为它包扎好，蛇便钻进树丛里去了。

　　过了好些天后，有一次隋侯在江边搭船，忽然一条大蛇

从江中浮起，昂着头向他游过来。隋侯吓得惊慌失措，魂不附体。可是那条蛇却没有伤害他，反倒从嘴里吐出一颗硕大的珍珠。这时隋侯定神一看，才看清楚这条蛇正是从前他救过的那条受伤的大蛇。他心里顿时明白了："啊，原来这是蛇从江中衔了一颗珍珠送给我，报答我的救命之恩呀！"于是他高兴地接过那颗珍珠。后来，人们便把这颗神奇的珍珠，称作"隋珠"。

由于"和氏璧"和"隋珠"都是世上稀有的宝贝，所以后来人们便用成语"和璧隋珠"比喻那些极其贵重的珍宝。

见利忘义

典出（东汉）班固《汉书》。

看见有利可图，就不顾道义而去干。

汉高祖刘邦死后，其子刘盈继位，就是汉惠帝。汉惠帝继位之初还能亲理朝政，但因其懦弱无能，大权逐渐落入他的母亲吕后手中。吕后是一个野心家。刘邦死后，她曾想将刘邦时期的文武大臣一网打尽，后因大臣郦商反对，未能得逞。但为了掌握大权，吕后将她的侄子吕产、吕禄分封为王，吕氏及其亲信掌握了中央的军政大权。

汉惠帝做了7年名义上的皇帝后，忧郁而死。吕后先后立了两个小皇帝，又都被废掉。到吕后死时，并没有正式的皇帝。这种安排无疑是企图让吕氏取而代之。

但是，吕氏不得人心。吕后死后，大臣周勃、陈平等便密谋诛灭吕氏家族。因吕禄掌握着北军，周勃等人不能靠近，便劫持了郦商，让他的儿子郦寄欺骗吕禄，并一块儿外出游玩，给周勃制造了机会，才将吕氏一网打尽。

因郦寄欺骗吕禄一事，天下人都说郦寄卖友。

竭泽求珠

典出（战国）吕不韦《吕氏春秋》。

排干了池子里的水来寻找宝珠。比喻贪得无厌，却往往事与愿违。

宋国的司马桓有一颗宝珠，他犯了罪而逃亡在外，宋王派人去询问宝珠藏在什么地方。他说："扔到池子里去了。"

于是宋王命人把池水排干了去找宝珠，宝珠没有找见，却把池子里的鱼全给弄死了。

后人用"竭泽求珠"比喻贪得无厌、财迷心窍的人，往往干出愚不可及的蠢事，给自己招来损失。

君子喻于义，小人喻于利

典出《论语·里仁》。

君子注重讨论义气，小人注重探讨利益。喻：通晓，明白。人都需要借助于一定的物质财富来满足其基本的生活需求，但君子更看重精神财富，而小人只看重物质财富。君子通过学习道义，实现了精神上的富足，提高了自身的修养。小人不断地追求物质利益，不知满足，甚至会采取一些不法的手段来获取财富，从而就走上了不归路。

这主要是指君子和小人价值取向的不同。两者价值取向之所以有此不同，这和两人的道德品质的高低有密切的关系。道德高尚者只需晓以大义，而品质低劣者只能动之以利害。

开源节流

典出（战国）荀况《荀子·富国》。

原指开发水源，节制水流。后比喻增加收入，节省开支。荀况指出：若要国家富强，朝廷就要爱护百姓，使老百姓安居乐业，并积极参与生产。只有这样，才能增加积累，充实国库，使国家富强起来。荀况说田野与农村是财的本，

官府的货仓和粮仓是财的末。百姓得到好的天时，耕作又适时，这是财货的源，按照等级征收的赋税纳入国库这是财的流。所以，贤明的君主必须谨慎地顺应时节的变化，开源节流，时时慎重地考虑这些问题。

李鬼劫路

典出（明代）施耐庵《水浒传》。

比喻用欺骗手段，盗取别人名誉，去干坏事。

黑旋风李逵（kuí）回沂（yí）水县接母亲上梁山泊。因沿途官府有榜文缉捉，他只得起早赶路，走着走着，来到一片大树林里。只见林中转过一位大汉，喝喊："知趣的，留下买路钱！"李逵看那人黑墨搽脸，手拿两把板斧，便问："你是什么人，敢在这里拦路抢劫？"那大汉说："若问我名字，吓碎你心胆，老爷叫作黑旋风！你留下买路钱，便饶了你性命，让你过去。"

李逵一听，大笑说："你这家伙是哪里来的，也学老爷名字，在这里胡行！"说着，挺起朴刀直奔那汉子，只一朴刀就把那汉子搠（shuò）翻在地，一脚踏住胸脯，说自己正是梁山上的好汉黑旋风李逵。那大汉听了，连忙求饶说："小人叫李鬼，不是真的黑旋风。因为爷爷在江湖上有名声，因

此盗学爷爷大名，在此抢劫。"李逵大怒道："你在这里夺
人的包裹行李，坏我的名声，岂能饶你？"说着，夺过板斧，
要砍死他。李鬼谎说家中有个九十岁的老母亲，无人赡养，
乞求饶命。李逵听了，饶了他性命，给了十两银子做本钱，
劝他改业养娘。

后来，李逵在一家酒店里发现李鬼撒谎，还同人合谋
要害他。李逵感到情理难容，便捉住了李鬼，结果了他的
性命。

利之所在，天下趋之

典出（北宋）苏洵《上皇帝书》。

利益存在的地方，天下的人都会争相前往投奔。
有了利益，才能有基本的物质条件，百姓才能生存下去；利益实现了累积，百姓才能求得发展，才能实现富裕。百姓的生存和发展都离不开利益，因此，他们就会趋利而动，随利而行。

量入以为出

典出（西汉）戴圣《礼记》。

根据国家财政的收入状况来决定财政支出预算。
量入为出，这是一条很重要的财政收支原则，只有严格地执行这一原则，才能够确保国家的财政收支平衡。如果违背了这一原则，不考虑国家的收入情况，就盲目地制订支出计划，则可能导致国家入不敷出，致使国家陷入拮据的经济状况中，还有可能使国家的财政资金得不到有效利用，致使国家的生产和发展受到阻碍。

麻雀请宴

典出（清代）石成金《笑得好》。

形 容以外表看人的势利眼小人。

一天，麻雀请翠鸟、大鹰吃饭。

麻雀对翠鸟说："你穿得这么艳丽，当然要坐在上席。"又对大鹰说："你虽然个头很大，但穿得这么破旧，只好屈居下席了。"

大鹰气愤地说："你这个小人，竟然如此势利？"

麻雀说："世界上谁不知道我心眼小、眼眶浅啊！"

这个故事不但揭露了这种敬衣不敬人的势利眼，还特别指出这些小人的本质特征——心眼小、眼眶浅。

瞒天讨价，就地还钱

典出（清代）吴敬梓《儒林外史》。

卖 方把售价要得很高，买方则把价钱还得很低。

这是描述买卖双方讨价还价的情景，同时也深刻地揭示出了买卖双方的心态：卖方极力地抬高价格，是为了赚取更多的利润；买方极力地压低价格，是为了维护自己的利益，

减少自己的损失。因此，买卖双方的讨价还价的实质就是买卖双方争夺利益的过程。

梦布染色

典出（明代）潘游龙《笑禅录》。

形容人十分贪心。

有一个痴人在梦中捡了一匹白布，便将这匹白布紧紧地握在手中。

天亮他醒来后，就蓬头垢面地径直往染匠家走去。到了染匠家门前，他大声地呼喊道："我有一匹布要染色。"

染匠说："把你的布拿来给我看看。"

痴人听到这句话，大吃一惊道："你弄错了，我的这匹布是在梦中见到的。"

把梦中的事当成现实，极其深刻地揭露了痴人的贪心。梦是人们心理活动的一种反映，人们对某一事物朝思暮想，就可能会在梦中相见。痴人梦见捡到白布，醒来还想抱布去染店染色，在贪心这一点上，痴人不痴也。

莫砍虎皮

典出（清代）石成金《笑得好》。

形容财迷心窍，以致在关键时刻都不能做正确的决定。

一个人被老虎叼走了，他的儿子要去救他，就拿起刀赶去杀虎。那个人在老虎嘴里大声喊道："我的孩子，你要砍，千万只能砍脚，不要砍坏了虎皮，那可以卖很多银子呢！"

这个人"不自知"的原因，在于私有欲蒙蔽了眼睛。世界上一切事物，只要到了其眼下，就被确认是他的私有财产了，哪怕是正在吞食他的老虎也不例外。

在这样的危及时刻，这个人连自己的生命都不顾，只在乎虎皮的好坏，真是可笑。

牧竖拾金

典出（明代）刘元卿《贤奕编》。

形容过于看重金钱，心会为其所累。牧竖：牧童。

有一个牧童，破衣烂衫，蓬头赤足，每天赶着牛羊群到山冈郊野中去放牧，常常放开喉咙唱歌，他的思想自由自

在，放牧的任务也完成得不错。

有一天，牧童拾到了一铢钱，装在衣领中。从此以后，他的歌声逐渐消失了，牛羊也时常四面逃散，不顺从他的驯养了。

当牧童放牧放声高歌时，是由于他无忧无虑、心情坦然，所以能享尽人生旷达的乐趣。而一旦私心内生，偶然拾到了钱，使得他整日患得患失，六神无主，这不仅使他欢乐尽消，连牛羊也不再听他的话了。

取之不尽，用之不竭

典出（北宋）苏轼《前赤壁赋》。

意思是拿不完，用不尽。形容非常丰富。竭：尽，完。

《前赤壁赋》是苏轼被贬到黄州以后写的。苏轼在这篇赋中写道："流逝的一切如同这江水一样，然而它又没有因流去而消失，始终还是一江水；圆缺的东西好像月亮一样，然而它并没有减少或增长，始终还是一轮月亮。如果从变的一面来看，天地不到一转眼的工夫就完了；如果从不变的一面来看，万物和我都没有穷尽。然而这又有什么值得羡慕的呢？况且天地中间，万物各有各的主人，如果不是我所有的，就是一根毫毛也不拿取。只有江上的清风和山间的明月，耳

听风成为声音，眼看明月成为景色，拿取这个没有止禁，使用这个不会枯竭。这虽然是造物者的无穷无尽的宝藏，但也是我和你所共有的。"

后人将"取之无禁，用之不竭"的这个典故演变为"取之不尽，用之不竭"。

人弃我取，人取我与

典出（西汉）司马迁《史记·货殖列传》。

别人都不要的东西，我设法取得并贮存起来；别人都索取的东西，我能够及时地给予。

经商的秘诀在于低价收购人们多余的东西，高价卖给人们紧缺的东西。这种做法要冒一定的风险，因为低价收购的东西以后未必能够高价卖出，而高价卖出的东西未必就是人们紧缺的东西。因此，在制订买卖策略之前一定要经过详细的市场调查，摸清市场的走势，这样才能降低投资的风险。

石牛粪金

典出（北齐）刘昼《刘子·贪爱》。

比 喻因为一心想占小便宜，结果反而吃了大亏。

从前，四川西部有个蜀国，它的君主生性贪婪，秦国国君惠王了解了蜀侯的为人，就想利用蜀侯的弱点去讨伐他。

蜀国的道路险峻，山岩陡峭，涧水深急，进兵的路线不通。于是惠王请人雕琢了一头石牛，把很多的金银绸缎放在牛屁股后面，宣称这是石牛屙（ē）的。并派人告诉蜀侯，要把这举世罕见的宝贝送给他。

蜀侯贪得无厌，于是挖开悬岩，填平山谷，派遣 5 个壮健的勇士去迎接石牛。他们哪里知道，秦国人早已率军队暗暗地跟在石牛后面，一到山路打通，秦军就一拥而进。蜀侯因此国灭，被天下所取笑。这个故事告诫人们：切莫贪小失大，因利忘害。

束氏狸狌

典出（明代）宋濂《龙门子凝道记》。

形 容在舒适安逸的生活中久了往往忘记了求生的本领。

卫国有个姓束的人，他对世间的东西都不喜好，唯独

爱养猫。他养了一百多只猫，家里所有的老鼠都被捕完了。猫没吃的了，饿得整天嚎叫，束氏只好每天到集市上买肉给它们吃。猫生了小猫，之后小猫长大后又生了小猫，因为经常吃肉的缘故，竟然不知道世界上还有老鼠，只知道饿了就叫，一叫就能得到肉吃，吃完了肉就安闲舒适地走走，非常欢欣愉快。

　　城南有个读书人，家中正遭鼠患，老鼠成群结队地出来乱窜，甚至跌落到水瓮里去，他急忙到束氏家借了只猫回去。猫看见老鼠有两只耳朵高高竖着，眼睛突露像黑漆一样贼亮，有红色的胡子，唧唧吱吱地乱叫，便以为是什么怪物呢，所以只是沿着老鼠走过的路慢慢地爬，不敢下去捕捉。读书人生气极了，就把猫推到老鼠堆里去。猫害怕极了，只对着老

鼠嚎叫。过了一会儿，老鼠估计它没有什么本领，就去咬它的脚，猫吓得奋力一跳，返身逃跑了。

作者的本意，原在讽刺宋末"冗官冗兵"的腐败现象，说："武士世享重禄，遇盗辄窜者，其亦狸哉！"军队过分地享乐腐化，是打不了仗的，所以一旦遇到民族危难，就束手无策，丧权辱国。

贪得无厌

典出（西汉）司马迁《史记·赵世家》。

原 指贪婪到无法满足的地步。现指贪图名利或金钱之心永远没有满足的时候。厌：满足。

知伯是战国时期野心勃勃的人，不断想扩张自己的土地。有一次，他联合赵、韩、魏三国的兵，去攻打中行氏，把中行氏灭掉后，侵占了中行氏的领土。

知伯休息了几年，又派人去向韩国要求割地。韩国怕他，给了他一块有一万户人家的地方。知伯很高兴，又派人去向魏国要求割地，魏国本不想给，但怕他起兵攻打，只好也和韩国一样，给了他一块土地。知伯更欢喜了，又派人到赵国去，要求割让蔡和皋狼的地方。赵襄干不给他，知伯暗中勾结韩、魏两国去征伐赵国。赵襄王采纳了张孟谈的计策，迁

到晋阳去住，准备充足的粮食和兵器去抵抗知伯。知伯把晋阳围攻了 3 年，始终没有办法攻打下来。

这时赵襄王的粮食差不多要吃完了，着急起来，于是又叫张孟谈去游说韩、魏两国，建议他们联合赵国，倒戈攻打知伯，韩、魏两国答应了。

赵国乘夜出兵，韩、魏两国也响应，结果把知伯击败，杀死了知伯，知伯最后弄得身死地分。那时的人，都讥笑知伯是"贪得无厌"的报应。

贪贿无艺

典出《国语》。

比喻贪污受贿没有止境。贿：财物。艺：限度，尽头。

春秋时，有一个叫叔向的人去见韩宣子。韩宣子对他说："我名义是卿（古代的一种官衔，分为卿、大夫、士三级），位在国君之下，可财富却不多。"

叔向听了，马上向韩宣子表示祝贺。

韩宣子感到奇怪，问道："我现在已经不能同卿大夫们平起平坐了，正在为此事发愁，你为什么反而向我祝贺呢？"

叔向说："从前，栾武子做上卿的时候，才有一百个人、

二百顷地，家里没有什么祭祖用的器皿，他只是按照先王的法令和德行办事。这种行为被远方诸侯听说了，都来同他交朋友，连住在西方和北方的部族也来归顺他。可是到他儿子桓子黡（yǎn）继位以后，十分横暴又大肆挥霍。他用不正当的手段，抢夺了大量的财富。这种行为本来应该受到惩罚，只是因为他父亲的德行，才没有受到灾祸。现在，你就像当年的栾武子那样，没有很多财富，我认为这样你就可以实行德政，不致遭到灾祸，所以向你祝贺。"

贪狼食肉

典出（清代）蒲松龄《聊斋志异》。

形容过分贪婪的下场。

有个屠户卖肉归来，天色已晚。忽然，一只恶狼走来，窥视着他担中的剩肉，显出一副垂涎欲滴的样子。这只狼，人走它也走，紧跟不舍，一直尾随了好几里地。

屠户用刀吓唬，狼稍稍退却；等他转身一走，就又跟上来。屠户没办法，心想，狼要得到的是肉，不如暂且把肉悬挂在树上，明天一早再来取走。于是就用肉钩勾住肉，踮起脚尖挂在树枝中间，并向狼示意担子已空，恶狼这才停止跟踪。

第二天黎明时，屠户返回来取肉，远远望见树上悬挂着一个很大的东西，心里十分害怕。

他提心吊胆地走近，才发现是只死狼。抬头细细一看，只见恶狼嘴里含着肉，肉钩刺穿了它的上腭，好像鱼吞食了钓饵一样。

"贪狼食肉"这个典故告诉人们，贪婪注定不会有好下场。

天下不患无财，患无人以分之

典出《管子·牧民》。

不用担心天下没有财富可用，需要担心的是没有人去经营、管理这些财富，致使财富不能被人们所用。患：忧，担心。

财富要靠人们通过辛勤的劳动去创造，要在流通中才能实现其价值。因此，人们要想利用财富，享受财富，应该首先做好生产和经营活动，使财富能够源源不断地被创造出来，循环不息地在社会上流通。

天下熙熙，皆为利来；天下攘攘，皆为利往

典出（西汉）司马迁《史记·货殖列传》。

天下的人来来往往、熙（xī）熙攘（rǎng）攘，都是为了追求利益。熙熙、攘攘：人来人往，喧闹纷杂貌。

人们的生存和发展都离不开利益，追求利益是人类生活的必然要求，也是人的本能和原始欲望。但人们的物质欲望应当有一定的限度，人们追逐利益的方式应当合乎道义的要求，这样才能确保社会的和谐与稳定。

囤积居奇

典出（西汉）司马迁《史记·吕不韦列传》。

比喻把某种货物或所擅长的学识、技能暂时隐藏起来，等待好的价钱或机会。

战国时期，卫国濮阳（今属河南省）有个商人叫吕不韦，来往于各国。

当吕不韦到了赵国都城邯郸时，得知秦国昭襄王的孙子

异人正在赵国做人质，被羁留在丛台，而且穷困潦倒。吕不韦便根据他平时做生意赚钱的思想，想把异人当作一件奇特的货物积囤起来，好待机发个大财。

于是，吕不韦回家后问父亲："耕田的利益有几倍？"父亲回答说："10倍。"他又问："如果扶助一个人当上国君，掌握天下的土地山河，这种利益有几倍呢？"父亲笑

道："怎能得一个人把他扶助做国君呢？若能这样，利益便有千千万万倍，无法估计。"

于是，吕不韦便拿出钱来结交了监守异人的赵国大夫公孙干，由公孙干介绍认识了异人，并且私下对异人说，他准备拿出一千两金子到秦国劝说秦太子和太子最宠爱的妃子华阳夫人，想法把异人弄回秦国去。异人听了当然求之不得。

不久，吕不韦的计谋果然成功，异人逃回秦国，华阳夫人认他做嗣子，太子安国君叫他改名为子楚。后来，秦昭襄王和太子安国君相继死去，子楚便继位，称庄襄王，拜吕不韦为相，封为文信侯。

剜股藏珠

典出（明代）宋濂《龙门子·凝道记》。

把自己的大腿挖开，将宝珠藏进去。比喻为了财物而不惜伤害自己的身体。股：大腿。

海里有座宝山，有许许多多奇珍异宝，交错杂陈，藏在里边，光芒四射，耀人眼目。

有个航海的人得到一颗直径一寸的明珠，乘船把它运回家。航行不到百里，突然风起浪涌，船身颠簸，只见一条蛟龙在海涛中出没，样子十分可怕。

船工劝他说："蛟龙是想得到那颗明珠啊！你赶快把它沉入水中，否则就会连累我了。"

航海的人左右为难：丢掉吧，实在舍不得；不丢吧，情势所迫，又怕大难临头。

于是，他挖开大腿上的肉，把珠子藏了进去。风浪也随即平息下来。

这个航海人回到家里后，取出了明珠，但不久，便由于大腿上的肉溃烂而死去了。

这个典故告诫人们，做人要懂得自重，爱护自己的身体，不要太贪财。

蚊虫结拜

典出（清代）小石道人《嘻谈录》。

比喻一些唯利是图者是不愿把一丁儿点东西留给别人享受的。

两只蚊子结拜为兄弟。

城中的蚊子对乡下的蚊子说："你们城中的大人们，山珍海味十分适口，用美好的食物充填胃肠，所以肌肉皮肤长得又嫩又胖。你是修了什么德，能有这样的好口福呀？我们乡下农夫，用野菜豆叶充饥，糠皮瘪（biě）谷往下咽，血

肉生得粗且瘦，我是犯了什么罪，甘心过这种恬淡寡欲的生活呀？"

城中的蚊子说："我在城里，天天赴宴会，时时吃美味的食品，觉得饱胀腻烦了！"

乡下的蚊子说："你先带我到城里去敬领大人的恩德膏血，然后我再带你到城外去遍尝乡里的风味。"

城中的蚊子答应了，就把乡下的蚊子带到大佛寺前，指着大门口的哼、哈二帅说："这是大人，快去请吃吧！"

乡下的蚊子飞到大人身上，用尖嘴钻了很久，埋怨道："你们城里的大人，块头倒真大，却舍不得给人吃。我使劲用嘴钻了半天，非但丝毫没有滋味，而且连一点血也没有。"

这则寓言把"守财奴"的形象描绘得淋漓尽致。

卧寝之侧，岂容他人鼾睡

典出（元代）脱脱等《宋史·徐铉入聘》。

自己的床铺边，怎么能让别人呼呼睡大觉？比喻不许别人侵入自己的利益范围。鼾（hān）：睡着时粗重的呼吸声。

宋朝初年，宋太祖统一中原后，又灭南汉、灭蜀国、平湖湘、接南塘，以期统一全国。南唐派宰相徐铉来做说客，

希望说服宋太祖不要进兵。徐铉博学，有干才，而且极善辩论。这次来见宋太祖时，日夜计谋，该说些什么，怎么讲才有理、有利，想得很细致。

宋太祖的大臣们事先告诫宋太祖说："这个人不好对付，要充分准备。"

宋太祖笑道："不怕，你去叫他来。"

徐铉一来，叩见后，就说："南唐主无罪，您师出无名。"

宋太祖说："你讲充分些。"

徐铉说："南唐服事宋朝，如儿子孝敬父亲，一点儿过失也没有啊！为什么攻打它？"说了又说，引申发挥，讲了无数道理。

宋太祖等他说完，笑道："你说得很有道理。你把南唐比成宋朝的儿子，那么，你说说看，父子变成两家，合不拢来可以吗？"

徐铉张口结舌不能答，只好回去。

不久，南唐被攻危急，南唐主又派徐铉来，再三说南唐无罪，而且责备宋朝太欺侮人，越说声音越大。

宋太祖大怒，手按着剑喝道："不要讲了。南唐有什么罪呢？没有。但是，天下一家，'卧寝之侧，岂容他人鼾睡'？"

徐铉听后，灰溜溜地走了。

梧树不善

典出（战国）吕不韦《吕氏春秋》。

用谎言欺骗别人，靠诈骗谋取私利，一定会很快暴露自己，被人们识破。

邻父有一位邻居，院中有棵枯死的梧桐树。邻父告诉他说："这棵梧桐树预兆不详。"邻居便马上把它砍了。

于是邻父登门讨取烧火柴。

邻居听了，很不高兴，说："你的居心这样险恶，我们怎么好做邻居呢？"

邻父的这种卑劣伎俩，完全是利欲熏心所致。他为了讨取烧火柴，竟然编造枯梧树不吉祥的谎言。

象箸玉杯

典出（战国）韩非《韩非子》。

用象牙来做筷子，用玉石做酒杯。形容极度奢侈的生活。箸（zhù）：筷子。

从前，纣王用象牙做筷子，太师箕子为此十分担忧。

箕子认为：有了象牙筷子，就不会再用土瓷羹器了，必

73

定要用犀玉做杯，才能相配；有了象牙筷子和玉杯，就不能再盛普通的食品了，而必须盛以旄象豹胎；吃食都这样讲究，住茅屋穿短褂子就当然不行了，那就得锦衣九重了，广室高台了。

有人问箕子为什么这样为纣王担忧。他说："这样下去多么危险啊，我怕因此而走向灭亡啊！"

果如箕子所料，没有多久，纣王建造了用肉食装点的园子，设置了烤肉用的铜格子，登上酒糟堆成的山丘，面对注满美酒的池子，骄奢淫逸，挥霍无度，商朝最终灭亡了。

心劳日拙

典出（明代）郭子章《谐语》。

用尽心机，弄虚作假，不但不能得逞，反而越来越不好过。拙（zhuō）：倒霉。

从前，有一个穷汉，夜里睡觉连一张宽阔的草垫席子都没有。他想，与其露着脚，还不如露着手，便假装对人们说："你们看我，有一时一刻离开笔砚的时候吗？即使在睡觉的时候，我的手指也还像笔一样露在外头。"

穷汉有个儿子不懂事。人们问他："你们家每天夜里盖什么睡觉呀？"

他立刻回答说："盖草垫席子。"

穷汉嫌太寒碜(chen)，就把孩子打了一顿，又告诉他说："以后如果有人再问你，就说是'盖被子'！"

有一天，穷汉出外会见客人，有一根垫席的茅草挂在他的胡子上。儿子急忙跟在身后呼叫着说："赶快把你脸上的被子拿下来！"——这就是所谓"作伪心劳日拙"的例证呀。

贫者本来很穷，却要装作富有，结果，欲盖弥彰，更加露出可怜的穷酸相。这种贫者和一般的穷人不同，他们或刚刚破落，富人乍穷；或读书难觅功名，穷困潦倒。经济上虽已贫困，思想上却还在做富贵的美梦，因此常常演出这种使人既可笑又可怜的悲剧。

宴安鸩毒

典出（战国）左丘明《左传》。

贪图安逸享乐如同饮毒酒自杀一样致命、有害。宴安：安于享乐。鸩(zhèn)毒：毒酒。

春秋时，齐桓公做诸侯的盟主，在鲁闵公元年，东北方的狄人向邢国侵略。在这以前，邢国已经被狄人围攻过一次，这次又被围攻，邢国不能抵御外来的侵略，只有派人向齐国求救。

管仲接到邢国的告急公文后，对齐桓公说："戎人和狄人都是像狼一样凶狠的民族，我们不能够让他得到满足；邢国是周公的后人，和我们同是周天子的诸侯，关系是非常亲近的，所以不能放弃援救的时机。一个国家是不应该经常沉浸在安乐中的，如果我们常年在安乐中过日子，它会造成像鸠毒一样猛烈的效果（宴安鸠毒，不可怀也），这样会影响君王的霸业……因此，我请求君王出兵救邢。"齐桓公听了，认为很有道理，于是出兵援救邢国。

　　后人便将管仲的这句"宴安鸠毒，不可怀也"引为成语"宴安鸠毒"。

羊裘在念

典出（明代）张夷令《迂仙别记》。

对于偶然捡到羊皮大衣（的事）念念不忘。比喻不想努力，而希望获得成功的侥幸心理。裘：毛皮的衣服。

乡里有个小偷，夜里去窥探迂公的卧室。迂公恰好回家碰上了，小偷大吃一惊，丢下他身上穿着的羊皮袄逃跑了。迂公拾起羊皮袄，非常高兴。

从那以后，迂公心里天天念着羊皮袄事件。每次进城，虽迟至半夜三更，也必要回家。到了家门口，看到门庭安然无事，总是皱起眉头叹息着说："为什么没有贼呢？"

后人用这个故事说明偶得意外之财，便天天想入非非，冀得重获，是愚上加愚。因为迂公没有想到：遇到小偷，是极其偶然的事，而遇到小偷重获羊皮大衣，更是千载难逢。没有贼原本是件好事，假如天天有贼，又不能发觉，不知要丢失多少东西；若再碰到，贼急行凶，赔上一条老命，岂不更加得不偿失了吗？要看到"贼"与"损失"是常常联系着的，应该从正反两方面看问题，不可陷入片面性。

夜狸取鸡

典出（明代）刘基《郁离子》。

比喻讥讽要钱不要命的人。

郁离子居住在山中，夜里有只野猫偷吃了他的鸡。第二天，随从在野猫进来的地方装上捕兽工具，用鸡做诱饵。当天晚上，野猫又来偷鸡，便被随从设置的绳索捆住了。野猫的身子被绳索拘禁着，而它的口和脚却还在那里捉鸡，一面抢一面夺，一直到死都不肯舍弃那只鸡。

郁离子叹了一口气说："人们死于追求钱财货利的，正像这只野猫一样呀！"

后人用这个故事说明舍本逐末，贪小失大，其后果是可悲的。

一狐之腋

典出（西汉）司马迁《史记·赵世家》。

一只狐狸腋下的皮毛。比喻珍贵的东西。

春秋末期，有一些诸侯国名义上是国君掌权，但实权往往掌控在一些有势力的卿和士大夫手中。晋国就是这样一

个国家。

公元前511年至公元前475年，晋国的国君是晋定公，但大权却掌握在赵鞅、范氏、中行氏这些卿的手中。为了争权夺利，他们发生了内讧。在内讧中，赵鞅打败了范氏和中行氏，扩大了自己的封地，为以后建立赵国奠定了基础。

赵鞅，即赵简子，又名志父，亦称赵孟。他是一个机智谋略、善于用人处事的贵族。晋定公十九年（公元前493年），在袭击护送粮饷给范氏的郑国军队时，赵鞅誓师说："克敌者，上大夫受县，下大夫受郡，士田十万，庶人工商遂，人臣隶圉（yǔ）免（战胜敌人的，原来是上大夫的封赏一县的土地；原来是下大夫的封赏一郡的土地；普通士人封赏田地十万亩；平常百姓和工商业者的话，使其生产买卖顺心如意；原来是奴隶身份的获得自由）。"结果鼓舞了军心，激励了士气，大获全胜。

赵鞅手下有一个大臣叫周舍。此人为人耿直，经常很直率地给赵鞅提意见，声称自己愿意做一个"鄂（è）鄂（直言争辩）之臣"，因而很得赵鞅的赏识。后来，周舍死了，赵鞅非常难过，每次上朝都表现得很不高兴。大夫们见此情形，都来问是不是自己做了什么错事得罪了他。赵鞅说："你们没有得罪我。但是，我听说，一千只羊的皮也不如一只狐狸腋下的皮值钱，现在朝廷之上，只是听到你们唯唯诺诺的顺从，听不到周舍据理直谏的声音了，所以我才闷闷不乐。"

盈成我百

典出（南北朝）萧绎《金楼子》。

把你的给我，我就凑够一百了。比喻贪得无厌、为富不仁。盈成：凑满。

楚地有一个富人，家里放牧的羊有 99 只，他想凑足百数。为此，他遍访了亲友近邻。

他有一个邻居，家中很穷，只有一只羊。这个富人便去拜访说："我已有了 99 只羊，现在你把这一只羊送给我，就可以让我凑满 100 只，这样我的牧羊数字就够足数了！"

这个故事揭露了为满足个人欲望而不顾别人死活的可耻行径。

予取予求

典出（战国）左丘明《左传》。

原指从我这里取，从我这里求（财物）。后指任意索取。

春秋时期，楚国有一个大夫叫申侯，因为能说会道，献媚于楚文王，楚文王非常宠信他。他是一个专爱贪利而永不知足的人。楚国的人都痛恨他。

后来，楚文王病得快要死了，便将申侯叫来，以最好的玉赐给他，并说："只有我最了解你，你为人贪爱财利，而且永远不觉得满足，从我这里要了这样又求那样，但我并不加你的罪（唯我知女，女专利而不厌，予取予求，不女疵瑕也）。将来楚国的君主可不能这样待你了，他们会判你的罪的。我死后，你必须迅速离开楚国，不要到小国去，小国是没法收容你的。"楚文王死后，申侯出奔到郑国。最后被郑文公给杀了。

欲长钱，取下谷

典出（西汉）司马迁《史记·货殖列传》。

想要稳赚不赔，就要选取人们必需的生活用品作为投资对象。

选取人们基本的生活用品进行投资，虽然单个商品的获利比较小，但是成交量非常大，通过薄利多销，也可以赚取到不菲的利润。做这种买卖虽然风险比较小，但是竞争比较激烈，要想在市场中争取到利润也不是容易的事情。

军事篇

哀兵必胜

典出（春秋）老子《老子》。

被压迫、受欺侮而奋起反抗的军队一定能打胜仗。常用以鼓励处于劣势的一方要建立必胜的信心和勇气。

老子说："古代用兵的人有这样的话：我不敢做主动发动战争的'主'，而要做被迫进行战争的'客'。我不敢进入别国领土一寸之近，可以退回本国领土一尺之远。王侯能这样'守柔'，国家就将没有战争。这就是说，在军事行动中，可以没有行伍，不用严阵；可以不用缠起衣袖，露出胳

臂，表现出武打的架势；手里可以不拿兵器，可能不战而胜，要捉的敌人，可能根本没有了。这就是'柔弱胜刚强'的道理。如果真有敌人来攻，则万万不可轻视。灾祸莫大于轻视敌人。轻视敌人，差不多要丧失我们国家的土地、人民和主权。两国举兵相争，受侵略而怀着悲愤心情的一方必将打胜仗。"

百战百胜

典出（春秋）孙武《孙子兵法·谋攻篇》。

打一百次仗，胜一百次。后比喻每战必胜，所向无敌。

孙武认为，领导战争的法则是：使敌人举国完整地屈服是上策，起兵去攻打那个国家就差些；使敌人全军完整地降服是上策，击破敌人一个军（古时以 12500 人为一军）就差些；使敌人全旅（古时以 500 人为一旅）完整地降服是上策，击破敌人一个旅就差些；使敌人全连完整地降服是上策，击破敌人一个连就差些；使敌人全班完整地降服是上策，击破敌人一个班就差些。因此，百战百胜，还不算是高明，只有在进行具体战斗之前，就能够使敌人处于必败的地位，才算是高明中最高明的。

兵不血刃

典出（战国）荀况《荀子·议兵》。

兵器上没有沾上血。形容未经战斗就轻易取得了胜利。

荀子认为，用兵的目的在于禁暴除害，而不在于争夺。仁义之兵统治的地方，就会达到大治的局面；仁人之兵经过的地方，人民就会得到教化，就好像得了及时雨，没有人不高兴的。尧伐骧兜，舜伐有苗，禹伐共工，汤伐有夏，文王伐崇，武王伐纣，都是以仁义之兵行于天下。因此，近处的人都喜爱他们的美德，远方的人都仰慕他们的仁义。这样，军队用不着刀兵相见，远近的人就都来归服了。德行如果达到这样好的程度，它的影响就会遍及四方远近的地方。

兵贵神速

典出（西晋）陈寿《三国志》。

用兵贵在有神一般的速度。

用兵要做到两点，一是要速度快，二是要不露踪迹，这样我方就能在敌人毫不知觉的情况下出现在敌人的身边，

给敌人以痛击。光速度快是不行的，如果暴露了行迹，敌人提前设防，我方也就无计可施。军队行动既快速，又不露行迹，就像是神仙一样从天而降，这就叫作"兵贵神速"。

兵贵胜，不贵久

典出（春秋）孙武《孙子兵法·作战篇》。

用兵打仗贵在能够取得胜利，战争持续的时间不能太长。贵胜：贵在速胜。

速战速胜可以显示出将领的卓越才能，也能减少战争带来的伤亡和损失，对军队、对人民而言是莫大的好处，对将领则是一种莫大的荣耀。而久攻不克、久战不胜则显示出一个将领的无能，也会增加战争带来的伤亡和损失，对军队、对人民而言是巨大的灾难，对将领则是一种莫大的耻辱。

因此说，军队应该在做好充分准备、经过精心谋划的情况下，迅速地解决战斗，不能将战争的时间拖得太长。

兵失道而弱，得道而强

典出（西汉）刘安《淮南子》。

军队如果丢失了道义，就会逐渐衰弱，军队具有了道义，就会越来越强大。道：道义。

军队如果是为了维护道义而战，就会得到广大人民群众的拥护、支持和帮助，也会得到盟军的援助，从而就能够战胜一切强敌，不断发展壮大。

军队如果是违背道义而战，就会激起广大人民群众的公愤，不仅不能得到人民的帮助和支持，也不能得到盟军的援助和支持，这支军队就会在战斗中处处受阻，屡屡受挫，因此就会逐渐走向衰亡。这是告诫军队要勇于维护道义，永远不要违背道义行事。

兵无常势，水无常形

典出（春秋）孙武《孙子兵法·虚实篇》。

用兵作战没有固定不变的方式方法，就像水流没有固定的形状一样。

用兵作战的情形就像水流一样，水的流向是避高而就

低；作战的动向是避开敌方坚实之处而攻其薄弱环节。

在这里，孙武根据自己多年来的作战经验，提出了用兵打仗应当根据敌情决定制胜的方针，不能墨守某种既定的作战方法。他认为，同自然界的流水一样，战争的情况也是千变万化的。因此，指挥者只有根据战局的变化，采取灵活机动的战略战术，才能因势利导，夺取战争的胜利。

不知彼，不知己，每战必殆

典出（春秋）孙武《孙子兵法·谋攻篇》。

既不了解敌人，又不了解自己，那么每次打仗都会遭到失败。

如果不了解双方的情况，草率地发动进攻，就有可能遭遇惨败；而一味地进行防守，则有可能丧失良好的战机，给敌人留下喘息的机会，使我军面临更大的灾祸。要避免战略决策上的盲目和草率，就要在战争开始之前首先对作战双方的情况进行详细考察，对战场的形势进行深入地分析，这既是将领的基本职责，也是军队在战前必须要做好的准备工作。

步步为营

典出（明代）罗贯中《三国演义》。

军队每向前推进一步就设下一道营垒。比喻行动、办事谨慎。

刘备统率大军前去攻取汉中。守将夏侯渊得知消息，便差人报知曹洪。曹洪星夜赶去许昌，禀知曹操。曹操闻之大惊，遂起兵40万亲率抵敌。

不几日，曹操军至南郑，曹洪向他汇报战斗情况。曹洪说张郃（hé）被打得大败，夏侯渊知大王兵到，今固守定军山，

未曾出战。曹操说不出战是怯懦，赶快叫夏侯渊出兵。

夏侯渊得令，便派夏侯尚引3000军前去诱敌。蜀将黄忠见曹兵前来叫阵，即派牙将陈式出战迎敌。夏侯尚与陈式交战，没几个回合，夏侯尚就假装败逃，陈式前去追赶，行到半路，两山上滚石榴木打将下来，不能前进。陈式正准备撤回时，背后夏侯渊引兵突出，陈式不能抵挡，被夏侯渊生擒回寨。部卒多降。有败军逃回，报知黄忠，黄忠慌忙去找法正商议。

法正说："夏侯渊为人轻躁，恃勇少谋。可激劝士卒，拔寨前进，步步为营，引诱夏侯渊来战而抓他，这是反客为主之法。"

黄忠用其谋，于是把各种物资赏与军士，军士欢声满谷。黄忠军步步为营，每营住数日之后又前进。之后，黄忠生擒了夏侯尚，占据了杜袭守卫的阵地。

夏侯渊怒不可遏，立即要出战黄忠。张郃劝夏侯渊说："这是法正的计谋，将军不可出战，只宜坚守。"夏侯渊拒不听从劝谏，分军围住对方，大骂挑战。任凭夏侯渊百般辱骂，黄忠就是不出战。下午，法正见曹兵倦怠，于是命令军士鼓角齐鸣，顿时喊声大振，黄忠一马当先，驰下山来，犹如天崩地塌之势。夏侯渊措手不及，被黄忠一刀砍死，黄忠斩了夏侯渊。曹兵大溃，各自逃生。

出其不意

典出（春秋）孙武《孙子兵法·计篇》。

在敌人意想不到的时候进行袭击。指出乎对方意料之外。

孙武认为打仗是奇诡多变的行动，要因时、因地、因事制宜，临机决断。实际能打而向敌人表示为不能打；实际准备要打而向敌人表示为不想打。准备从近处进攻而表示为将从远处进攻；将从远处进攻而表示为将从近处进攻。敌人贪利就用利诱，乘敌人混乱而夺取胜利；敌人坚实，应严密戒备；敌人强大，应避开他们的锋锐；敌人暴躁易怒，就扰乱他，使之轻举妄动；敌人卑怯，就设计使之骄傲而丧失警惕；敌人安稳，就设法使他疲劳被动；敌人内部团结，就设法离间他。要以神速的行动，乘敌人不及防备、意料不到之时进击。这就是军事家取胜的办法，不能预先做出死板的规定。

从天而降

典出（东汉）班固《汉书》。

比喻出人意料地突然来临或出现。

汉文帝时，有一年匈奴侵犯边境。汉文帝命周亚夫为

将军，陈兵细柳。

汉文帝带领大臣们去慰劳军队。到了细柳周亚夫的驻军营地，见军士全部铠甲在身，手执兵刃，严阵以待。皇帝的侍骑先驰到军营，守卫营门的士兵说："将军有令，不能随便进入军营！"侍骑重新拿着皇帝的令牌来到营门，守门兵士才放他们进营。但军吏又拦挡车骑，说："军内有规定，营内骑马不得奔驰！"汉文帝只好按辔（pèi）缓行。皇帝一行人来到中营，周亚夫将军才出来，他向皇帝作了一个揖说："铠甲在身，不能叩拜，请允许我以军礼拜见！"

皇帝离营后，大臣们议论纷纷："周亚夫太傲慢了，对陛下也不恭敬……"汉文帝却赞扬周亚夫说："他是真正的将军。"不久，汉文帝便提升周亚夫为中尉。

后来，汉文帝生了重病，临终前告诫太子说："记住，国家有了危险要任用周亚夫，这个人是可以安定朝廷的。"

汉景帝继位后，任命周亚夫为车骑将军。汉景帝执政才3年，吴王和楚王就开始谋反。周亚夫受命带兵去平叛。

周亚夫领兵出征，走到霸上，赵涉拦住他诚恳地说："你这次去平叛吴王和楚王，事关重大呀！吴王刘濞（bì）很强，他养了许多勇士，组成了敢死队。他知道你率兵去打他。他预先必有伏兵，你最好走右边的路线，过蓝田，出武关，到洛阳，迟不过一二日，可以直入武库，击鼓鸣金，诸侯听见了会以为将军从天而下，必然惊慌失措……"

周亚夫接受了赵涉的意见，派精兵去断绝了吴王、楚王

军队的粮道。吴、楚军内缺乏粮食，将士恐慌。周亚夫趁机击败吴军。吴王刘濞逃跑到江南，1个月后被越人杀了。

"从天而下"后来演变为"从天而降"。

短兵相接

典出（战国）屈原《九歌》。

又见（西汉）司马迁《史记·季布栾布列传》。

作战时近距离厮杀。后比喻双方面对面进行尖锐的斗争。

短兵：刀、剑等短武器。

秦末楚汉相争的初期，汉王刘邦攻占彭城（今江苏省徐州市）。楚王项羽从山东回军南下包围彭城，刘邦大败而走，项羽的部将丁公率军紧追。追到彭城之西，汉军不得不接战，两军挥剑阵前搏杀，形势非常危急。刘邦看情形很难脱身，便回头对丁公说："你我都是英雄，何必苦苦相逼呢？"丁公听了这话，便卖了个情面，引兵退去，刘邦才得脱身。

古时打仗的兵器，弓箭称为"长兵"，刀、剑称为"短兵"，近身作战，必须用短兵器，故叫作"短兵相接"。

其实，这个典故应该追溯到战国时楚国大诗人屈原所著的《九歌》，他在描写古代战争的《国殇》篇中，便已有"短兵接"的说法。所以，司马迁不过是最早把它当作成语来运用而已。

凡用兵之道，以计为首

典出（明代）刘基《百战奇略》。

但 凡用兵的方法，计谋是排在第一位的。

用兵最讲求计谋，因为这是战争取胜的关键。运用巧妙的计谋，不仅能够有效地消灭敌人，还能够成功地保全自

身的力量，可以达到事半功倍的效果。

如果不注重运用计谋，而是凭借自己的勇力与敌人硬拼，那就会付出惨重的代价，却不能收获战争成果，结果常常是事倍功半。

攻在于意表，守在于外饰

典出（战国）尉缭《尉缭子》。

进攻的关键在于出其不意，防守的关键在于要修筑好防御工事。意表：意外，即出其不意。外饰：修筑防御工事。

进攻的时候要避开敌人的注意力，乘敌人防守不当的时候出奇兵发动突袭，这样才可以将敌人一举击溃。因此，要保证进攻的成功，就要把握好进攻的时机、路线和节奏。防守的时候需要凭借坚固的防御工事，达到一夫当关、万夫莫开的效果，这样才能用较小的兵力抵挡大规模敌人的进攻。因此，要做好防守工作，首先要修建好防御工事，同时要及时对损毁的工事进行修补。

疾风扫落叶

典出（西晋）陈寿《三国志》。

比喻以迅猛之势扫除溃败的军队或腐朽的东西。

北朝时，初步统一了北方的前秦皇帝苻坚，打算一举消灭南方的东晋王朝，统一中国。这时候他的弟弟苻融及一些有见识的大臣都劝他不可贸然从事，主要理由是：东晋当时比较安定、强大，而前秦王朝的军队是各少数民族联合的队伍，人数虽多，各族士兵却各怀异心，这场战争是没有必胜把握的。可是苻坚却十分自信，他说："我率领百万大军南下，投鞭可以塞断江流，较其强弱之势，犹疾风之扫落秋叶耳。"于是命令大军出发。军队的前锋已抵淮南，后军还未出都城，迤（yǐ）逦（lǐ）八百多里。苻坚和苻融亲临前线。

东晋派出了它最精锐的"北府兵"，由大将刘牢之为前锋，以谢玄为前锋大都督，率 8 万人迎战。在洛涧这个地方与前秦军相遇。刘牢之说："要乘敌军还未到齐的机会作战，等待观望必死！"于是大呼进击，一下子杀掉前秦军 1 万多人，大大地挫伤了前秦军的锐气。

这时苻坚亲率援兵 20 余万人赶到，两军夹淝水对峙。苻坚登上高山望敌，看见晋军队伍严整，说："啊！这也是劲敌啊！"谢玄请求前秦军略微退一点，好让晋军渡过淝水来决战。苻融想到兵法中有"等待敌人渡过来一半时攻击敌

人"的说法，便同意了谢玄的请求，挥军后退。这时，后面的部队不知道为什么队伍后撤，而前秦军中的汉族官员乘机造谣，大呼"前秦军败了"，于是军队大乱。

晋军乘机渡水攻击，苻融奔下山来整顿队伍，马跌倒了被晋军杀死。于是，前秦军大溃，一败不可收拾，互相践踏抢逃，死伤不计其数。逃兵望见八公山的草木，都以为是埋伏的晋兵，听见风声鹤唳也以为晋兵追来了。这一战就是历史上著名的以少胜多的"淝水之战"。

战后，前秦精锐丧尽，苻坚也被人杀死。

坚壁清野

典出（西晋）陈寿《三国志》。

加强工事，使堡垒坚固；将野外的粮食作物和重要物资清理收藏起来。形容使敌人攻下城后一无所获。坚壁：坚固壁垒。清野：清扫田野。

东汉末年，军阀混战。曹操派人接父亲来兖（yǎn）州，结果父亲在路上被徐州牧陶谦的部将杀死。于是，曹操与陶谦结下很深的怨仇。

公元194年，曹操亲率大军进攻徐州。曹操大军出征后，他的下属陈昌太守张邈（miǎo）等乘后方空虚，发动叛乱，

暗中迎接军阀董卓的部将吕布来当兖州牧。曹操的谋士荀彧（yù）留守兖州，料到张邈作乱，立即布置军队，保住了下鄄（juàn）城等三城。直到曹操率军从前线赶回，才陆续收复一些失地。

不久，徐州牧陶谦病死。

曹操想先夺取徐州，回过头来再收拾吕布。他把自己的想法告诉了荀彧。但荀彧却认为当务之急是先对付吕布，巩固根据地。

他先对曹操说明巩固根据地的重要性："从前汉高帝保住关中、光武帝占据河内，都是先建立巩固的根据地，从而控制天下。有了巩固的根据地，进可以胜敌，退可坚守，所以他们虽然有困难失败的时候，但最后还是完成了统一的大业。"

接着，荀彧分析了曹操目前的处境："将军本来是凭借兖州起事，在这里打了不少胜仗，平定了山东的祸乱，老百姓无不心悦诚服。况且兖州是天下的战略要地，现在虽然受到破坏，但还是容易凭借它来保住自己。这里等于是将军的关中和河内，不能不首先使它平定。如果现在丢开吕布去东征徐州，多留兵则东征兵力不够，少留兵则要动员老百姓来保城。这样，老百姓连砍柴都不能去。如果吕布乘虚侵犯，民心会保不住。那时只有鄄城等三城可以保全，其余都不是自己所有，这样等于没有兖州。另外，还要考虑到，如果徐州攻不下来，您将归向何处呢？"

  荀彧见曹操皱起眉头在沉思，便有意停了一会儿，然后说道："再说，陶谦虽然已经死去，但不等于徐州就容易攻下来了。他们将吸取往年失败的教训，互相结盟依靠。现在徐州那里都已经收获了麦子，他们一定坚壁清野，并以此来等待将军。将军进攻不得取胜，一无所获，用不了10天时间，10万大军不战自困！"

  曹操听了荀彧的分析，决定停止东征徐州，而是先集中力量收麦子，然后再与吕布作战。不久，吕布失败逃跑，兖州也平定了。

将谋欲密，士众欲一，攻敌欲疾

典出（秦）黄石公《黄石公三略·上略》，引《军谶（chèn）》。

将领的谋划越周密越好，将士们的志向越团结越好，攻打敌人的行动越迅疾越好。一：指团结一致。

将领在战前的谋划应当尽可能周密，避免使军队陷入敌人的埋伏当中，避免给敌人留下进攻的机会。将士们应当尽可能团结，心往一处想，劲儿往一处使，才能将战斗力发挥到最佳的状态，对敌人实施最有效的打击。将士们攻打敌人的行动应当如闪电一般迅疾，使敌人来不及防备，束手就擒。这是领军作战的三个要领，每一个渴望打胜仗的将领都应该铭记于心。

将欲歙之，必固张之；将欲弱之，必固强之；将欲废之，必固兴之；将欲取之，必固与之

典出（春秋）老子《老子》。

要想使他收敛，就先要让他扩张；要想将他削弱，就先要让他加强；要想将他废除，就先要让他兴盛；要想

从他身上夺取利益，就先要让给他一定的利益。歙（xī）：收敛。

这是一种欲擒故纵的处事方法。在战争或者竞争中，我们通过迁就对方，妥协于对方，示弱于对方，使对方放松警惕，消除戒备，失去抵抗能力，这样我方就能够乘机将对方击败，从而获得自己想要的利益。如果我方公开地表明了自己的目的，然后与对方展开争夺战，对方就会提高警惕、积极应对，我方就很难取胜了。这是告诉我们在主动争取之外还有一种更加有效的取胜方法，那就是欲擒故纵，我们可以先迁就对方，使其产生骄傲自满的心理；然后再攻其不备，令其猝不及防，这样我们就能轻易地战胜对手或者敌人。

金城汤池

典出（东汉）班固《汉书》。

金属铸造的城，沸水流淌的护城河。形容城池或阵地极其坚固，不易攻破。

秦朝末年，陈胜领导的农民起义军打下阵县（今河南省淮阳区）以后，派一个叫武臣的人为将军，带3000士兵渡过黄河，攻打河北各地。

武臣一过黄河，攻打城池，招兵买马，使起义军的力量

迅速扩大。但也有不少城池防守严密，守城者据险顽抗。东郡范阳（今山东省梁山县西北）是起义军攻打的一大目标。范阳令徐公非常害怕，传令兵士日夜提防，加强守备。这时，有个叫蒯通的人来见徐公，劝徐公派他去见武臣，以免城破人亡。徐公同意了。

蒯通见了武臣后说："你知道范阳令徐公为什么不肯投降吗？就是因为怕投降了也被你杀掉。如果你真的把已投降的徐公杀了，其他城池的守将就会互相转告说：'反正投降也是死，还不如据城固守。'这样，那些城池就可能像金城汤池一样坚固，再攻起来就难了。如果你能优待徐公，其他城池的守将定会纷纷来降。"

武臣接受了蒯通的建议，优待了范阳令徐公。其他城的守将见此，果然纷纷来降，武臣没费多大劲，就得到了30多座城池。

困兽犹斗，穷寇勿遏

典出（唐代）张九龄《敕幽州节度张守珪（guī）书》。

困在笼中的野兽仍然会顽强抵抗，对于在失败中侥幸逃生的敌人我们不要去阻拦。穷寇：陷于绝境的敌人。遏（è）：拦阻。

"穷寇勿遏"这既是一种人道主义的战争理念，又是一种理智的胜战策略。战争以取胜为目的，不以杀生和俘虏敌人为目的，只要达到了取胜的目的，可以不伤害敌人的一兵一卒，让敌人全身而退。同时，围困败逃的敌人，将敌人陷入绝境当中，敌人必然会拼死一搏，不仅会使我方遭受更大的伤亡和损失，而且还有可能反败为胜，这种作战方法显然是不理智的。

令行禁止

典出（战国）荀况《荀子·议兵》。

下令行动就立即行动，下令停止就立即停止。形容法令严正，纪律严明，执行认真。

《议兵》是荀况的一篇军事论文。荀况从加强地主阶级专政、统一天下的政治需要出发，总结了战国末期兼并战争的经验，提出了自己的军事思想。他认为，进行统一战争是为了"禁暴除害"，它的胜利是建立在政治上争取民心，取得人民支持的基础上的。

荀况指出：单纯的兼并并不难做到，但要保持和巩固下去就很困难了。他列举了历史上许多能夺人之地而不能固守的事例后，指出只能兼并不能巩固，那就一定会得而复失；

不能兼并又不能巩固其原有的土地、政权，那就一定亡国。如果得到了土地而且能够使它巩固下来，然后再去进行兼并，那么再强大的敌人也不在话下。用礼来巩固士；用政来巩固民，这才是最大的巩固。如果能达到这样的政治局面，用来守住国土就会十分巩固；用来征讨别国就会十分强大，就会令行禁止。这样王者的事业就完备了。

气实则斗，气夺则走

典出（战国）尉缭《尉缭子》。

士气旺盛就与敌人进行战斗，士气丧失就要赶紧撤退。士气是将士们的精神支柱，是战斗力的重要保证，有士气才有战斗力，有了战斗力才能与敌人交战。如果士气丧失，战斗力就会丧失，将士们无心战斗，即使上了战场也会不战自溃。因此，将领在开战之前应该首先考察将士们的士气，设法激励他们的士气，如果将士们的士气低落，而且一时无法激励出来，就要及时选择撤退，避免战争，以免遭遇惨败。

千军万马

典出（唐代）姚察、姚思廉《梁书·陈庆之传》。

形 容雄壮的队伍或浩大的声势。

陈庆之是南北朝时梁朝的著名战将。有一年，梁武帝授命陈庆之率军进攻北魏。陈庆之一路攻城占池，所向披靡，率军赶到荥（xíng）阳城下，立即对守城的魏兵发动猛攻。但由于荥阳城防守坚固，梁军连攻数天都被击退。

这时，北魏的大批援军相继赶到，梁军腹背受敌，形势十分危急。陈庆之见部下士气低落，就召集起三军将士，鼓

舞大家说："我自北伐以来，攻克魏城数十座，而诸位将士们杀死的魏兵也不可计数。现在，魏兵有30多万，都把我们看成不共戴天的仇敌。可我军才7000人，我们只有与敌人拼死一战，才有可能获救啊！否则，大家的身家性命就难保了。"

陈庆之的一番话使梁军士气大振，结果荥阳城一下子就被梁军攻克了。陈庆之乘胜杀到洛阳城下，洛阳守军不战而降。当时，陈庆之麾下的将士一律身着白色战袍，在洛阳城中往来驰骋，显得十分威武。魏人见了，无不感慨，就编了一首民谣：名师大将莫自牢，千军万马避白袍。

前徒倒戈

典出《尚书·武成》。

前 面的部队投降敌方，反过来打自己人。

商朝的纣王是个暴虐的国君。人民对他非常痛恨。

当时，周国是商朝的附属国。周国的国君周文王精心治理国家，积极准备力量，决心消灭纣王。他很得人心，因此许多诸侯国都背离商朝，归附了周国。

周文王死后，他的儿子武王继位。周武王决心继承父亲的遗志，完成灭商的大业。

公元前 1066 年，周武王率领兵士 4.5 万人，勇士 3000 人，战车 300 辆，出征讨伐商纣王。各诸侯国纷纷响应，出兵参战。

周武王指挥大军向商朝别都朝歌（今河南省淇县）发起猛烈的进攻。他没有遇到多大抵抗，就攻到牧野（今河南省汲县北部），距朝歌只有七十里路。周武王在牧野召开誓师大会，列举了纣王的种种罪状，号召将士团结战斗，奋勇杀敌。

此时，商纣王正在和妃子饮酒作乐，突然听到周武王进攻的消息，慌了手脚，匆忙率领 70 万大军，赶到牧野迎战。商军官兵不愿替纣王打仗，战斗一开始，纣王前锋部队的士兵就倒转矛头，配合周军，反戈向纣王杀去。结果商军大败，死伤无数，尸体堆积如山，血流成河。纣王走投无路，自焚而死，商朝灭亡了。

后人从这个故事中引出"前徒倒戈"这个成语。

善攻者，敌不知其所守；善守者，敌不知其所攻

典出（春秋）孙武《孙子兵法·虚实篇》。

善于向敌人发动进攻的人，敌人不知道该从哪里进行防守；善于防守敌人的人，敌人不知道该从哪里着手进

行进攻。

进攻的时候要注意不断试探，不断变化进攻的路线，使敌人不确定我军的进攻方向，自然也就不知道应该着重防守哪些地方。防守的时候要全面撒网，不给敌人留下任何进攻的机会。当然我军也可以故意留下一些漏洞，引诱敌人来进攻，然后设下伏兵，对敌人进行围攻。

善为兵者阴谋。阴谋之守坚于城，阴谋之攻惨于兵

典出（南宋）辛弃疾《九议》。

善于用兵的人总是在暗地里进行认真谋划。这种谋划所起到的防守作用要比城池更加坚固，所发挥的进攻效果要比军队的进攻更加凶猛。阴谋：暗中进行策划。惨于兵：比用兵更利害。

秘密的军事谋划可以起到进攻和防守的作用。但是这种谋划必须是基于实际的战争情况的基础上，不能凭空谋划，否则将不能发挥任何作用。

在掌握敌人军情的情况下，将领通过认真谋划，采取一定对策躲避了敌人的进攻，那么这种积极的防守要比城池更

加坚固；将领经过谋划，通过一定的方法，在适当的时间、适当的地点对敌人实施水攻或者火攻，这就比千军万马更能摧毁敌人的有生力量。

善用兵者，不以短击长，而以长击短

典出（西汉）司马迁《史记·淮阴侯列传》。

善于用兵的人，不以自己的短处攻击敌人的长处，而是以自己的长处来攻击敌人的短处。

古来善战者都能够扬长避短、避长击短，这也是战争取胜的秘诀。自己的军队有什么长处、有什么短处，自己应该心知肚明，敌人的军队有什么长处、有什么短处，我们应该仔细考察，掌握真实的情况。作战的方法就是用自己的长处来攻击敌人的短处，同时要注意躲避敌人用长处发出的攻击，还要注意隐藏或弥补自己的短处，避免给敌人留下进攻的空当。

善用兵者，以少为多；不善用者，虽多而愈少也

典出（北宋）欧阳修《准诏言事上书》。

善于用兵的人，可以用少量的兵力发挥出强大的战斗力；不善于用兵的人，纵然有庞大的军队，也只能发挥出很小的战斗力。

善于领兵打仗的将领，能够使将士们紧密地团结在一起，同心协力，共拒强敌，这样的军队将会发挥出超常的战斗力。而不善于用兵的将领，不能搞好将士们之间的团结，不能促成将士们同心协力地进行作战，他的军队人数虽多，却如一盘散沙，平时懒懒散散，临阵的时候一击即溃，毫无战斗力可言，这样的军队空有其规模，而没有其实力。因此说，军队不在于人数的多少，而在于是否能够搞好团结，是否能够充分发挥出集体的力量。

深沟高垒

典出（春秋）孙武《孙子兵法·虚实篇》。

又见（战国）韩非《韩非子》。

挖掘深的壕沟，构筑高的壁垒。指加强防御工事。

孙武说："进攻时，要使敌人不能抵御，就要急冲敌人空虚之处；退却时，要使敌人不能追击，就要退得迅速，使敌人无法追及。如果我军想打，敌人即使坚守深沟高垒，也要逼他打，要去进攻他不能不去援救的要害之地。如果我军不想打，就要划定地区坚守，使敌人想与我军交战也不可能。这就要设计迷惑敌人，使他不知道向哪个方向前进。"

胜兵先胜而后求战，败兵先战而后求胜

典出（春秋）孙武《孙子兵法·形篇》。

能够在战争中取胜的军队必然是先做好了充分的准备，然后再同敌人交战；而失败的军队则是不经过认真准备就轻率地与敌人交战，妄图凭借一股子冲劲儿取得胜利。

这是告诫军队要在战前做好充分准备，为战争取胜创造条件。在战争中更多的是智慧的较量，而不是勇气的较量。善于运用智慧的军队在开战之前要进行精心谋划，做好充分准备，这就为战争取胜创造了条件，因而他们总是能够在战争中取得胜利。而不善于运用智慧的军队则只是凭借自身已有的实力，既不注重扩充自己的实力、改进自己的装备，也不注重制订巧妙的作战计策，因而就常常要在战争中遭遇失败。

失之东隅，收之桑榆

典出（南朝宋）范晔《后汉书》。

在某处先有所失，在另一处终有所得。比喻开始时在这一方面失败了，最终却在另一方面取得了成功。东隅（yú）：日出的地方，也指早晨。桑榆：落日所照的地方，也指日暮。

冯异是东汉著名的将领，跟随光武帝刘秀南征北战，立下赫赫战功。

一年，刘秀身陷重围，连夜带兵突围南逃，来到饶阳县无蒌（lóu）亭。这时天降大雨，寒风凛冽，将士们都饥寒交迫，人人灰心丧气。

冯异见此情景，就亲自带人冒雨找来了柴火、干粮，烧

了一大锅热气腾腾的菜汤。刘秀等人吃完，恢复了精神，重新斗志百倍地踏上征程，终于脱离了险境。

刘秀称帝后，封冯异为征西大将军，命他率军会同邓禹、邓弘军队一同西进，讨伐占据在关中地区的赤眉军。

当时赤眉军屯兵20万，兵势强大。冯异建议先派人去赤眉军中诱降，涣散敌人军心，然后由邓禹、邓弘二将领军打击东边敌人，自己率军西进，对赤眉军两边夹击，方可确保战斗的胜利。

但邓禹、邓弘二将求功心切，没听冯异的劝告，仓促领兵攻击赤眉军，结果大败而归，损兵三千。

冯异闻讯，忙率军转移，等候战机。几天之后，冯异在渑池设下埋伏，让手下士兵换上赤眉军的装束，藏在路旁，诱敌深入。赤眉军入了圈套，冯异一声令下，顿时伏兵四起，杀得赤眉军人仰马翻，四散奔逃。

渑池一战，冯异消灭了8万敌人，大获全胜，这个捷报传到京城，刘秀立即写了一封诏书，送到前方表示慰问。刘秀在信中说：前方将士打了胜仗，非常辛苦，虽然开始时你们像斗败了的鸟儿，垂着翅膀逃到溪坂，但最终在渑池振翼高飞起来了，真可谓"失之东隅，收之桑榆"呀！

师直为壮

典出（战国）左丘明《左传》。

出兵理由正当，因而斗志旺盛，战斗力强。师：军队。直：理由正当。壮：壮盛，有力量。

春秋时，晋、楚两国都很强盛，其他的小国如宋、郑、曹等国一向都屈从于楚国，但后来宋国忽然背叛了楚国改投晋国。楚国立即出兵伐宋。宋国在强兵压境的时候，派使者向晋国求救。

晋文公听了大夫先轸的话，一面叫宋国去劝秦、齐两国和楚国交涉，一面将曹、卫两国国君扣留起来作为要挟。楚将子玉派人去通知晋兵说："你们送曹、卫君回去，重新把曹、卫恢复，我也就解除对宋国的围攻。"晋文公把楚国使者囚在卫国，又暗中答应恢复曹、卫两国。于是，曹、卫两国便与楚国断绝了关系。

子玉听到这个消息非常生气，便指挥军队进攻晋国，晋兵奉令后撤。晋国的军官很是不满，晋大夫狐偃说："出兵而理直者，就是壮盛的；理亏者，就是衰落的，何必在乎时间的长久？我们若无楚国的恩惠（晋文公曾得楚君之助，得以回国继君位），到不了今天，退九十里避开他们，就是为报楚国旧日的恩惠。若我们忘恩失信，以仇怨相对，那么，我们理亏，他们理直，他们的士气很旺盛，不能算衰落。如

117

我们退了以后，他们仍要进军，那就是他们理亏了。"

守则不足，攻则有余

典出（春秋）孙武《孙子兵法·形篇》。

兵力不足就要做好防守工作，兵力有余就要积极地进攻。在我方兵力不足以和敌人对抗的情况下，我方要着重做好防守工作。防守不能是消极的防守，而应该是积极的防守，要努力地击退敌人的进攻，同时要时刻保持警惕，防止敌人发动偷袭。通过积极防御，能够消耗敌人的兵力，消磨敌人的斗志，同时也能够为我方寻求援兵争取时间。在我方兵力绰绰有余的情况下，要集中兵力，迅速、果断地消灭敌人的有生力量，有力地震慑敌人，使敌人不敢来犯。

孙子练兵

典出（西汉）司马迁《史记·孙子吴起列传》。

形容治军必须纪律严明，带兵要遵循法则。

伍子胥请来了孙武，一同去见阖闾。阖闾从朝堂上跑

下来迎接孙武。随即问他用兵的方法。孙武把他自己写的13篇兵法送给阖闾。阖闾叫伍子胥从头到尾朗诵一遍。每念完一篇，阖闾就不停地点头称赞。他对伍子胥说："这13篇兵法真是扼要精粹，好极了！可是咱们吴国国小兵微，怎么办？"孙武说："有了兵法，只要大王有决心，不仅男子，就是女子也行。男男女女，全都能够打仗，还愁什么人马。"阖闾笑着说："女人怎么能打仗，这不是笑话吗？"孙武一本正经地说："大王要是不相信，请先拿宫女们试一试。我如果不能把她们训练得跟士兵们一样，我愿意认罪受罚。"

于是阖闾派了180名宫女，让孙武去操练。孙武请阖闾挑出两个爱妃当队长。阖闾也答应了。最后，孙武请求说："军队首重纪律。虽说拿宫女们试试，也得讲究纪律。请大王派个执掌军法的人，再给我几个武将当助手。不知道大王答应不答应？"阖闾全都答应了。

180名宫女全都穿戴着盔甲，手执兵器，在操场上集合。孙武首先出了三道军令："第一，队伍不许混乱；第二，不许吵吵闹闹；第三，不许故意违背命令。"接着，他把宫女们排成了两队，操练起来。那两个妃子队长以为她们穿上军衣，拿着长枪、短刀，是出来玩的，就带头嘻嘻哈哈地不听使唤，其他的宫女也跟着笑闹成一团。她们或坐、或站、或摆姿弄势，或来回奔跑，根本不拿训练当回事。孙武于是传令，叫她们归队立正。其中还有人说说笑笑，不听命令。孙武传了3次令，那两个妃子队长和宫女们还是嬉笑如故。孙

武大怒，瞪着眼睛大声地跟那个执掌军法的人说："士兵不听命令，不服约束，按照军法应当怎么处治？"军法官连忙跪下，说："应当斩首！"孙武就发出命令，说："先把队长正法，做个榜样。"武士们就将两个妃子绑起来，吓得宫女们全都花容失色。

阖闾在高台上远远瞧着她们操练，忽然看见两个妃子被绑上了，立刻打发人拿着"节枝"（代表君王权力的一根手杖）去求救，叫他传令，说："我已经知道将军用兵的才能了。这两个妃子是我最心爱的，请饶了她们吧！"

那人急急忙忙地来见孙武，传出阖闾的命令。孙武对他说："军中无戏言。我既然受了大王的命令做了将军，就得由我管理军队。要是不把犯法的人治罪，以后我还能够指挥军队吗？"他还是把这两个妃子正了法，另外又挑了两个宫女当队长，重新操练起来。这批宫女在孙武严厉的训练下，居然操练得有模有样。

阖闾虽然佩服孙武的兵法，却仍不大愿意重用他。伍子胥对阖闾说："大王打算征伐楚国，领导各国诸侯，做一番惊天动地的大事业，就非得有个像孙武那样的大将不可。"阖闾经他这么一说，才拜孙武为大将，又称呼他为军师，吩咐他准备征伐楚国的事情。

孙武提议说："大王如果打算发兵远征，就必须先除掉内患才行。王僚的兄弟掩余在徐国，烛庸在钟吾（今江苏省宿迁市西北），他们两人随时都可能衔恨到吴国来报仇。咱

们必须先铲除他们，然后再发兵。"阖闾和伍子胥都赞成他的主张，就派遣两个使臣分别去要求那两个小国交出逃犯来。徐国和钟吾不乐意，把掩余和烛庸都放了。阖闾怒不可遏，立刻命令孙武发兵去征伐这两个小国。孙武追上了掩余和烛庸，把他们杀了，又将徐国和钟吾并吞了。阖闾想乘胜打到郢都去。孙武说："不能让士兵们太劳累。先休息休息，逮到个好时机再去打，才能够百战百胜。"

天时、地利、人和，三者不得，虽胜有殃

典出（战国）孙膑《孙膑兵法》。

天时、地利、人和，这三个要素没有具备，虽然取得了胜利，也必然会招致祸患。殃：灾祸。

只有具备了天时、地利、人和三个要素，才能在战争中取得胜利，这种胜利是真正的、彻底的胜利。如果不具备这三个要素，或许也能够侥幸取得胜利，但是这种胜利是暂时的、不彻底的胜利，胜利的背后可能隐藏着更大的祸患。如果敌人佯装失败，引诱我军深入，那么我军虽然获得了暂时的胜利，这种胜利也会是失败的前兆。

天时不如地利，地利不如人和

典出（战国）孟子《孟子·公孙丑下》。

有良好的天气，不如占据有利的地理形势；有有利的地理形势，不如深得人心，同仇敌忾。天时：天气的阴晴寒暑。地利：指高城深池，山川险阻。人和：指人心所向，内部团结。

天、地、人三者之间的关系是古往今来人们探讨较多的问题之一。孟子论述战争胜负时，探讨了三者关系，得出了"天时不如地利，地利不如人和"这个结论。

在孟子看来，天气时令不如地势地理重要，地势地理不如人心向背重要。在战争中，得道多助，失道寡助，只有争取到人心，得到群众的支持，这场战争才能够取得胜利。孟子用层层递进的方法，突出地强调了人心的重要性，也告诫统治者，应该施行仁政，争取民心，这样才能够在大争之世取得最终成功。

天下无敌

典出（战国）孟子《孟子·离娄上》。

又见（战国）庄周《庄子·说剑》。

形容战无不胜，哪里都没有能抵挡的。

有一次，有人去问孟子："怎样才能做到天下无敌？"

孟子说："现在有些弱小国家想以强大的国家为师，但又以接受别人的命令为耻，这就好比学生以接受老师的命令为耻一样，这行吗？"

来访者问："不以强国为师就没有别的办法了吗？"

孟子沉思了一下回答说："当然不是说只能以强大的国家为师，因为我们可以文王为师。以文王为师，强大的国家只需五年，较小的国家只需 7 年，就一下可以得到统治天下的大权。"

"怎样才能做到以文王为师呢？"来访者问。

孟子说："这就是要施行仁政。孔子说过：仁德的力量，是不能拿人的多少来计算的。如果君主爱好仁德，则'天下无敌'。"

投之亡地然后存，陷之死地然后生

典出（春秋）孙武《孙子兵法·九地篇》。

把军队置于死亡地带，将士们经过殊死搏斗，最终打开了出路，存活了下来；军队陷入必死的境地，将士们经过拼搏，能够得到生路。亡地：死地。

这说明死亡之地能够激发将士们战斗的潜能、激励将士们的士气，从而使军队的战斗力发挥到极限，这样就能够极大地增强作战的效果。军队陷入死地以后，将士们知道无路可逃，于是就抱定了必死的信念，将战斗至死作为自己最大的光荣，这就是他们的战斗力之所以能够提升的一个内在原因。

危在旦夕

典出（西晋）陈寿《三国志》。

形容危险就在眼前。旦：早晨。夕：傍晚。旦夕：指时间极短。

太史慈是东汉末年人，家境贫寒，多亏孔融接济他们，他母亲才把他拉扯成人。

黄巾农民起义爆发后，这时身为北海相的孔融，在都昌被农民军将领管亥的部队团团围住，形势万分危急。太史慈的母亲对他说："儿啊，如今孔大人遇到危难，你该去帮帮他！"

太史慈越过了封锁线，只身潜入了都昌城。农民军将都昌城围得越来越紧，孔融坐立不安，更加焦急。有人提议，平原相刘备为人重信义，急人所难，不如再派人突围去向平原相报信求援，请刘备赶快来解围。孔融面有难色，说："主意倒是不错，可无奈这城被围得水泄不通，前几次突围送信的人，死的死、伤的伤，没有一个人冲出去。"

这时，太史慈站了出来，向孔融请求出城送信。

第二天，都昌城紧闭多日的城门突然打开了，只见太史慈披挂一新，纵马驰出，身后只跟了两名骑兵。城外围军一时惊骇，竟不知如何应对是好。太史慈下马滚入沟堑，搭弓射箭，连中两名敌兵，随后跃身上马，一溜烟进了城，城门

又紧紧地关上了。

此后几天，太史慈天天如此骚扰围军一番，围军只当这是守军的杀伤战术，渐渐习以为常，不加警惕。可是第五天早上，城门一开，太史慈飞马加鞭，竟然直冲围军而去，围军急忙躲闪，居然给他让出了一条路。等到围军醒悟过来时，太史慈早已越过重围，朝远处急驰而去。

太史慈到了平原郡，见到了平原相刘备，告急道："今北海孔大人被围，孤军无援，危在旦夕，请您马上派兵相救。"说罢，递上孔融的亲笔信。

刘备读罢信，当即派出3000名精兵跟随太史慈去援救孔融，解了都昌城之围。

一成一旅

典出（战国）左丘明《左传》。

本指地窄人少，力量单薄。后比喻力量虽小却有所建树。成：古时以方圆十里为一成。旅：古时以兵士五百人为一旅。

春秋时期，吴王夫差为了替父亲报仇，率兵攻打越国，把越王勾践和他的5000名残兵败将围困在会稽山上。勾践听从了大臣范蠡（lí）的主张，打算求和。

勾践便派大臣文种到吴王营里去求和。夫差打算同意，可吴国大夫伍子胥坚决不肯。他告诫夫差说："古语说得好，'建树德行最好是不断培植，去掉毒害最好是消除干净'。"接着，他就给夫差讲了夏朝时期的一个故事。

夏朝的时候，过氏部落首领浇杀了斟灌，攻打斟鄩（xún），灭了夏朝的后相，后相的妻子后缗（mín）逃走了，后来生下了一个儿子，名叫少康。少康逃到有虞部落里，做了官。酋长还把两个女儿嫁给少康为妻，并将纶邑封给他。纶邑虽然地方不大，只有十里见方，人口只有 500 人，也就是所谓的一成一旅。但少康到那里以后，广施恩德，安抚下属，积极训练军队。当时机成熟了，就率兵攻打过国、戈国，灭了它们，恢复了夏朝的天下。这就是"少康中兴"的故事。

伍子胥讲完这个故事后，接着说："如今的吴国不如当时的过国，而越国却超过了少康的纶邑。假如将来上天让越国强大起来，对吴国将是极大的威胁。我们如果不乘胜消灭勾践，将后患无穷啊！"

可是夫差早被胜利冲昏了头脑，根本听不进伍子胥的意见，还是同意了越国的求和要求。

伍子胥失望地对大臣们说："唉！越国用 10 年生息繁衍，再用 10 年教育训练，20 年后一定会来报仇的。"

20 年之后，越国真的强大起来，勾践率兵打败了吴国，并且连吴王投降都不允许。吴王懊悔莫及，只得自杀。

一鼓作气

典出（战国）左丘明《左传》。

比喻趁劲头大的时候鼓起干劲，一下子把事情完成。

齐桓公采信鲍叔牙的话命管仲为相国。这个消息传到鲁国，鲁庄公十分气愤。他开始操练兵马，打造兵器，企图报仇。

齐桓公知道了，想趁鲁国措手不及时攻过去。管仲劝阻他说："主公刚继位，军政都还没安定，不宜急着用兵遣将。"但是齐桓公不听劝告，他一心想耀武扬威，证明自己的能力远远超过公子纠，以使大臣们心悦诚服。如果按照管仲的意见，先使政治、军事、生产等一件件都上了轨道，那还不知道要等到哪年哪月，他叫鲍叔牙当大将，率领大军直逼鲁国的长勺。

鲁庄公愤慨至极，对施伯说："齐国欺人太甚了！咱们跟他们拼了！"施伯说："我推荐一个人，保证他对付得了齐国。"鲁庄公迫不及待地问："谁？"施伯回答："这人叫曹刿（guì），能文能武，是将相之才，要是咱们诚心去请曹刿，他也许愿意效命。"鲁庄公就叫施伯尽快去召请曹刿。

施伯见到曹刿，把本国遭人欺负的事向他说明了，又用犀利的言辞刺激他，想叫他出来替国家出点力。曹刿终被他说动了，就跟着他去见鲁庄公。

　　鲁庄公问曹刿用什么法子可以击退齐国人。他说："这很难说，打仗全凭随机应变，没有一成不变的法则可以依循。"鲁庄公很赏识他，就和他带着大军直驱长勺。

　　鲁国的兵马到了长勺，摆好阵势，和齐国的兵营遥遥相对。鲍叔牙因在乾时一役大败鲁庄公的人马，难免有几分轻敌之心，即刻下令击鼓进兵。鲁庄公一听对方鼓声震天，就叫鲁兵也摆鼓对敌。曹刿制止他，说："等一等，他们上次打赢了，现在锐气还很旺盛，一直想再大干一番，咱们不如暂时以静制动，别跟他们交手。"鲁庄公就下令："不准喧嚷！不准开打！严阵以待！"齐国人在鼓声催促下冲了过来，却只遇到钢铁般的阵容挡在眼前，没办法打杀进去，只得退后。过了一会儿，齐国又打鼓冲锋，鲁国仍然不动声色，未见一个人杀出来。齐国人找不到对手交锋，悻悻然退回去了。但鲍叔牙仍然兴致勃勃，他说："他们不敢打，八成是在等救兵。咱们再冲一次，看他们上不上！"于是齐军第三次擂鼓。那些士兵连冲了两次，以为鲁国人只守不战，已经兴味索然，但军令不能不服从，只好勉强跑过去。谁知这时对方忽然鼓声大作，鲁国的将士霍地喊杀而出，刀砍箭射，打得齐国兵马七零八落，溃败而逃。鲁庄公想追过去，曹刿说："慢着，让我瞧瞧再说。"他站到兵车上，极目远望，又下车审视齐兵的车印和脚印，再往四周瞧了瞧，才跳上车，说："追吧！"他们一连追了三十多里，抢获敌人的辎重和兵器无数。

　　鲁庄公大败齐兵后，问曹刿："头两次他们击鼓进兵，你为什么不许咱们也击鼓呢？"曹刿说："打仗全凭一股气势。击鼓就是叫人打起劲来，第一次的鼓，力量最盛；第二次的鼓就差了；到了第三次，鼓就是震天响，也不能带动兵马的劲头了。趁着他们松懈的时候，咱们'一鼓作气'打过去，怎么会不赢呢？"鲁庄公点点头表示赞同，但是他依旧不明白为什么对方逃了，还不尽快追上去。曹刿解释说："敌人逃跑也许是诈，说不定前面还有埋伏，非得看见他们旗倒了，车子乱了，兵也散了，才能确定他们已经溃不成军，也才能放胆追上去。"鲁庄公十分佩服曹刿。

一旦纵敌，数世之患也

典出（战国）左丘明《左传》。

在一次战斗中骄纵敌人，就会带来累世的祸患。
这是表明对于敌人要严厉打击、严加防范，使其不敢
再产生侵略和冒犯的念头。如果对敌人姑息、迁就、纵容甚
至妥协，那就会使敌人侵略的气焰更加嚣张、进攻的势头更
加凶猛，将会给国家带来无穷的祸患。

迎刃而解

典出（唐代）房玄龄等《晋书·杜预传》。

原意是把竹子劈开口，下面的一段竹子顺着刀口就裂开
了。比喻处理事情、解决问题很顺利。

晋武帝时，有一个叫杜预的人，不但学问非常渊博，而
且见识很广。他做了7年度支尚书，贡献很多。当时的人都
称赞他无所不能，叫他"杜武库"。后来他调任镇南大将军，
都督荆州军事，建议攻伐吴国，待到出兵以后，只用了十天
的时间，就接连占领了长江上游许多城市；紧接着又占领了
沅、湘两水以南一带的州郡，并俘虏了吴军督孙歆以下的文

武官员 200 多人。

这时，有人说吴国是强劲的敌人，不能一下子完全打败；而且时值夏季，河水正在泛滥，恐怕有疫病流行，应该等到来年春天再集中力量攻打。但杜预坚定地说："从前乐毅由于在济西打了一仗，就吞并了强大的齐国。现在我们士气旺盛，用这样旺盛的兵力去打吴国，犹如去破竹，等到劈破几节之后，下面便都'迎刃而解'，不会有碍手的地方了。"结果他带着队伍继续进军，真好像破竹子一样顺利和迅速，终于把吴国灭掉了。

用兵之道，攻心为上，攻城为下；心战为上，兵战为下

典出（三国蜀）诸葛亮《南证教》。

用兵的道理，攻击敌人的心理防线，这是上策，攻打敌人的城池，这是下策；用心计进行较量，这是上策，用兵力进行较量，这是下策。

作战时应该用智谋同敌人交战，不要一味地用兵力与敌人硬拼；应该设法攻破敌人的心理防线，不要一味地去攻击敌人的军事防线。用兵力与敌人硬拼，即使胜利了，也有可能两败俱伤；如果攻破了敌人的心理防线，那么敌人就会不战自降，我方不费一兵一卒就能战胜敌人，何乐而不为呢？

用兵之害，犹豫最大；三军之灾，生于狐疑

典出（战国）吴起《吴子·治兵》。

用兵最大的忌讳，就是犹豫不决；全军将士最大的灾难，就是将领疑虑重重，优柔寡断。犹豫：迟疑不决。狐疑：

133

多疑而无决断。

将领犹豫不决，就会错过良好的战机，就会给敌人留下喘息的机会和进攻的空当，这对于我军无疑是一个天大的灾难。将领生性多疑，对打探到的消息不相信，对将士们不信任，就会制定出错误的战略，选用不当的人才，这将给三军将士带来毁灭之灾。因此说，一个优秀的将领，必须要戒除犹豫和疑虑，培养果敢凌厉的作风。

运筹策帷帐之中，决胜于千里之外

典出（西汉）司马迁《史记·高祖本纪》。

将领在营帐中经过认真谋划，制定出了巧妙的作战方案，将士们根据这一方案在千里之外的沙场上与敌人展开决战，并最终取得了胜利。帷帐：指将帅的营幕。

这是形容有智谋的将领不用亲自出战，只在营帐中认真谋划，就能够指挥军队夺取战争的胜利。这就需要将领对战争的形势、战场的环境、敌我双方的实力、天时、地利等各种因素都了如指掌，然后才能据此做出正确的决断，选用正确的作战方法。实际上，除了制定作战方针以外，

将领在一些重大的战役中必须亲自出战，或者身先士卒，或者为将士们擂鼓助威，这样才能极大地调动将士们作战的积极性，才能充分地激励出将士们的斗志，从而能够增强作战的效果。

战胜易，守胜难

典出（战国）吴起《吴子·图国》。

要在一次战斗中取胜，这是很容易的，但是要想长久地保住胜利的果实，这就是一件很困难的事情。守胜：保守胜利成果。

要想战胜敌人，只要事先做好充分的准备，在临阵的时候又能够抛开生死，全力以赴，能够做到这些，就不难取得胜利。在战斗中，要提高警惕，但是这只是暂时的，要激励士气，也只是暂时的，胜利是一鼓作气拿下的。而在日常的防守当中，则要时刻注意保持警惕，一遍又一遍地激励士气，同时还要在技能、装备和后勤等方面不断改进、不断完善，这些工作绝不会比战斗轻松多少，反而会更加繁重。因此说，做好防守是比取得胜利更困难的一件事情。

振臂一呼

典出（南朝梁）萧统《文选·答苏武书》。

挥动手臂呼喊，号召大家（多用在号召）。振：挥动。

西汉时，匈奴屡次侵略边境，汉武帝在忍无可忍之下，派李陵率领 5000 人马去抵抗。

李陵遇到了顽敌，孤军深入敌阵。以 5000 人马，对抗匈奴 10 万大军，等于以卵击石。但李陵凭着他的英勇，身先士卒，却把敌人打得人仰马翻，并杀了他们的主将。

后来，匈奴动员了全国的人马来对付李陵。当时，李陵的部队陷在众寡悬殊的恶劣情势下。敌人熟识地形，又有精锐的骑兵参战。兵士们都忍住创痛，争先奋勇地杀敌，直至死伤积野，剩下几十个人，还不肯放下武器。

这时，李陵仍挥动着手臂，号召残余的兵士们努力杀敌，直到箭射完了，刀折断了，大家手无寸铁的时候，失去了天时、地利的条件，依然不肯投降，还徒手和敌人拼个你死我活。李陵的英勇、部下视死如归的精神，实在令人无限感动！

知彼知己，百战不殆

典出（春秋）孙武《孙子兵法·谋攻篇》。

既了解敌人，又了解自己，那么在战场上就能够始终处于不败之地。殆（dài）：危险。

要制定正确的战略决策，保证战争的胜利，就必须首先了解敌我双方的实力对比情况，了解战场的形势。在敌弱我强的形势下，可以主动发起进攻；在敌强我弱的形势下，要积极地进行防御。只有了解了敌我双方的情况，才能制定和实施正确的战略，从而能够有效地突破敌人的防守，躲避敌人的进攻，这样，就能够常胜不败。

知彼知己，胜乃不殆；知天知地，胜乃可全

典出（春秋）孙武《孙子兵法·地形篇》。

既了解了敌人，又了解了自己，这样军队在战争中就能够常胜不败；既了解了天文，又掌握了地理，这样军队就能够巧妙地利用各种自然条件，实现完全胜利。

这就说明军队在打仗之前不仅要了解敌我双方的情况，还要了解天文、地理等自然环境，这样才能够充分地利用主观、客观两方面的条件，从而更有利于军队在战争中取得胜利。

节日篇

爆竹声中一岁除，春风送暖入屠苏。
千门万户曈曈日，总把新桃换旧符

典出（北宋）王安石《元日》。

在阵阵的鞭炮声中人们送走了旧岁，迎来了新的一年，人们迎着和煦的春风，畅饮屠苏酒；旭日的光辉普照着千家万户，每年春节时都会取下旧的桃符，换上新的桃符。屠苏：一种酒的名字，古时的人们有在春节时饮屠苏酒的习俗。曈（tóng）曈：日出时光辉灿烂的样子。桃符：古时挂

在大门上写有神荼（tú）、郁垒二神名字的桃木板。

本诗描写的是农历春节时的欢愉之景。其中，"新桃换旧符"一句则采用了互文的手法，意即新桃符换旧桃符。

草秀故春色，梅艳昔年妆

典出（唐代）李世民《元日》。

秀丽的草木呈现出的是去年春天的色彩，而艳丽的梅花，着的还是去年的旧妆。

作者在本诗中，表达了自己的欢愉之情和想要留住春节的愿望。

春到人间人似玉，灯烧月下月如银

典出（明代）唐寅《元宵》。

春色映在人的身上，人就像美玉一般。在皎洁的月光下，透过火红的灯火看月亮，就更觉得月亮如白银般明亮、

诱人。

唐寅，字伯虎，明代画家、诗人。他的诗文笔真切平易，不拘泥于成法，喜欢采用口语，且意境清新，对自己的人生以及社会等，多有傲岸不平之气。

春事阑珊芳草歇。客里风光，又过清明节。小院黄昏人忆别。落红处处闻啼鸠

典出（北宋）苏轼《蝶恋花》。

春天的使命就快完成了，花草们生长的势头也都缓了下来。在欣赏着美妙风景的同时，又过了一个清明节。到了黄昏时分，我站在院子内想起了与亲人分别时的情景。在有落花的地方，总能听到伯劳鸟的啼叫声。阑珊：衰落、将尽。

这首词作于宋神宗熙宁七年（公元1074年）。暮春时节，苏轼在镇江一带忙于赈灾事宜，已经将近半年没有回过家，此诗表达了其对家人的深深思念。

此生此夜不长好，明月明年何处看

典出（北宋）苏轼《阳关曲·中秋作》。

在我的一生中，很少看到有着如此美妙夜景的中秋之夜。但是，到了明年中秋之时，我又要到哪里去观赏如此美丽的月亮呢？

这是苏轼在徐州任知州时所作。流露出作者对青春易逝、好景不长的怅惋之情。

东风夜放花千树，更吹落，星如雨。宝马雕车香满路。凤箫声动，玉壶光转，一夜鱼龙舞

典出（南宋）辛弃疾《青玉案·元夕》。

随着东风吹起，满城灯火璀璨，犹如点点繁星坠落人间。长街之上，雕鞍宝马，香车花轿，香气四溢。处处歌吹，人家华筵上玉壶金碟流光溢彩，人们挑起鱼灯，舞起长龙，欢闹了一夜。

真是名人写名作，有景有情，有光有色，读来让人拍案

叫绝。在古代，元宵节的影响恐怕是仅次于正月初一的春节，
但论欢庆的场面，正月初一也未见得比得上。读读古人的诗
词，我们就可以想见。

独在异乡为异客，每逢佳节倍思亲。
遥知兄弟登高处，遍插茱萸少一人

典出（唐代）王维《九月九日忆山东兄弟》。

我独自一人作客他乡，每到佳节良辰，我就越发地思念
远在家乡的亲人。今日又逢重阳佳节，故乡的兄弟们

145

肯定要登高望远，只是他们在佩戴茱（zhū）萸（yú）时，就会发现还少了一个人。

作者当时身在异乡，又逢重阳佳节，因思乡之情浓重才有了这首七绝。在本诗中，作者直抒思乡之情，而且，本诗中的"每逢佳节倍思亲"一句，更是千百年来为人们所广为传诵的名句。

二月江南花满枝，他乡寒食远堪悲

典出（唐代）孟云卿《寒食》。

二月的时候，鲜花已经开满了枝头，而我却还漂泊在他乡过寒食节，这让人悲伤不已。寒食：即寒食节，清明前一天。

孟云卿的诗多为反映社会现实的作品，语言朴实无华。这首诗是作者在科场失意后流寓荆州一带之时所作。在这首诗中，作者表明了其漂泊他乡时的凄苦遭遇，抒发了其内心的悲哀之情。

故人对酒且千里，春色惊心又一年

典出（金）高士谈《庚（gēng）戌（xū）元日》。

我与亲人旧友相隔千里之遥，只能邀月对饮了，看到这么美好的春色，又是新的一年来到了。

金国学者高士谈，其本为宋英宗宣仁高皇后的族弟，善诗文，后入仕金国。本诗便是其入金后所作。

光移星斗天逾近，影倒山河月正圆

典出（元末明初）丁鹤年《元夕》。

随着月光在星斗间的转移，天空离我们越来越近了，在这轮圆月的映照下，所有大山大河的影子都倒在地面之上。

丁鹤年，元末明初诗人、养生家，京城老字号"鹤年堂"的创始人。他博学广文，精通诗律，是位很有影响力的诗人。

海上生明月，天涯共此时

典出（唐代）张九龄《望月怀远》。

中秋佳节，明月从海上升起，此时此刻，离散各地亲人无不举头望月，怀念亲人。

这是只有中秋明月之夜才能升起的情思，难怪人们又把中秋节称之为"团圆节"。"海上生明月，天涯共此时"，只此一句，张九龄足以在千古诗坛上有立足之地。

皓月随人近远

典出（宋代）李持正《明月逐人来》。

只见一轮皓月，就像个有感情的人一般，跟着人们走远或走近。

这里描写的是北宋末年汴京元宵节赏灯时的情景。其实，月与人的距离，只是作者的主观感受而已，但是作者却将其拟人化，灌入自己的主观感情，然后再饰以新巧之笔，立显其不凡之处。就连苏轼在读到此句时，都大赞其立意之妙。

红云灯火浮沧海，碧水楼台浸远空

典出（北宋）曾巩《钱塘上元夜祥符寺陪咨臣郎中丈燕席》。

远处灯火通明，照得夜空如同红云一般浮现在水面上；楼台下碧水荡漾，深远的天空好似完全浸入了水中。

上元夜：元宵节。

这里描写的是钱塘江边元宵节灯火通明的繁华景象。

忽惊重五无多日，采缕缠筒吊屈平

典出（南宋）陆游《夏雨初霁（jì）题斋壁》。

我突然发现，现在距离端午节已经没有几天时间了，我也该准备一些彩缕缠筒去凭吊屈原了。重五：端午节。

彩缕缠筒：在屈原死后，人们就用彩丝缠住注满大米的竹筒，并投到水中祭奠他的行为。屈平：即屈原。屈原名平，字原。

作者借凭吊屈原之举，抒发了其壮志难酬的感慨。

几年今夕一番逢，千古何人此兴同？
酒入银河波底月，笛吹玉桂树梢风

典出（南宋）杨万里《中秋与诸子果饮》。

这么多年了，只有今天才能团聚一堂，千百年来，还有谁能有此高兴呢？酒水洒入了泛着银光的溪水之中漾起了微波，就连月亮在水中的倒影都沉到了水底；悠扬的笛声飘过桂树，树梢上就像是吹起了微风一般。

杨万里诗歌大多描写自然景物，且以此见长。语言浅近明白，清新自然，富有幽默情趣。

几日春阴画不成，不过寒食又清明。
霏霏红雨花初落，袅袅白波萍又生

典出（清代）黄遵宪《寒食》。

这几天一直处在阴雨天气中，我一直觉得寒食节还没过呢，可实际上清明节都已经过去。密密的细雨打落了一片片的红花，随风荡漾的碧波上也重新长出了浮萍。

黄遵宪的诗有着深厚的历史内容,诗风宏伟大气。而且,他在创作诗歌时,还喜欢以新事物熔铸入诗,懂得推陈出新,有着"诗界革新导师"的美称。

江寒秋影雁初飞,与客斜壶上翠微。尘世难逢开口笑,菊花须插满头归

典出(唐代)杜牧《九日齐山登高》。

寒凉的江水倒映出了秋天的影像,此时的大雁也开始南飞了,我与好友带着酒壶,一同登上了青翠的齐山;尘世间的烦扰,很难让我开口大笑,在这菊花盛开之际,定要插满头才算罢休。壶:酒壶。翠微:形容山色青翠。

唐武宗会昌五年(公元845年),杜牧时任池州刺史。在重阳节这天,诗人与好友携酒一同登上池州城东南的齐山,并作了此诗,抒发了人生多忧、生死无常的悲哀之情。

皎皎中秋月，团团海上生。影开金镜满，轮抱玉壶清

典出（唐代）李华《赋得海上生明月》。

皎 洁而又明亮的中秋之月，非常圆满地从海面上升了起来。海面上的倒影就已经说明了月亮非常圆满，就像一个圆镜似的，非常明亮。金镜、玉壶：指的都是月亮。

在此诗中，作者虽然句句不离明月，但却不显得重复啰唆，反而将中秋圆月的形象从多个角度刻画得淋漓尽致。

马上逢寒食，途中属暮春

典出（唐代）宋之问《途中寒食》。

在 形只影单的旅途中，一个人骑在马上，正赶上寒食季节的暮春天气，让人倍感惆怅。

寒食节时，宋之问被朝廷贬谪，正在路上，忧愁暮春，感时伤怀，思乡之情溢于纸上。

明灯海上无双夜，皓月人间第一圆

典出（清代）陈曾寿《元夕》。

从海上升起的明灯，是这个世界上独一无二的。皎洁的月亮也应是人世间最圆的。

陈曾寿的诗多以写景为主，喜用佛典、禅语等，意境丰富而又空灵自然，是近现代两宋诗派的后起名家，与陈衍、陈三立两人齐名，时称"海内三陈"。

莫道明朝始添岁，今年春在岁前三

典出（唐代）元稹（zhěn）《除夜酬乐天》。

不要说到了明天才会长一岁，今年早在春节前三天就立春了。岁前三：在春节前的三日。

元稹的诗受张籍、王建的影响较大，诗作多为乐府诗，且辞浅意哀，与白居易齐名，世称"元白"。此为其寄赠好友白居易的一首诗。

莫上高楼看柳色，春愁多在暮山中

典出（清代）赵执信《社日》。

千万不要登上高楼去欣赏那柳叶繁茂的翠绿之色，因为，春日的愁思大多都隐藏在那傍晚时分的群山之中。

作者借助于眼前之景，抒发了其内心的愁苦之情。

暮云收尽溢清寒，银汉无声转玉盘。此生此夜不长好，明年明月何处看

典出（北宋）苏轼《中秋月》。

天边的晚霞都已经散尽了，天地间充溢着寒气，银河无声地流淌着，而那晶莹如玉的月亮也升到了天空之中。在这一生之中，往年的中秋之夜，很少出现过今天这样的美景，可是，到了明年的中秋之夜，我又将会到哪里观赏这明月呢？银汉：银河。玉盘：圆月。

作者记述的是与其弟苏辙久别重逢后，二人共赏中秋之

月的乐事，其间也隐含着亲人相聚不久后又要分手的哀伤与
感慨之情。

牛郎咫尺隔天河, 鹊桥散后离恨多。今夕不知复何夕, 遥看新月横金波

典出（南宋）方夔（kuí）《七夕织女歌》。

牛郎与织女之间虽然只是咫尺之遥，但却隔着一条难
以逾越的天河，等到鹊桥散后，离别的愁苦会更加
浓郁。今夜的这种情形不知还要等多久才能出现，只能远
远地看着那弯新月散发着皎洁的光辉。金波: 形容月光皎洁。

炮竹一声乡梦破, 残灯永夜客愁新

典出（南宋）黄公度《乙亥（hài）岁除渔梁村》。

爆竹的一声鸣响，打破了我归家的美梦，看着那在漫漫
的长夜之中若明若暗的油灯，我的内心又新添了几分

乡思之愁。

　　这是作者在绍兴二十五年（公元1155年，农历为乙亥年）受召返回临安，于大年三十途径闽北渔梁山下的渔梁村（今福建省浦城县西北）时所作。抒发了除夕夜，作者对家人的深切思念之情。

强欲登高去，无人送酒来。
遥怜故园菊，应傍战场开

典出（唐代）岑参《行军九日思长安故园》。

重阳节这天，我勉强登上一处高地进行远眺，可是，却没有人给我送酒来。我怀着沉重的心情遥望着我旧日的家园长安，那里的菊花这个时候应该已经傍在战场旁边开放了吧！故园：旧日的家园，在本诗中指的是长安。

在本诗中，作者所要表达的并非一般的节日思乡。因为时值安禄山之变，长安已然失陷，此时作者正随军而行。所以，作者在本诗中表达的是对国事的忧心和对处于战乱中的人民的同情与关切。

清明时节过边城，远客临风几许情。
野鸟间关难解语，山花烂漫不知名

典出（元代）耶律楚材《庚辰西域清明》。

清明节的时候，我正好从边境的城市路过，远处的客人迎风而来，还带有些许的哀思之情。我听不懂鸟儿"间

关，间关”地在向我诉说着什么，而那漫山开放的花朵，有好些我都叫不出名字。间关：象声词，形容鸟鸣的声音。

这首诗表达了作者触景而生的思乡之情。作者以景寓情，句句写景，景景关情。

清明时节雨纷纷，路上行人欲断魂

典出（唐代）杜牧《清明》。

清明时节正好赶上这纷纷而落的春雨，这给处在旅途之中的人又多添几分忧愁。欲断魂：是用来形容极度悲伤的心情，就像是神魂离体一般。

作者本是孤身赶路，却又在清明时节遇上了细雨蒙蒙的天气，这使得作者更感孤独与寂寞，其乡思、惆怅之情更是油然而生。

清明节处在仲春与暮春之交，既是农历的二十四节气之一，也是我国的传统节日。

曲终人散空愁暮，招屈亭前水东注

典出（唐代）刘禹锡《竞渡曲》。

龙舟竞渡的热烈场面结束后，让人倍感失落惆怅。招屈亭前，江水依旧向东流。

这首诗写于永贞元年（公元 805 年），当时刘禹锡因变法失利而被贬为朗州（今湖南省常德市）刺史，滞留当地。在观看龙舟竞渡之后，有感而发，写下此诗。这首诗前面描写了龙舟竞渡的热烈场面，此句则以赛毕人散收束。以曲终人散的冷寂，揭示世事繁华背后的落寞意味，寄寓"逝者如斯"的感叹，诗虽然造语平淡，意趣却极为隽永，一种历经沧桑、欲说还休的意味尽在不言中。

人有悲欢离合，月有阴晴圆缺，此事古难全

典出（北宋）苏轼《水调歌头·明月几时有》。

人间有着悲欢离合的变迁，而月亮则有着阴晴圆缺的转换，这种事情，自古以来就难以周全。

宋神宗熙宁九年（公元1076年），苏轼被贬密州。由于政治上的失意，以及和其弟苏辙的别离，时值中秋佳节，作者的抑郁惆怅之感油然而生，便作了此词。在这几句词中，作者表现出了对人事的达观之态。

少年佳节倍多情，老去谁知感慨生。不效艾符趋习俗，但祈蒲酒话升平

典出（唐代）殷尧潘《端午日》。

人在少年的时候，每到过节的时候就很高兴，可是等到年纪大了，在过节的时候就会生出许多的感慨。不愿效仿人们悬挂艾符以辟邪的风俗，只想喝些菖蒲酒说说这太

平世道。

　　旧时，人们在过端午节时，通常会在门户上悬挂艾草和符篆辟邪，也就是本诗中所说的艾符。而蒲酒指的就是菖蒲酒，这是人们用菖蒲叶浸制的药酒，在端午节时饮用可以避瘟气。

社日双飞燕，春分百啭莺。所思终不见，还是一含情

典出（唐代）权德舆《二月二十七日社兼春分端居有怀简所思者》。

在春社祭祀土地神的这天，我看到一对燕子在天空中欢快地飞翔着，在春分这天，树上的黄莺也发出了婉转多样的啼鸣声。我所思念的人还是没有见到啊，只能将这份感情默默地埋在心中。

　　在古时，社日是人们祭祀土地神的日子，这种习俗源自西汉，以立春后的第五天（即戊日）为春社，而将立秋后的第五天立为秋社，在本诗中仅指春社。

身加一日长，心觉去年非

典出（唐代）刘禹锡《元日感怀》。

身上只是觉得多过了一天而已，可是，我在心里就觉得去年所做的事有些不妥了。

由于作者在写本诗时正值正月初一，昨天也是去年，这只是作者对过去一年的反思以及对于新的一年在态度上的改观。

水馆红兰合，山城紫菊深

典出（五代）韦庄《婺（wù）州水馆重阳日作》。

重阳节这天，我来到高处，看到临水而建的客店旁长满了茂盛的红兰，紫色的菊花开满了山城。婺州：在浙江。水馆：指临水的馆舍。

诗句描绘了重阳节一个红兰流韵、紫菊飘香的多彩山城。这是诗人在婺州水馆重阳日的登高之作，借助"紫菊"，表达对故园家乡的深切怀念。

天空高阁留孤月，夜静河灯散万星

典出（明代）裴（qiú）衍《中秋登偰（xiè）家楼》。

深远的夜空中，一轮孤月被高楼挽留着，静静地散发着光辉。静静的夜里，河岸边的灯火发出夺目的光芒，把天上的星星都照散了。

诗句描写了中秋节诗人登楼所见的月明星稀的夜景，其中一个"散"字，用得颇为生动传神，把明月下原本就稀疏

的星星说成是河灯照射所致，既形象地写出了当时真实的夜景，又烘托出了中秋节万家灯火的热闹气氛，构思之巧妙，用字之精练，令人叹为观止。

迢迢牵牛星，皎皎河汉女

典出《古诗十九首》。

那遥远而亮洁的牵牛星，那皎洁而遥远的织女星。

全诗是：

迢迢牵牛星，皎皎河汉女。纤纤擢（jué）素手，札札弄机杼。终日不成章，泣涕零如雨。河汉清且浅，相去复几许。盈盈一水间，脉脉不得语。

这是一首叙事诗，讲的是牛郎和织女被天河隔开，遥遥相望。织女用纤纤细手，忙碌地织布，但怎么也织不出美丽的图案。她一阵阵悲从中来，泪如雨下。那条天河，虽然水又清又浅，但却把他们无情地隔开，不得相见，也不能说话。

此诗文辞优美，记述了牛郎与织女隔天河相思的传说。这首叙事诗所讲的故事，就是牛郎织女故事的雏形。这个名句，千百年来为人们传诵。

细雨春灯夜色新，酒楼花市不胜春。

和风欲动千门月，醉杀东西南北人

典出（明代）李梦阳《汴（biàn）中元夕》。

在细雨的洗刷下和花灯的装饰下，元宵节的夜景令人眼前一新，就连热闹的酒楼和卖花的地方，都无法掩盖住这些春色。和煦的春风试图将照射在千家万户上的月亮吹走，结果，所有的人都喝醉了，连东西南北都分不清了。

李梦阳，善工书法，得颜真卿笔法；精于古文词，提倡"文必秦汉，诗必盛唐"，强调复古。

纤云弄巧，飞星传恨，银汉迢迢暗度。

金风玉露一相逢，便胜却、人间无数

典出（北宋）秦观《鹊桥仙》。

天上的彩云抚弄着身影，流星传递着牛郎与织女间的愁恨，牛郎与织女在那既宽又阔的银河上相会了。这就像是秋风与白露在秋天相遇一般，不知要胜过人间多少的儿

女情长。飞星：从牵牛、织女二星间划过的流星。金风：即
秋风，这是根据古代五行术数划分的。

　　秦观是"苏门四学士"之一，诗、词俱佳。不过，相比
之下他在词作方面的成就要略高一筹。他的词淡雅轻柔，音
律谐美，且情韵兼胜，更被后人视为婉约之宗。

相逢不用忙归去，明日黄花蝶也愁

典出（北宋）苏轼《九日次韵王巩》。

朋友相聚，用不着那么急地赶回去，等到明日菊花凋落的时候，就连蝴蝶也要发愁了。黄花：即菊花。

此词更进一层，讲述了重阳节后菊花凋萎，蜂蝶均愁。在本句中，还演变出了一句成语，即"明日黄花"，比喻过时或失去了意义的事物。

小楼忽洒夜窗声。卧听潇潇还渐渐，湿了清明

典出（清代）郑燮（xiè）《浪淘沙·暮春》。

夜间忽然下起了小雨，击打着小楼的窗户发出了声响。即便是躺在那里也能听到淅淅沥沥的声音，清明时节也显得湿重起来。

作者寄情于景，不仅表现出了自己难以平复的心境，同

时又让人浮想联翩。

　　郑燮，号板桥，清朝著名诗人、画家、书法家，以"诗、书、画"三绝闻名于当世，是扬州八怪之一。在文学上，他的诗词不喜用陈词套语，多以白话代替古典，有着自己独特的风格。这首词就有这方面的特点。

寻常三五夜，不是不婵娟。及至中秋满，还胜别夜圆

典出（唐代）栖白《八月十五夜玩月》。

　　一般情况下，十五的月亮，不是不够圆满、美好，只是中秋时节的月亮更加盈满，要比其他时候更加圆一些。婵娟：指形态美好，也指月亮。

　　本诗措辞凝练，既通俗易懂，又不失优曼柔和的韵调，将八月十五之夜的月景细腻而生动地描绘出来，犹如一幅神采飘逸的写意画。

燕知社日辞巢去，菊为重阳冒雨开

典出（唐代）皇甫冉《秋日东郊作》。

燕子在秋社到来之际，就会离开自己的窝巢而南去。而到了重阳节时，即便是下起了大雨，菊花也会冒雨开放。社日：古代祭祀土地神的日子，有春社与秋社之分，在本诗中仅指秋社。辞巢：燕子会在秋社时离巢飞去，等到来年春社时再飞回来。

皇甫冉的诗多为描写宦游隐逸、离乱漂泊、山水风光之作，诗风清新俊逸，多有漂泊之感。

天阶夜色凉如水，坐看牵牛织女星

典出（唐代）杜牧《秋夕》。

夜色里的石阶清凉如冷水，坐在那里看着天上的牵牛星和织女星相会。天阶：玉石制成的台阶，是对台阶的

一种美称。

全诗是：

> 银烛青光冷画屏，轻罗小扇扑流萤。
>
> 天阶夜色凉如水，坐看牵牛织女星。

诗句描写的是一个失意的宫女，在七夕节时的孤独和寂寞，刻画出了其内心的凄凉。

夜半梅花添一岁，梦中爆竹报残更

典出（南宋）杨万里《乙丑改元开禧元日》。

今天过了子夜以后，梅花就又添了一岁，那个时候，正在梦中的我仿佛还听到了爆竹的声响，就像是在报更一样。

杨万里早期诗作模仿江西诗派，后又跳出江西诗派的窠（kē）臼（jiù）而另辟蹊径，终自成一家，形成了感情纯朴且语言口语化的独特诗风，世称"诚斋体"。他的这种改变，对当时的诗坛有着很大的影响。此二句出自其《乙丑改元开禧元日》一诗，就是其后期的作品。

异国逢佳节，凭高独苦吟。一杯今日醉，万里故园心

典出（唐代）韦庄《婺州水馆重阳日作》。

在他国漂泊的时候，恰逢重阳佳节，只得独自一人登高苦吟。今天只喝了一杯酒，我就已经醉了，因为我的心思全部都放在了远在万里之遥的家园上。

韦庄工诗，其律诗圆稳整赡，绝句情致深婉；其词善用白描手法，词风清丽。

月到中秋偏皎洁，偏皎洁。知他多少，阴晴圆缺

典出（明代）徐有贞《中秋月》。

月亮一到中秋佳节就格外的明亮。虽然它在此时是如此的皎洁，但是，人们对它的阴晴圆缺又有多少了解呢？

徐有贞，明朝政治家、文学家，为人聪颖，且博学多才。这几句是他在仕途得意之时所作。这几句是作者的感怀之作，

比喻成功来之不易，只有经过不懈的努力才能获得。

月到中秋夜，还胜别夜圆

典出（北宋）晁（cháo）端礼《南歌子》。

中秋之夜的月亮，还是要比其他时候更圆润一些。作者此言可谓是语带双关，既有对美好生活的向往，又有对时世的不满，抒发了自己的感慨。晁端礼留下的词作并不多，而且还有部分属于应制颂圣之作。本句所选之作是他抒发个人游宦生活的感悟，有着较高的文学价值。

照他几许人肠断，玉兔银蟾远不知

典出（唐代）白居易《中秋月》。

无论月光照断了多少人的相思之情，远在月宫中的玉兔与银蟾（chán）根本就不知道。银蟾：在中国神话中，月宫有一只三条腿的蟾蜍。后人也把月宫叫蟾宫。

　　中秋，本是团圆的日子。但在古时，由于交通不发达，人们团聚的愿望很难得以实现。因此，在中秋之时，人们常以明月寄寓自己的相思之苦。白居易也不例外，他所作的这首诗便是一例。作者想要表达的意思是，自己的思乡之情，是不会因为外物的介入而有丝毫改变的。

照野霜凝，如河桂湿，————
冰壶相映

典出（南宋）史达祖《齐天乐·中秋宿真定驿》。

月光普照大地，就像结起了一层白霜，天上的圆月好像被河水浸湿了一般，与河中月影两相辉映。河：淮河。

史达祖在词作方面以咏物为长，其中亦有对自己身世的感叹。后曾出使于金，他在这时期创作的词，充满了沉痛的家国之感。作者在本诗中寄情于景，流露出了自己的思乡之情。

少年学典故

一 成长路上学与悟

安然 主编

江西美术出版社
全国百佳出版单位

图书在版编目（CIP）数据

少年学典故. 成长路上学与悟 / 安然主编. -- 南昌：
江西美术出版社, 2021.2

ISBN 978-7-5480-7861-6

Ⅰ. ①少… Ⅱ. ①安… Ⅲ. ①汉语—典故—少年读物
Ⅳ. ①H136.3-49

中国版本图书馆CIP数据核字（2020）第222816号

出 品 人：周建森
企　　划：北京江美长风文化传播有限公司
责任编辑：楚天顺　朱鲁巍　　策划编辑：朱鲁巍
责任印制：谭　勋　　　　　　封面设计：韩　立

少年学典故：成长路上学与悟
SHAONIAN XUE DIANGU: CHENGZHANG LU SHANG XUE YU WU

主　　编：安　然
插图绘制：陈来彦　陈福平
出　　版：江西美术出版社
地　　址：江西省南昌市子安路 66 号
网　　址：www.jxfinearts.com
电子信箱：jxms163@163.com
电　　话：010-82093785　　0791-86566274
发　　行：010-58815874
邮　　编：330025
经　　销：全国新华书店
印　　刷：三河市华成印务有限公司
版　　次：2021 年 2 月第 1 版
印　　次：2021 年 2 月第 1 次印刷
开　　本：880mm×1230mm　1/32
总 印 张：24
ISBN 978-7-5480-7861-6
定　　价：118.00 元（全 4 册）

少 年 学 典 故

典故一说由来已久，最早可追溯到汉朝。据《后汉书·光武十王列传》载："亲屈至尊，降礼下臣，每赐宴见，辄兴席改容，中宫亲拜，事过典故。"典故依据《辞海》解释有两种含义，一是指典制和掌故；二是指诗文中引用的古代故事和有来历的词语。这样看来，典故的释义要比掌故宽泛得多。一般来说，掌故要比典故更民间化、俚俗化、口语化；典故则更书面化、正规化，是正统文学的一个分支。

典故有很多种，包括历史记载的神话传说、历史故事、民俗掌故、宗教故事或人物、寓言逸闻、成语故事以及流传下来的古书成句等。大到治国安邦，小到处事为人，中华五千年的历史文化，在一个个简短的典故中得到了充分体现。"鸿门宴"让我们了解到楚汉争霸时的一段历史；"牛角挂书"堪称历代读书人的榜样；"郑人买履"告诉我们遇事要会灵活变通的道理……

典故是中华文化中的一朵奇葩，是浓缩的历史，是语言的精华。孩子在日常交往中，如果能恰当地运用典故，就会使语

言变得精辟、凝练，使谈话更富于感染力。如果写作时适当运用典故，则可以增加文章的表现力，用有限的词语展现更为丰富的内涵，从而起到画龙点睛的作用。

为了让孩子更加深入地了解典故的含义，掌握典故的用法，我们编写了本丛书。丛书精选了数百则典故，分为四册：《少年学典故：成长路上学与悟》《少年学典故：一言一行显素养》《少年学典故：成败得失皆学问》《少年学典故：人生处处有真知》，涉及志向、修身、学问、技艺、形貌、言语、情感、交往、境遇、世态、智谋、哲理、国家、经济、军事、节日等方面的内容。丛书不仅点明了典故的出处，并对每一个典故进行了讲解，便于孩子更好地理解和掌握。

让我们翻开书，一起走进中华典故的精彩世界，一起去品味中华语言文化的博大精深。

目录

·志向篇·

·修身篇·

·学问篇·

·技艺篇·

志向篇

版筑饭牛

典出（西汉）司马迁《史记·殷本纪》。

造土墙和喂牛的人后来做了大官。指出身贫贱、胸怀大志、有奇才的人物。版筑：造土墙。饭牛：喂牛。

殷代盘庚中兴之后，小辛、小乙继位，殷朝重又中落。武丁继位之后，想复兴殷国大业，可就是找不到好臣子来辅佐朝政。

有一天，武丁做了个梦，梦见自己遇到一个身高肤黑、两目炯炯有神的圣人。第二天，武丁遍视群臣，其中没有一个像梦中圣人的。

于是，武丁跑遍全国寻找圣人，来到了傅岩。傅岩下有一条重要道路，常被大水冲垮，官员们调来一批囚徒，修筑大墙，堵截山洪，保护道路。在修路工中，武丁发现一个身材很高、皮肤黝（yǒu）黑、目光如电的，就是自己梦中见到的圣人。他是个隐士，混杂在囚徒中一起筑墙护路。武丁跟他交谈后，大喜道："你就是我梦中见到的圣人。"武丁立即任他为国相，殷国从此大治。此人没有名姓，就以傅岩为姓，称为"傅说（yuè）"。

而"饭牛"讲的则是春秋时期的故事。

齐桓公要迎接周天子派来的使臣，天未亮就带领仪仗队开门出城，等候贵宾。城河边，有一队商旅驾着牛车，点着

火把，等候天亮入城做买卖。齐桓公驱车上前，私察民情，他见到有个人弯着身子，手捧青草喂牛，边喂边用手拍打牛角，用悠长的声调唱着歌：

> 从昏饭牛至夜半，
>
> 长夜漫漫何时旦？
>
> 黄犊（dú）上坂且休息，
>
> 吾将舍汝相齐国！

　　齐桓公想："好大的口气！一个穷喂牛的，竟想当齐国的宰相！不过嘛，奇人好发奇论，说不定他真的有本事。"

　　迎宾结束后，齐桓公带着歌者回宫，发现对方果真是个怀大志、有奇才的人物，就毫不犹豫地将国政交给他管理。

这个人名叫宁戚。

由以上两则故事就形成了"版筑饭牛"的典故。

背水一战

典出（西汉）司马迁《史记·淮（huái）阴侯列传》。

背后临近河水摆阵。后来指处于绝境之中，为求出路而决一死战。

韩信进攻赵地时，派一万士兵先出发，直抵黄河边，然后回过头来对付赵军。

赵军见他如此用兵，都大笑起来："天下哪有这样用兵的？背靠河水，面对敌军，万一打败了，只能跳河。"

第二天，经过激烈的战斗，韩信大获全胜。手下的将领问他说："如此背水一战，我们连想都不敢想，而将军却以此获胜，这是什么原因呢？"

韩信说："兵法说，把士兵放在没有退路的地方，他们都会拼命去争取生存。我正是用的这种战术。我们的士兵，很多都是新投降过来的，不把他们放在危险的处境中，他们是不会努力作战的。"

不降其志，不辱其身

典出《论语·微子》。

不降低自己的志向，不辱没自己的清白。

这两句提醒人们无论面对怎样的困境，都应该坚持自己的操守、品行，恪守做人的准则。任何一个人，都该具备一定的人格，因为有了人格，人才活得有尊严。面对强权，不屈不挠，坚持正义，如此就能够得到人们的尊重。如果畏惧强权，贪生怕死，背信弃义，终将被人们所抛弃。

在孔子看来，古代贤人身陷囹（líng）圄（yǔ），却仍然保持自己的节操，不向强权低头、屈服，不被世俗的功名利禄所诱惑。如果自私自利，见到局势不好，就向敌人投降，如此就降低了自身的人格，也一定会自取其辱的。

不受苦中苦，难为人上人

典出（明代）吴承恩《西游记》。

不经受非凡的痛苦和磨难，很难使自己能够出人头地。

苦中苦：比一般的痛苦更令人无法承受的痛苦。

常人只能够承受一般的痛苦，不能承受非凡的痛苦，

因而成为平庸之辈。而有志向的人则能够承受非凡的痛苦，从而能够取得超凡的成就，这样他就成为人中豪杰。苦中苦在现实生活中通常表现为艰苦的求学历程和艰辛的创业历程，平常人由于无法忍受其中的痛苦常常半途而废，而有志之士则能够坚持到底，有始有终，故而就表现出了超凡的才能。后来，这句话也被说成"吃得苦中苦，方为人上人"。

不因人热

典出《东观汉记》。

比喻性情孤傲，不依赖别人。

东汉时，文学家梁鸿为人孤傲、清贫自守。他同妻子孟光一起隐居在吴地，给别人当佣工。由于生活困难，他们常常寄居在别人家里。

有一次，梁鸿夫妇寄住在一户当地人家里，这家人做完饭后，见梁鸿还没有生火做饭，就关心地说："我的饭已经好了，灶里的火还燃着，你何不趁着余火，接着做饭呢？"

梁鸿听后，就像受到了羞辱一样，正色说："你的好意，我们心里是知道的，但一个人处世，怎么能利用别人的余火来为自己加热呢？"

梁鸿说完，舀来水灭掉灶中的火，重新升起火做饭。

乘风破浪

典出（南朝梁）沈约《宋书·宗悫（què）传》。

船只乘着风势破浪前进。比喻志趣远大，勇往直前。宗悫，南北朝宋时人。他在年纪小的时候，就已抱有远大的志愿，并且学得一身好武艺，又非常勇敢。他的哥哥宗泌结婚的那天，来的客人很多。有十几个强盗趁他家忙着办喜事，夜里去抢劫。这时，宗悫挺身而出，奋力抗拒，最终把强盗赶跑了。他的叔叔宗少文问他的志向，他仰起头来激昂地说："愿乘长风破万里浪！"意思是要利用和创造一切有利的条件，冲破面前犹如万里波浪的困难，干一番伟大的事业。后来，宗悫果然带领军队打了不少胜仗，立下了许多汗马功劳。皇帝让他做了左卫将军，封他为洮（táo）阳侯。

后人将宗悫所说的那句话，简化为"乘风破浪"这个成语，来说明人有远大而崇高的理想；也用以形容人刻苦勤劳，努力向上，冲破重重困难，去创立伟大事业的精神。

初生之犊不畏虎

典出（明代）罗贯中《三国演义》。

刚生下的小牛不害怕老虎。原比喻年轻人大胆勇敢，缺少经验。现比喻青年大胆勇敢，敢于创新。犊：小牛。

东汉末年，刘备占领汉中，自称汉中王，准备进攻中原。这时，曹操与孙权之间发生了冲突。于是刘备命令镇守荆州的关羽率兵北上，进攻襄（xiāng）阳与樊（fán）城。曹操部将曹仁领兵抵抗，被关羽部将廖（liào）化、关平打败。曹操接到战报，立即派大将于禁和先锋庞德统领七支人马，前去增援。

庞德率领先锋部队来到樊城，为了表示与关羽决一死战的决心，他让士兵抬着一口棺材，走在队伍前面。两军对阵，庞德耀武扬威，指名道姓要关羽出战。关羽欣然出阵，与庞德大战百余回合，不分胜负。

关羽回到营寨，对众将说："初生之犊不畏虎，我看庞德年轻气盛，只可以用计赚他，不可凭恃（shì）武力取胜啊！"

这时正是秋季，樊城地区秋雨连绵，汉水漫上堤岸，樊城被围于大水中。关羽派人堵住水口，等到江水暴涨，扒开水口，洪水漫天遍地，汹涌而下，淹没了于禁率领的七支人马。关羽命令将士登上预先造好的船筏，向敌军发起猛攻。庞德率领部下奋勇抵抗，从早晨一直战斗到中午，

最后落水被俘，因不肯投降被关羽所杀。

非淡泊无以明志，非宁静无以致远

典出（三国蜀）诸葛亮《诫子书》。

若是不能淡看个人的名利，那你的志向就会不明确；若是不能让自己的心宁静下来，那你就无法实现远大的抱负。

作者此言意在告诫自己的儿子，只有淡看个人的名利、权势等，才能令自己的人格得到最大限度的提升。

凫雁皆唼夫梁藻兮，凤愈飘翔而高举

典出（战国）宋玉《九辩》。

只有野鸭和大雁才会只顾啄食粟米和水草，而凤凰却在向着更高更远的天空飞去。凫（fú）：野鸭。唼（shà）：

野鸭和大雁吃食的样子。梁藻：粟米和水草。

《九辩》是战国时楚国辞赋家宋玉，因悯惜屈原被逐而作的一篇抒情长诗。这两句便出于此。"凫雁"在本诗中暗喻小人。人们多用此比喻，只有平庸的人，才会受到功名利禄的诱惑，而那些志向高远的人，却会为了追求自己的理想而不断地提高自己。

横眉冷对千夫指，俯首甘为孺子牛

典出鲁迅《自嘲》。

形容对敌人决不屈服，对人民大众甘心像牛一样俯首听命。千夫：国民党反动派。千夫指：许多人的指责。《汉书·王嘉传》有"千人所指"的说法，这里用来形容敌人的指责。孺（rú）子牛：原意是表示父母对子女的过分疼爱。这里用"孺子牛"来比喻心甘情愿为人民大众服务，无私奉献的人。

鲁迅的一生，是奋斗、抗争的一生，对于国民党反动派以及封建文人的无理指责，他横眉冷对，坚持原则，坚决不改操守、志向。而对于人民大众，他却愿意像一头老黄牛一

样，默默地贡献自己的力量。此句浩气长存，名传千古。

镜破不改光，兰死不改香

典出（唐代）孟郊《赠别崔纯亮》。

镜子即使破碎了，仍不改变它可做鉴照的光亮；兰花即使枯死了，仍不泯灭它温馨浓郁的芳香。

这两句采用了比喻的修辞手法，用"破镜""死兰"两个通俗的比喻，赞美那些受打击、受迫害，至死不改变志向、保持崇高节操的人。

老当益壮，宁移白首之心？穷且益坚，不坠青云之志

典出（唐代）王勃《滕王阁序》。

年纪愈老雄心愈壮，岂能在晚年改移平生的志愿；境遇愈穷困决心愈坚强，永不丧失奋发向上的志向。宁：哪里，怎能。白首：白头，形容年老。穷：指不得志，处境

艰难。青云之志：指积极向上的高尚志向。

王勃写此文时，年纪很轻，一向有经世济民的壮志和抱负。这几句话，作者赞颂了那些能够坚持高尚气节、宏伟志向，不因为年龄、际遇的坎坷而稍有改变的"仁人君子"。这其实也正是王勃的理想，他希望自己能够坚持信念，保持崇高的节操。现在人们常用这几句话来描写和歌颂那些为实现伟大理想而奋力拼搏、永不懈怠的人，也有人用以自勉。

枥骥不忘千里志，病鸿终有赤霄心

典出（明代）张居正《慰刘生卧病苦吟》。

伏在食槽上的骏马时刻都有疾驰千里的志向，疾病在身的天鹅始终都有直冲云霄的雄心。

此句以"枥（lì）骥（jì）""病鸿"作为比喻，告诫有志之士，虽然现在身遭疾困，但仍应该怀有远大抱负。世道坎坷，人生从来都不是一帆风顺的，遇到了挫折，处于困境之时，万不可以消磨意志，雄心不在，倘若如此，永远都不可能有大的成就。即便处于危难，即便处于困厄，也不应该丧失理想，丧失斗志，只要努力坚持，就一定能够取得最后的胜利。

宁有瑕而为玉，毋似玉而为石

典出（明代）张居正《辛未会试录序》。

宁可成为一块有瑕（xiá）疵（cī）的玉，也不做表面似玉的石头。

在古代，玉被视为君子气节的象征，所以即便是有瑕疵，也是弥足珍贵的。而石头低贱，即便修饰得如玉一样美观，其本质仍然是石头，仍然是一文不值的。张居正通过玉和石头的比较，取玉舍石，表达了自己宁愿做有瑕疵、有缺点的雄杰，也不愿做夸夸其谈、虚有其表的庸人。这是他的志气的表现。后世的人经常引用这两句话，表达自己不甘平庸的志向。

贫，气不改；达，志不改

典出（元代）宋方壶《山坡羊·道情》。

境况穷困，正直的气节坚守不移；地位显达，旧有的志向也不改变。气：气节。达：显达。

作者告诫人们，不管处境如何，人都不可以改变自己应

该坚守的志向。人生之路，是不可能永远一帆风顺的，必然会遇到这样或那样的困难和坎坷。当处于困境时，要坦然面对，勇于迎接挑战，千万不可因为一点的挫折和困难就丧失信心，改易心志。任何一个不注重操守、不能够坚持公平正义的人，最终会遭到人们的鄙视、唾（tuò）弃。

贫不足羞，可羞是贫而无志

典出（明代）吕坤《呻吟语》。

贫困并没有什么可觉得羞愧的，应该羞愧的是出身贫困却又胸无大志。

俗话说："人穷志不穷。"世人际遇无常，贫困富贵和人自身息息相关。贫穷之人，倘若胸无大志，那么注定平庸一生，一辈子碌碌无为。所以说，贫而无志是可耻的事情。

其德薄者其志轻

典出（西汉）戴圣《礼记》。

一个人德行低劣，那么他的志向也一定很小。

这其实是说，一个人志向的远大或微小，是和他道德水平的高低有关系的。德行高的人，有追求、有理想，他们的志向远大，或为推行思想，或为治理国家、兼济天下；而那些德行有亏的人，他们胸无大志，贪图自身一时的富贵、欢愉，得到了小利便欣喜不已。

气壮山河

典出（南宋）陆游《老学庵笔记》。

比喻人的豪迈之气好像高山大河那样雄伟壮观。

南宋大臣赵鼎 21 岁考中进士，受到宰相吴敏赏识，被调到都城开封任职。

1125 年冬，金国出兵南侵。次年秋攻陷太原，宋钦宗惊慌失措，赶紧召集文武大臣商议对策。一些贪生怕死的大臣，主张割让土地向金国求和。赵鼎却说："祖先留下来的国土，怎能拱手送给别人？望陛下千万不要考虑这种意见！"

可是，宋钦宗非常惧怕金兵。金军要求把黄河以北的土地全部割让给金国，宋钦宗竟答应了。但是，金军继续南下。这年年底，金军抵达开封城下。宋钦宗不等金军攻破就亲自到金军营中乞求投降。不久，金兵统帅扣留了宋钦宗，让部下进城掠夺，宋钦宗和他的父亲宋徽宗沦为俘虏，连同搜刮到的大量金银财宝，一起被押至金国。北宋王朝就此灭亡。

宋钦宗的弟弟康王赵构在南京（今河南省商丘市）建立了南宋王朝，史称宋高宗。宋高宗继位初期，起用了一批主战派大臣，赵鼎也在其中，后来还当了宰相。在金兵不断的南侵下，宋高宗被迫撤退到会稽（今浙江绍兴市）。后来，宰相秦桧知道宋高宗只想偏安于江南，而并不真心抗金，便竭力唆使他与金国讲和。赵鼎自然反对。于是，秦

桧经常在宋高宗面前说赵鼎的坏话。后来，宋高宗终于将赵鼎贬到外地去当官了。

赵鼎在朱崖住了3年，生活非常困苦。秦桧知道他的处境后，认为他活得不可能长久，便叮嘱地方官每月向自己呈报他是否还活着。

赵鼎62岁那年，终于患了重病。临死前，他对儿子悲愤地说道："秦桧非要置我于死地不可。我不死，他可能会对你们下毒手；我死了，才可不再连累你们。"说罢，他叫儿子取来一面铭旌（竖在灵柩前标志死者官衔和姓名的旗幡），在上面书写了一行字："身骑箕尾归天上，气作山河壮本朝。"意思是说："我身骑箕、尾两座星宿回归上天，我的气概像高山大河那样雄壮豪迈地存在于本朝。"几天后，赵鼎不食而死。

蚯蚓霸一穴，神龙行九天

典出（明代）方孝孺《闲居感怀·其三》。

蚯蚓独占区区一穴之地就心满意足，而神龙却志在九天凌空翱（áo）翔。九天：九重天，指天极高处。

作者在此处通过蚯蚓和神龙比喻两种截然不同的处世态度和人生理想。蚯蚓雄霸一穴就心满意足，自得自满，而神

龙翱翔于九天之上，仍然感到不满足。前一句说的是那些目光短浅、心胸狭窄、猥琐不堪的卑鄙小人，他们没有大的志向，稍有成就，就自得自满，目中无人。后一句形容那些胸怀壮志、目光远大的仁人志士，他们以经世济民为己任，奋发向上，力图为国为民做出一番大事业。通过比较，很明显作者赞颂后者的人生态度，对前一种人生态度表达了鄙夷。这两句话作为两种截然不同的人生观的画像，多被人们用来形容自己的理想，希望能如神龙一样翱翔九天，建功立业。

人生谁云乐，贵不屈所志

典出（东晋）谢灵运《游岭门山诗》。

人这一生，谁不说享乐呢，可贵之处在于能够不因为享乐而消磨了自己的志气。

这在告诫人们，应该树立志向，坚定信念，不为外界的浮华而改变心志。人生于世，享乐之心乃是人之常情，但人生的意义不在于享乐，只有坚定自己的理想、实现自身的价值，这样的人生才有意义。

人生则有四方之志，岂麋鹿豕也哉，而常聚乎

典出（秦）孔鲋（fù）《孔丛子》。

好男儿应该有四方之志，怎么能像麋（mí）鹿和猪那样总聚在一起呢？

据说，孔子的后人孔穿在出游赵国时，结识了平原君的门客邹（zōu）文、季节。孔穿待了一段时间后，准备返回鲁国，邹、季两人就上路相送，一直送了孔穿三天，依然恋恋不舍。在临别的时候，两人都难过得流下了眼泪，而孔穿则慷慨地说出了上面的话。这几句话中的"四方之志"，后来演化成成语"志在四方"，用来形容人的远大志向。

人无善志，虽勇必伤

典出（西汉）刘安《淮南子》。

一个人如果没有良好的志向，即便勇敢，也会受到挫折而失败。

这句话其实是在告诫人们，应该自小就树立远大的志

向，并且不断地向自己的目标奋进，如此的人生，才是充实的人生。

如果一个人没有树立理想，所做之事只是关注眼前，那么就很危险了。即便这个人勇猛无敌，但是没有目标，终究是匹夫之勇而已。

少壮负所怀，老大将安谋

典出（北宋）王令《秋怀》。

年轻力壮的时候不努力，辜（gū）负了自己的远大志向，年老了以后当如何安身呢？负：辜负。所怀：指抱负。安谋：怎么办。

年轻的时候正是精力旺盛的时候，这个时候不知道珍惜时间，不下苦功夫，既没有实现自己的理想，建立一番宏伟的事业，也没有打下丰厚的家业，使自己过上富足的生活。到年老的时候，气力衰弱，什么事情也干不了了，生活就会更加困顿。

这是告诫我们年轻的时候应该勤奋努力，即使不为实现什么远大的理想，也要为自己年老的时候做打算。

守真志满，逐物意移

典出（南朝梁）周兴嗣（sì）《千字文》。

个人若是能够保持着自然的本性，他的志向就能够实现；而一个人若是过分地追求物质上的欲望，其心志就会转向不好的方向。

其中，"守真"即保持自然的本性，"逐物"即追逐物质上的欲望，"意移"即心志发生转移。此言意在劝勉人们不应过多地追求物质上的享受，要坚守住自己率真自然的本性。

听人穿鼻

典出（唐代）李延寿《南史·张宏策传》。

比喻听凭别人摆布。

南朝齐武帝当政时，有个贵族叫徐孝嗣，他做事没有什么主见，一直听命于齐武帝的差遣，齐武帝把他作为忠臣看待。

公元493年，齐武帝去世，由皇太孙萧昭业继位。齐武帝临终时，相信徐孝嗣的忠心，嘱托他辅佐嗣主。第二年，

皇族西昌侯萧鸾企图谋夺帝位,他得知徐孝嗣受了托孤之命,而且了解到徐孝嗣为人没有主见,胆小怕事,便想依靠徐孝嗣的作用实现他的野心。为了试探一下徐孝嗣的反应,萧鸾便派心腹暗地里告知徐孝嗣自己的阴谋,以讨取意见,徐孝嗣知道西昌侯生性残暴,不敢得罪,也不加反对。

徐孝嗣的好友乐豫知道了这件事,对他说:"当年齐武帝待你不薄,将托孤的重任交于你,你怎么可以默许萧鸾谋反,这不是有负于当年齐武帝对你的信任吗?"

徐孝嗣没有说话,他明知乐豫讲得有理,却又害怕萧鸾。乐豫走后,他一个人在屋里徘徊。

这时,正好萧鸾驾到,徐孝嗣不敢怠慢,忙起身迎接。萧鸾把篡夺帝位的具体步骤告知了徐孝嗣,并要他一起协助完成篡位之事,徐孝嗣思考再三,还是答应了。在他的帮助下,萧鸾派人杀死了皇帝。

皇帝死后,国不可一日无君,萧鸾怕自己现在篡位会引起公愤,便想借用太后名义立十五岁的新安王萧昭文为帝,自己可在暗地里操纵新帝。徐孝嗣便取出早就拟好的太后诏令,满足了萧鸾的心愿。

同年,萧鸾又相继诛杀了齐高帝、齐武帝的子孙,借皇太后的名义再次废去萧昭文的帝位,自己称帝,史称齐明帝。

4年后,齐明帝去世,他的二儿子萧宝卷继承皇位。萧宝卷比其父萧鸾更加残暴专横,整天吃喝玩乐,不理朝政,

一不称心就要杀人。朝廷大臣谁也不敢多言。徐孝嗣本性怕事，他虽已担任尚书令，但仍不敢进谏，听任暴君胡作非为。

后人把徐孝嗣软弱无能的行为，称之为"听人穿鼻"。

吞舟之鱼，不游枝流；鸿鹄高飞，不集污池

典出（战国）列子《列子·杨朱》。

可以吞下一条小船的大鱼，是不会待在窄浅的支流中游动的；而像鸿鹄（hú）这样的大鸟，只会在高远的天空之中飞翔，是不会聚集在污秽的池塘边的。吞舟之鱼：指的是鲸鱼之类的大鱼。枝流：同"支流"。鸿鹄：大雁和天鹅，都是飞得又高又远的鸟。借以比喻志向远大的人。

这几句的寓意是，有着远大志向的人，并不愿意被束缚在狭小的空间之内。

习俗移志，安久移质

典出（战国）荀况《荀子·儒效》。

习俗风尚能改变人的志向，长期安居能转变人的气质。
移：改变。质：气质。

此二句主要说明环境可以改变一个人的志向、性格、品德、气质，等等。人是社会的人，任何人都是无法脱离周围的客观环境而存在的，他必然会受到客观环境的影响。而这种影响是很全面的，会对一个人志向、品德、性格形成等方面形成影响。后人经常引用这两句话，警示他人要注意外界环境对自身的影响。

小草不妨怀远志，芳兰谁为发幽妍

典出（金）元好问《春日半山亭晚眺（tiào）》。

小草也可以有着远大的志向，但是兰花又应向谁展现自己的幽雅与美丽呢？

元好问的诗奇崛（jué）清瘦，诗文巧缛（rù）但也未

曾进行过刻意的雕琢，有着其独特的创作风格。所谓“远志”在本诗中既有本意，也为草名，草长二三十厘米；而“芳兰”指的就是兰花，在本诗中暗喻君子；至于“幽妍”则是幽雅、美丽的意思。

心如规矩，志如尺衡，平静如水，正直如绳

典出（西汉）严遵《道德指归论》。

心如同规矩一样，方方正正，没有邪念；志向如同尺衡一般，始终如一，不会轻易改变；心要如水一样平静；正直要像拉直的绳一样没有丝毫的偏斜。

这四句以比喻的表现手法警示人们，在社会生活中，做任何事情时都应该有一颗正直的心，要始终如一地坚持，并且通过不断地努力取得成功。许多人都把这几句话作为座右铭，提醒自己在日常生活中，做事要不偏不倚。

行百里者半九十

典出（西汉）刘向《战国策》。

秦王依靠秦国强大的实力、有利的地形，成功地实行了"远交近攻"的"连横"政策。几年来，六国或被攻破，或被削弱，眼看着大局已定，为此秦王逐渐放松了努力，把政事交给相国，自己在宫中饮酒作乐，恣意享受起来。

一天，侍卫向秦王报告说，有一个年近 90 岁的老人，刚从百里路外赶到京城，一定要进宫求见秦王。

秦王亲自接见了他。

秦王说："老人家，你刚从远地赶来，路上一定很辛苦吧！"

老人说："是啊！老臣从家乡出发，赶了10天，行了九十里；又走了10天，行了十里，好不容易赶到京城。"

秦王笑道："老人家，你算错了吧？开头10天走了九十里，后来的10天怎么只走了十里呢？"

老人回答说："开始的10天，我一心赶路，全力以赴。待走了九十里以后，实在觉得很累，那剩下的十里，似乎越走越长，每走一步都要花出许多力气，所以走了10天才到了咸阳。回头一想，前面的九十里，只能算是路程的一半。"

秦王点点头，说："老人家赶了那么多的路来见我，可有什么话要对我说呢？"

老人回答说："我就是要把这走路的道理禀告大王。我们秦国统一的大业眼看就要完成，就像老臣百里路已经走了九十里一样。不过我希望大王把以往的成功只看作事业的一半，还有一半更需要去努力完成。如果现在懈怠起来，那以后的路就会特别难走，甚至会半途而废，走不到终点呢！"

秦王谢过老人的忠告，再也不敢懈怠，而是把全部精力都放到统一六国的大业上去了。

一百里路走了九十里，只能算是走完了一半路程。比

喻越接近成功，越不能松懈，要坚持到底，去争取最后的胜利。

燕雀安知鸿鹄之志哉

典出（西汉）司马迁《史记·陈涉世家》。

燕雀怎么会知道鸿鹄的志向呢！比喻平凡的人哪里知道英雄人物的志向。

陈涉是秦末著名的农民起义领袖。陈涉年轻时为人佣耕，一次，他走到田埂上休息，对同伴说："我们当中如果有人富贵了，可不能忘掉别人。"

人们都笑话他说："你给人家当雇农，怎么会富贵呢？"

于是，陈涉长叹道："唉，燕雀怎么会知道鸿鹄的志向呢！"

后来，陈涉和吴广率领戍卒九百人，在大泽乡起义，天下人响应云集，兵众多达数十万，在乱世中做出了一番轰轰烈烈的事业。

此句话嘲讽了那些没有理想、鼠目寸光的人，表述了自己的雄心壮志。此句流传千余年，运用较为普遍，多用来讽刺某些目光短浅的人不识自己远大的理想和抱负。

咬定青山不放松，立根原在破岩中。
千磨万击还坚劲，任尔东西南北风

典出（清代）郑板桥《题画·竹石》。

竹子牢牢扎根青山不放松，尽管遭到千万次磨砺打击依然坚强挺立，任你们东南西北风吹打依旧从容。坚劲：坚强，挺拔。任：听凭。尔：你。

郑板桥，清代画家，一生喜爱画竹、兰。他的画作中寄托着一种精神，表达了自身高洁的品质。在他的《竹石》这幅画中，则寄托着作者对于刚劲风骨的追求，歌颂了那种坚韧不拔的斗争精神。一丛柔弱的竹子，任凭风吹雨打，依然坚韧从容。任何一个有志向、意志坚定的人，难道不应当学习竹子这种不惧风吹雨打，能经受任何艰难困苦的考验吗？

义无反顾

典出（西汉）司马迁《史记·司马相如列传》。

指为正义的事业而勇往直前。
汉武帝很赏识司马相如的才学，让他在自己身边做官。

这时正赶上唐蒙在修治通往夜郎、僰（bó）中的西南夷道。由于他征集民工过多，又是采取高压手段，引起了巴蜀人民的不安，发生了骚乱。汉武帝便派司马相如去责备唐蒙，并让他写一篇文告，向巴蜀人民做一番解释。

夫边郡之士，闻烽举燧（suì）燔（fán），皆摄弓而驰，荷兵而走，流汗相属，唯恐居后，触白刃，冒流矢，义不反顾，计不旋踵，人怀怒心，如报私仇。

这段文告的大意是：有人不晓得国家的法令制度，惊恐逃亡或自相残杀是不对的。士兵作战的时候，应该迎着刀刃和箭镝（dí）而上，绝不容许回头看，宁可战死也不能转过脚跟逃跑。你们应该从长计议，急国家之难，尽人臣之道。

"义无反顾"就是从司马相如的文告中的"义不反顾"一句中演变来的。

有志者事竟成

典出（南朝宋）范晔《后汉书》。

有志向的人终究能够完成自己的事业。志：志向。

东汉初年，光武帝刘秀的大将耿弇（yǎn）提出攻取齐地的策略，刘秀虽然心存疑虑，但是仍然支持他的计划。后来，耿弇攻下齐地，刘秀亲自劳军，耿弇以这句话评价。

当然，"有志者事竟成"并不是说一个人立下志向之后，就可以坐等成功了。在立志与成功之间，还需要坚持不懈、努力奋斗。如果没有具体的行动，再好的志向也只能是空中楼阁。

月缺不改光，剑折不改刚

典出（北宋）梅尧臣《古意》。

月亮虽非满月却不改其光洁，利剑虽然折断却不改其刚强。

这两句诗采用了比喻的修辞手法，以"月亮""长剑"的光亮、刚强来赞美一个人在处于困境、坎坷之时，仍然能够坚守气节、保持刚正不阿的品格。

众志成城

典出《国语》。

万众一心，坚如城墙。形容团结一致就能克服困难。

春秋末年，周景王打算铸一口巨大的钟，好享受从

未有过的乐声。单穆公劝阻说："这么大的钟，声音一定非常响，敲起来震耳欲聋，哪里还有音乐的美感呢？再说，造大钟要耗费许多钱财，要征集许多工匠，大大加重了老百姓的负担。得罪了老百姓，国家就有危险了呀！请大王谨慎从事！"

周景王想取得司乐官州鸠的支持，谁知州鸠说："音乐的声音有大小、轻重之分，各有各的界限，超过了界限，金石丝竹的声音就不和谐。以音乐的标准来衡量，您铸造大钟是不合适的；以国家和百姓的利益来衡量，您的做法就更不合适了。"

周景王却一意孤行。第二年大钟造成了，乐人纷纷夸

大钟的声音很和谐很好听。周景王叫来司乐官州鸠说："你不是说大钟的声音不会好听吗？可是，现在它的声音却很和谐啊！"

州鸠严肃地答道："不，陛下，您错了，造大钟，要老百姓都拥护都欢迎，才叫和谐。现在，国家花费了巨资，老百姓也怨声载道，这能算和谐吗？办任何一件事，凡是百姓赞成了的，就一定能成功；凡是百姓反对的，就一定要失败。这叫作'众志成城，众口铄金'！"两年后，周景王死了，老百姓都说这是他违背民意而受到的惩罚。

修身篇

安贫乐道

典出《论语·雍也》。

又见（南朝宋）范晔《后汉书》。

安于贫穷的境遇，乐于奉行自己信仰的道德准则。

孔子是春秋末期的一位思想家、政治家和教育家，是儒家的创始人。

为了维护封建贵族的统治，孔子提出了"己所不欲，勿施于人"，"己欲立而立人，己欲达而达人"等论点，即所谓"忠恕之道"。在此基础上，他还提倡德治和教化，反对苛政和刑杀。在孔子的学说中，劝人安贫守法是一项重要内容。他曾提出"不患寡而患不均，不患贫而患不安"的论点，并以此作为衡量他的学生品行好坏的一项标准。

相传，孔子教过的学生有 3000 人，其中著名的有 72 人。在这 72 人中，有一个孔子最为得意的弟子叫颜渊，他是安贫乐道的典范。孔子曾称赞他说："颜渊真是一个很贤德的人啊！他虽然贫居陋巷，只有一个竹篮子用来吃饭，用瓢饮水，也不改其乐。"

"安贫乐道"原是儒家所提倡的立身处世的态度，后来多指虽处于贫困境地，仍以守道为乐。

保初节易，保晚节难

典出（南宋）朱熹《名臣言行录》。

一　开始保持节操容易，把节操保持到最后很难。

人们在做某一件事开始的时候，也许可以保持品性的端正，但是随着形势的窘迫，外界环境对个人的影响越来越重，此时想要继续保持高洁的品性就不容易了。世俗如泥潭，想要出淤泥而不染，很多时候绝不是坚持就能够做到的，也需要一定的智慧。

这其实是告诉大家，要始终如一地坚持操守，不随意改变气节。

不念旧恶

典出（西晋）陈寿《三国志》。

不　计较过去的怨仇。念：记在心上。

汉末，董卓部将张济死后，他的军队就由侄子张绣统领。不久，张绣投降了曹操。后来他又背叛了曹操，射伤了曹操的右臂，杀死了曹操的长子曹昂。接着，张绣又投奔了刘表，和曹操打了好几仗。可是3年后，当张绣再次带兵投

降时，曹操不仅没有杀他为长子报仇，反而给他封了侯。

魏钟，早年经曹操举荐为"孝廉"，他在兖（yǎn）州叛变时，曹操想，哪怕别人都背叛了，魏钟也不应该叛变。后来，曹操听说魏钟为保命逃跑了，气得骂："魏钟，只要不逃到南粤、北胡，我一定不放过你！"可是当攻下射犬城，活捉魏钟后，曹操又因为爱惜他是个人才，亲自替魏钟松绑，还封他为河内太守，管理黄河以北地区。

还有臧（zāng）霸、孙观、吴敬等人，早先追随吕布与曹操为敌。吕布兵败身亡后，臧霸等被俘，曹操都对他们很好，把徐州、青州沿海的土地划给他们管理。

曹操为了大业，不计私怨，所以《三国志》中称赞他："不念旧恶。"

不愧于人，不畏于天

典出《诗经·小雅·何人斯》。

对人问心无愧，对天无所畏惧。

从古至今，人们常把是否有愧作为一把检点自身言行的尺子。如果做事问心有愧，良心难安，那么这样的事情就是错误的，是不应该做的；如果对人不存羞愧，自己良心可安，那么此事可为。而一旦认为某件事情可以做的时候，就

应该一往无前，无所畏惧，直到取得胜利。这警示人们为人处事时态度应该是立得正，行得端，做任何的事情都要正大光明，对得起天地良心。

不欺暗室

典出（西汉）刘向《列女传》。

即使在无人的情况下，也不做违反规定的事情。

一天夜里，卫灵公突然听到一阵车马行驶的声音，由远而近，大约行到宫门口却无声无息了。过了一会儿又响起车马声，由近而远，慢慢地又无声无息了。卫灵公感到奇怪，就问他的夫人："你知道这是什么人？"

夫人笑了，很自信地回答说："这不会是别人，只能是您的大夫蘧（qú）伯玉！"

"你怎么知道一定是他呢？"卫灵公越发奇怪起来，"莫非你会占卜？"

夫人一本正经地说：

"我听说凡是臣子路过王宫门前，都要下车致敬，这是朝中的礼节。忠臣和孝子既不在大庭广众之下故意做样子给人家看，也不在没人的地方疏忽自己的行为。蘧伯玉是卫国有名的贤人，最为仁智，很遵守礼节。方才一定是他经过宫

门，停下来表示敬意。虽然在夜间，无人看到，他仍旧那么遵守礼仪，不是他还能有谁呢？如果您不信，可以派人去调查一下……"

卫灵公派人去问明了情况，夜里行车的果然是蘧伯玉。但他想与夫人开个玩笑，故意对她说：

"哈哈，夫人猜错了，那人不是蘧伯玉！"

夫人不慌不忙地斟了一杯酒，送到卫灵公面前，恭敬地说："我祝贺君王！"

"贺我什么？！"卫灵公觉得莫名其妙。

"原来我只知道卫国就一个大贤人蘧伯玉，现在看来还有一位同他一样的贤大夫，您有了两位贤人。贤人越多，卫

国越兴旺，所以我才祝贺君王呀！"

"原来是这样呀，你真是明智的女人哪！"卫灵公心里十分高兴，便把真相告诉了她。

从此之后，人们都说卫灵公夫人仁智、贤良、知人、达理。

后人据此说蘧伯玉"不欺暗室"。"不欺暗室"有时也写作"暗室不欺"。

超群绝伦

典出（西晋）陈寿《三国志》。

超出一般人，没有可以相比的。伦：同辈。

东汉建安十九年（公元214年），刘备领兵进攻益州（今四川），结果出师不利，只好给在荆州的诸葛亮写信，让他再派些兵马来。诸葛亮接到书信以后，马上召集关羽、张飞、赵云商议，决定留关羽镇守荆州，自己带张飞、赵云前去支援刘备。

来到益州不久，诸葛亮用计收降了西凉猛将马超。关羽得到消息以后，写信给诸葛亮，询问马超的才能。诸葛亮知道关羽这个人虚荣心比较强，于是回信说："孟起（马超字孟起）文武兼备、勇猛过人，是一代豪杰，可以和张飞并驾齐驱，然而不及你这样超群出众。"关羽见信后十分高兴。

出类拔萃

典出（战国）孟子《孟子·公孙丑上》。

形 容才能超过一般的人。多指人的品德、才能。出、拔：均指超出。萃：丛生的草，比喻在一起的人或事物。

有一次，孟子的弟子公孙丑和他的老师谈论孔子的人格。公孙丑问孟子："孔子与伯夷、伊尹相比怎么样？"

公孙丑提到的伯夷，是商末孤竹君的长子。孤竹君生时以次子叔齐为继承人，他死后叔齐让位，但伯夷不接受，后来，两人都投奔到周。到周后，他们反对周武王讨伐商王朝。周武王灭商后，他们逃避到一座山上，坚持不吃周人生产的粮食而死。

公孙丑提到的伊尹，曾帮助汤攻灭夏桀。汤去世后，他辅佐过两个王。太甲继位后，因破坏商汤法制，不理国政，被伊尹放逐。三年后，太甲悔过，伊尹又接他回来复位。

孟子评论伯夷和伊尹说："伯夷的处世态度是，不是他理想的君主他不去侍奉，不是他理想的百姓他不役使；天下太平他就出来做官，天下纷乱他就隐居起来。伊尹的处世态度是，什么样的君主他都可以去侍奉，什么样的老百姓他都可以役使；天下太平做官，天下不太平也做官。而孔子的处世态度是，可以做官就做官，可以隐居就隐居，

可以继续干下去就干下去，可以马上离开就马上离开。他们三人都是古代的圣人，我个人就是要学习孔子。"

公孙丑又问："他们三人不是一样的吗？"

孟子回答说："不，自从有人类以来，就没有出现过像孔子那样伟大的人物。"

公孙丑又问："那么三位圣人有相同的地方吗？"

孟子说："有，假如让他们做君王他们都能够使诸侯归服，天下统一。但假如要他们去做一件不合道理的事情，或者去杀一个无辜的人，因而得到天下，他们都不会干的。这就是他们相同的地方。"

公孙丑又问："他们的不同又表现在什么地方呢？"

孟子回答说："听听孔子的学生是怎样评论孔子的吧。宰我说：'我的先生比尧舜高明得多。'子贡说：'先生看见一国的礼制就了解它的政治，听到一国的音乐就知道它的德教，一百代以后的君王，也不会背离孔子之道。'有若说：'难道只是人类有高下之分吗？麒麟对于走兽，凤凰对于飞鸟，泰山对于小丘，江海对于小溪流，何尝不是同类？圣人对于百姓也是同类，但孔子却远远超过了他的同类，大大高出了他那一群。自从有人类以来，没有哪一个能像孔子那样伟大的。'"

成语"出类拔萃"就来源于孟子对孔子的评价。

出淤泥而不染

典出（北宋）周敦颐《爱莲说》。

指 在污泥中而不受沾染。形容在混浊的世俗社会中不受沾染，永保高尚的品质。

　　周敦颐是北宋著名的学者，他很喜欢花，尤其喜爱莲花。他还专门为莲花写了一篇文章，题目叫作《爱莲说》。文章的大意是这样的：

　　水里边和陆地上的草木，开的花招人喜欢的有很多。晋代的大诗人陶渊明偏偏喜爱菊花。可是从唐朝建立以后，世

上的人们又偏爱牡丹花。我却喜欢莲花。我喜欢莲花从污泥中生长出来，自己却不被沾染，莲花在清水中洗过，却不显得妖艳。它的梗中间空、外部直挺，不生藤蔓，也不长旁枝。它的气味清香，越远越觉得它香；它端庄、雅静地挺立在水面，人们可以远远地欣赏它，但不能轻慢地赏玩它。我看，菊花是花中的隐士，牡丹花是花中的富贵者，莲花才是花中君子呀！唉，爱菊的人在陶渊明之后不多了。像我一样爱莲花的人还能有谁呢？然而爱牡丹的人世上却是很多很多哩！

作者通过对莲的形象和品质的描写，表现了其洁身自爱的高洁人格和洒脱的胸襟。

待富贵人，不难有礼，而难有体；待贫贱人，不难有恩，而难有礼

典出（明代）陈继儒《小窗幽记》。

对待富贵之人，有礼貌不难而难于事事得体；对待贫贱的人，有恩惠不难而难于处处有礼。

礼，必须出自内心，而不仅仅是做做样子而已。对于富贵之人，做到谦恭有礼很容易，但是要坚持原则，不辱气节，事事得体就很难了。贫贱之人，衣食两缺，给予他们恩惠很

容易，但是要尊敬对方，处处事之以礼，就很困难了。待人有礼，处事得体，体现的是一个人的道德修养。待人以礼，对人一视同仁，不分彼此，这才是有素养的表现。

待小人不难于严，而难于不恶；待君子不难于恭，而难于有礼

典出（明代）洪应明《菜根谭》。

对待道德品行不端的小人，以严厉的态度对待他们并不困难，困难的是内心并不憎恨他们；对待品德高尚的君子，做到敬重并不困难，困难的是做到对他们真正的有礼貌。小人：泛指无知的人，此处指品行不端的坏人。恶：憎恨。

这里阐述的是为人处世的道理，对待君子或者小人不在于难不难的问题，而在于个人修养问题。有修养的人，对于小人也能做到谦和有礼，宽宏大量。对待君子态度谦恭，是发自内心的尊重，而不仅仅是做做样子。这几句话告诫人们，要提高自我修养，让自己成为一个有礼的人。

德胜才，谓之君子；才胜德，谓之小人

典出（北宋）司马光《资治通鉴》。

德行胜过了才能，称之为君子；才能盖过了德行，称之为小人。

这在于告诫人们，在加强自身技能、知识水平的同时，也应该注重个人的道德修养。有德行的人，会把才能用到善事上，做有意义的事情；而小人持有才干用来作恶，做损人利己之事。笨拙的人尽管想作恶，因为智慧不济，才能不足以胜任，其危害也就有限。可是小人如果既有足够的阴谋诡计来发挥邪恶，又有足够的力量来逞（chěng）凶施暴，他们的危害就大得无法估量。

德无常师，主善为师

典出《尚书·咸有一德》。

培养道德没有什么可以长久师从的模范，以修养自己的善行为主。德：指培养道德。主善：以善行为主。

这句话指出了道德修养的核心是向善。向善就是要少考虑自己的利益，多为别人的利益着想，要使自己具有舍己为人的崇高精神，同时要力戒贪婪、荒淫（yín）、奢（shē）靡（mí）等个人欲望。仅仅是自己在言行上向善是不够的，必须使善念占据自己的内心，并将所有的恶念都驱逐出去，这样才是真正向善，也只有这样才能完成个人的修养。

古之君子，其责己也重以周，其待人也轻以约

典出（唐代）韩愈《原毁》。

古代的君子，他们要求自己既严格又全面，对别人的要求既宽容又平易。责：要求。重以周：严格而全面。轻以约：宽厚而简单。

一个人能够严格、全面地要求自己，做事就不会懈怠；对别人的要求宽容且平易近人，别人就乐意同他交好。在这里，作者分别阐述了道德修养高的人在对己、对人的两方面的不同态度，告诫人们要严于律己、宽以待人。

饥不啄腐鼠，渴不饮盗泉

典出（唐代）白居易《感鹤》。

再怎么饿也不吃腐鼠的肉，再怎么渴也不喝盗泉之水。腐鼠：腐臭的老鼠。盗泉：古泉名，故址在今山东泗水。

这两句话表达了坚守操守、不改气节的高尚情怀。

饥不从猛虎食，暮不从野雀栖

典出《猛虎行》。

再贫困也不跟随横暴不义之人作恶，再窘迫也不与卑鄙小人为伍。猛虎：喻横暴不义之人。野雀：喻卑鄙小人。

这两句话在于告诫人们，应保持自己的节操，不可以随波逐流，做出不义之事来。此二句以形象的比喻，描绘了一位志气高洁的守正之士，他宁愿固守贫穷，也不愿意改变自身气节、操守，为虎作伥，与卑劣小人为伍。

崇尚气节，重视操守自古以来都是中华民族文化传统的精髓（suǐ）。直到今天，这两句话也很有意义。

拣尽寒枝不肯栖，寂寞沙洲冷

典出（北宋）苏轼《卜算子·黄州定慧院寓居作》。

孤鸿拣尽寒冷的树枝却不肯栖身其上，宁愿在寂寞的沙洲苇丛之中忍受寒凉。寒枝：寒天的树枝。

乌台诗案后，苏轼被贬往黄州。这首词为苏轼初到黄州寓居定慧院时所作。当时，诗人刚出囹圄，惊魂未定，乌台诗案的阴影仍然重重笼罩着他，他辗转反侧，难以入眠。于是就乘着月色偷偷跑到寺外散步，看见秋夜孤鸿，心有所感，于是填了这首词。作者以孤鸿自喻，表达了自己不肯随人俯仰、与世沉浮的生活态度。

俭，德之共也；侈，恶之大也

典出（战国）左丘明《左传》。

节俭，是一种大的德行；奢侈，是一种大的罪恶。共：大。
崇尚勤俭节约，反对奢侈浪费，这是我们中华民族传承了几千年的优良美德，直到现今社会，这两句警世格言仍然具有现实的教育意义，相信在未来也会传承下去。

君子不谓小善不足为也而舍之，小善积而为大善

典出（西汉）刘安《淮南子》。

有道德的人，不会因为善举太小就放弃不做，而且，等到这些小的善举积少成多以后，那就是大的善举了。

这说明了人们在修养自身和为人处事之时，应当先从小处着手，等到这些小事积少成多的时候，也会产生巨大的影响。

君子挟才以为善，小人挟才以为恶

典出（北宋）司马光《资治通鉴》。

有才德的人会凭借着自身的才干，做善事；而品性卑劣的小人，却是凭着自身才能，为非作歹。

这告诉我们，一个人不可以只有才干，也需要重视自身的道德修养。那些有才无德者，大多数属于利己主义者，一旦谋取了要职、重权，往往会私欲膨胀，损公肥私，谋夺私利，伤害大多数人的利益。

君子谋道不谋富

典出（唐代）柳宗元《吏商》。

君子致力于谋求道义而不致力于谋求财富。君子：道德高尚的人。道：指合于道义的善事。

这句话的意思并不是说"君子"就不应该追求自身合理的利益，而是强调在追求自身利益的时候，需遵循一定的社会道德规范，不能利欲熏心，不择手段，损人利己。这

句话告诫人们，不要沉迷于对财富的追求，也要完善自己的道德修养。

君子上交不谄，下交不渎

典出《周易·系辞下》。

君子与上级交往时不献媚讨好，与下级交往时不骄横误事。渎（dú）：轻慢。

此句可作为我们待人接物的准则。人人生而平等，面对地位比自己高的人，如果只看到由于后天种种因素导致的地位的不平等而曲意逢迎，那么就会丧失做人的尊严，双方的差距就会进一步拉大，要不卑不亢，保持自身高尚的人格；面对地位比自己低的人，如果基于某种莫名的优越感而对对方指手画脚，就会失去修养，同样得不到别人的尊重，应该保持谦恭的态度，和善待人，这样别人就会为你磊落的态度、良好的人格修养而深深敬佩。

君子盛德，容貌若愚

典出（西汉）司马迁《史记·老子韩非列传》。

孔子年轻时曾经求教于老子。老子告诉他："良贾深藏若虚，君子盛德，容貌若愚。"意思是说，一个了不起的商人，深藏财货，外表看起来好像空无所有；一个有修养的君子，内藏道德，外表看起来好像是愚蠢迟钝。

它提示我们，人是否有智慧，并不是流于表面，而是藏之于心的。在生活中，应该不夸耀自己，不抬高自己，厚积薄发，宁静致远，注重自身修为，提高自身的素质，在不断累积和发展的过程中，实现自我价值。

君子欲讷于言，而敏于行

典出《论语·里仁》。

君子在言语上可以表现得木讷、迟钝，但是在行动上一定要敏捷、勤快。讷（nè）：木讷，迟钝。敏：敏捷。

孔子最讨厌那种巧言令色的人，他欣赏的是沉默寡言的实干家。说得越多，必然失误越多。

因此，孔子提倡慎言，就是希望有修养的人要少说话，不说无用的话。多干实事，才能积累经验，使自己变得更加完善，同时也能够赢得人们的赞赏和信赖。

这告诫人们，要少说废话、多做实事，这样才能逐渐成为一个有道德、有修养的人。

利轻则义重，利重则义轻。利不能胜义，自然多至诚。义不能胜利，自然多忿争

典出（北宋）邵（shào）雍（yōng）《观物吟》。

如果看轻名利，那么对于道义就会重视；如果看重名利，那么对于道义就会看轻。名利不能胜过道义，那么自然就会存至诚之心；如果道义不能胜过名利，那么就会起忿争之心。

这告诫人们，不要过于执着功名利禄，要重视道义，重视自身的修养，这样才能够保持心境的平和，不至于沉迷于名利圈，起忿争之念。

满招损，谦受益

典出《尚书·大禹谟（mó）》。

自满招来损害，谦虚使人得益。

此二句言简意赅（gāi），具有深刻的警示意义。人如果小有成就，就骄傲自满，自己不思进步，也看不见别人的进步，终究会招来损害的。如果能谦虚对待，看到别人的长处，弥补自己的不足，那么就一定会得益。这两句话流传极为广泛，即便是现在，作为一条人生格言，仍被许多人视为座右铭。

木人石心

典出（唐代）房玄龄等《晋书·夏统传》。

比喻意志坚决，不受名利诱惑。

西晋时的某年三月初三，京都洛阳城的王公贵戚、才子佳人，都到洛河两岸宴饮游春。权势显赫的太尉贾充也来游玩。

贾充忽然发现在河边一只小船上，有个人神情庄重，端坐船上，对周围的花花世界无动于衷，便好奇地问他的姓名。

原来这人叫夏统，会稽永兴人，因母亲病重，来京都买药。

贾充问他家乡有没有三月初三游乐的风俗。夏统傲然回答："我们那里，性情平和，节操高尚，不慕荣华，有大禹的遗风。"

贾充又问："你家居水乡，会划船吧？"夏统便驾船在河面上往返了三次。他高超熟练的驾船本领，惊呆了两岸的游人。

贾充再问："你能唱家乡的歌吗？"夏统唱了三首赞颂大禹、孝女曹娥和义士伍子胥的歌曲，歌声慷慨激越，动人心弦。

贾充觉得夏统是个人才，便要保举他做官，不料夏统便再也不愿答话。贾充调来威武的仪仗队，在夏统面前显示荣耀，调来一大群美女，载歌载舞，引诱夏统。然而，夏统稳坐船中，冷漠而又严肃。贾充等人议论："这个家伙真是木人石心呀！"

明月在浊流，不改月色清；古松盘曲径，不改松性贞

典出（清代）文铭《拟古诗》。

明月照耀在污浊的河流中，依然不改月色的清明；古松盘旋在小路上，不改变其坚贞的品性。

　　这里表达的是一种"出淤泥而不染"的高贵品质。一个人的品行、节操在相当大的程度上是由当时自身所处的社会、生活环境决定的。能够保持品性如一，不因为世俗红尘而改变气节，这种精神是值得我们学习的。诗人在这里托物言志，以"明月""古松"自喻，表达了洁身自好、不改气节的坚贞品质。

宁可玉碎，不能瓦全

典出（唐代）李百药《北齐书·元景安传》。

宁可做玉器被打碎，也不做泥瓦而保全自己。

南北朝时期，有一个叫元景安的人，他本来是北魏的贵族。

公元550年，权臣高洋灭魏，当了北齐皇帝，把北魏的许多皇亲国戚都杀了，稍远的皇亲如元景安等人，连忙商议对策，决定跟着北齐国皇族改姓高氏，以保全自己的性命。

元景安的堂弟元景皓（hào）说："怎么能够抛弃本姓，随人家的姓呢？大丈夫'宁可玉碎，不能瓦全'。"

玉，质地坚硬，色泽莹白，珍贵非常，古人向来把玉视为君子气节的象征，而瓦片由泥土烧成，容易碎裂，不足为贵，在这里象征一种低下的品格。

此二句告诫人们，在生死存亡的危急关头，要坚定信念，宁可做玉而粉身碎骨，不能做瓦而苟全性命。这两句也可写作"宁为玉碎，不为瓦全"。现代社会，很多人仍然把这两句话视为座右铭。

宁为兰摧玉折，不作萧敷艾荣

宁愿像兰草一般摧折，美玉一般粉碎，也不要像野草生长得很茂盛。萧艾（ài）：野草，臭草。敷（fū）荣：开花结实。

古人向来以温润纯洁的美玉和兰草的芬芳，来象征君子的德行美好。野草萧艾，多用来比喻让大家望而生厌的贪鄙小人。文中以兰花、美玉譬（pì）喻美好的德行，以野草萧艾比喻丑陋的恶行，告诫人们如果没有高尚的品德使大家敬仰尊服，即使享有着无尽的富贵荣华，也是毫无价值的，就好像野草萧艾那样，就算遍地都是，也只能惹人厌恶，而难生崇敬心情。

穷则独善其身，达则兼善天下

穷困不得志的时候，就修养自身。显达的时候，就让天下人都得到好处。独：唯独。善：好、维护。兼善天下：

使天下人都得到好处。兼善，使大家都有好处。

在孟子看来，一个人穷达与否，这不过是身外之事，根本之处在于道义。在穷困潦倒、郁郁不得志的时候，可以保持清高的品性，完善自身的道德修养；在飞黄腾达之时，掌握了更多的资源，就可以"兼善天下"，施恩惠于广大的群众。这两句话流传十分普遍，为世人立身处世的座右铭。

求名莫如自修，善誉不能掩恶也

典出（北宋）欧阳修《唐王重荣德政碑》。

四处求名利不如提高自己的道德修养，就算是有很好的名声也不能掩盖住罪恶。

一个人假如心存不善，那么再怎么掩饰也是无用的。所以提高自身的修养，培养自身的道德情操要远比辛苦地追名逐利重要得多。

人之不幸，莫过于自足

典出（明代）方孝孺《侯城杂诫》。

个人最大的不幸，莫过于自我满足。

任何一个人，若想取得成绩，建立功业，谦虚谨慎必然是其前提，如果小有成绩就骄傲自大，目中无人，这样的人必然难以走到最后。这是因为骄傲自大的人，难以正确地认识自己，对于本身存在的某些问题、缺点，也不会重视，如此是很难取得成绩的。此句告诉人们要谦虚谨慎地面对人生的挑战。

三省吾身

典出《论语·学而》。

经常自我检查，反省自己。省（xǐng）：检查、反省。身：自身。

孔子的学生曾参，年纪虽小，却勤奋好学，深得孔子的喜爱。

一天，同学们问他："你为什么进步这么快呀？"

曾子曰："吾日三省吾身——为人谋而不忠乎？与朋友

交而不信乎？传不习乎？"

这句话的意思是："我不过每天都要多次地这样问问自己：替别人办的事情有没有尽到力啊？与朋友交往有没有不诚实的地方啊？先生教我的学业是不是学习好啦……如果发现哪样做得不合适，我就及时改正。这样慢慢地也就成了习惯了！"

后人由此引出"三省吾身"的成语。

苏世独立，横而不流

典出（战国）屈原《九章》。

你清醒地超脱世俗，保持了独立的意志；你顶风破浪横渡江河，决不随波逐流。苏世：苏，清醒；世，世俗。苏世，对混浊的世俗能保持清醒的头脑而不沉沦。横：横绝，横渡。流：顺水而流。

屈原是战国时期楚国著名的政治家，生平忠君爱国，然而由于楚国政治昏暗，奸佞小人把持朝政，在这样的现实之下，屈原觉得自己的报国理想难以实现，倍感压抑。此二句诗屈原采用了拟人化的修辞手法，借讴歌橘树，表达自己要坚持高尚的品德和坚定的节操的决心。

此二句言简意赅，为历来清高名士所奉行，多用来赞美

那些在恶劣环境中能够注重操守，保持美好的情操而决不随波逐流的人。

三思而行

典出《论语·公冶长》。

经过反复考虑，然后再去做。三思：多想。三，不是三次的意思，而是"再三""反复多次"。

春秋时期，鲁国大夫季孙行父，即季文子，为人谨慎，凡事都要多次考虑以后才决定做不做和怎样做，即主张"三

思而行"。

一般说来，在干一件事情之前，多考虑考虑，然后行动，总是利多弊少的。可是孔子却并不赞同季文子的这种态度。孔子出生的时候，季文子已经死去十多年了。后来，孔子听人说到关于季文子的谨慎态度时评论道："没有必要'三思'，只要能'再思'，也就可以了。"

孔子为什么认为只要"再思"就可以了呢？《论语》中没有说明。宋代儒学家程颢、朱熹等的解释是：考虑一两遍，就足以决定；考虑一多，反而要患得患失、疑惑不定了。

劝人好好考虑考虑，有时也可以用到这句成语。

桃李不言，下自成蹊

典出（西汉）司马迁《史记·李将军列传》。

桃树、李树虽不会向人打招呼，但其花朵艳丽动人，其果实甘美，引人喜爱，树下自然会走出路来。比喻为人真实坦诚，必然会有极大的感召力。蹊（xī）：小路。

西汉初期，北方的匈奴不断南下骚扰，陇西（今甘肃省东部）的名将李广奋勇抗击，匈奴既怕他，又敬重他，称他为"飞将军"。

一次，李广率领4000名骑兵，从右北平出发，博望侯

张骞（qiān）带领 1 万名骑兵和他在一起。他们分两路围剿匈奴。李广这一路前进几百里后，被匈奴左贤王率领的 4 万名骑兵包围。面对优势敌人，李广竭尽全力组织抗击。后来张骞的大军赶到才得以解围。这一次，李广几乎全军覆没，只得撤兵回去。

事后，朝廷追究责任，张骞因拖延行程应处死刑，后出钱赎去死罪降为平民；李广杀敌有功，但部队损失太大，功过相抵既没有被处罚，也没有受封赏。

有一次，李广私下对占卜天象的王朔说："自从汉朝抗击匈奴以来，我李广没有一次战役不参加的。我率领过的部队当中，职位低的校尉中，才能不及一般人，而以抗击匈奴有功被封侯的，有数十人之多。我李广比起别人来不算落后，但却从来没有因为积功而取得侯爵的封邑，这是为什么呢？"

王朔反问他说："你曾经做过什么可以引以为遗憾的事没有？"

李广想了想说："我镇守陇西的时候，羌人曾经起来造反，我用计哄骗他们，使他们投降了。后来我又用诡计，把这 800 多个投降者在同一天内杀死了。这是我所引为最大遗憾的事。"

王朔叹息道："给人带来灾祸的事，最严重的莫过于把已经投降的敌人杀掉。这就是将军所以没有被封侯的原因。"

公元前 119 年，朝廷决定对匈奴再发动一次大规模的攻

击，分两路向匈奴进军，已经 60 多岁的李广主动请战，担任前将军，归卫青指挥。李广在行进途中几次迷路。等他赶到会合地点，已比指定的时间迟了好几天。当时，匈奴已被卫青的大军打败。会合后，卫青派手下的人问李广迷路的经过，并催促李广的部下快到卫青那里去听审受问。

李广气愤地说："我的部下并没有罪，误期迟到的责任全在我一人身上，要审问就审问我。我现在亲自去大将军的幕府去听候审问。"

接着，李广对部下说，"我一生跟匈奴打了大小 70 多次仗，这次跟着大将军出战，本来可以很幸运同单于的军队接触，没想到大将军又把我的队伍调开，让我走那条迂回遥远的路，而偏偏又迷失了路径，这岂不是天意吗？况且我已经 60 多岁了，毕竟不能再同那些舞文弄墨的小吏去打交道了！"说完，拔刀自刎（wěn）。

司马迁评论说："孔子曾经说过：'如果本身正派，做得对，就是不发号施令也没有行不通的事；如果本身不正派，做得不对，就是发号施令也没有人听从。'这好像是针对李将军而说的。我看李将军诚实得像个乡下人，嘴里不会花言巧语。他死后，天下人不论是否与他相识，都非常悲痛。俗语说：'桃花和李花是不会说话的，但它开放的时候，欣赏的人都在树下踩出小路。'这话虽然讲的是小事，但却可以用来比喻大事。"

瓦器蚌盘

典出（唐代）姚思廉《陈书·高祖纪》。

泛指粗劣的食具。形容生活俭朴。

陈霸先生于南朝梁代天监年间。梁代末年，侯景起兵反叛，梁武帝忧愤而死。陈霸先北上声讨侯景，与王僧辩会师，兵临建康城下，侯景沿河设防。

王僧辩与陈霸先商讨对策。陈霸先见各路大军不敢打前锋，便主动请求走在前面，他针锋相对地修筑了工事。陈霸先采用了分兵把守、分散敌军的策略。于是各军分别布兵，陈霸先大败侯景，声名大振。

凯旋南归后，陈霸先与王僧辩共同把萧方智迎接到建康，而北齐却抢先一步，将萧渊明送回来做梁朝君主，企图以此操纵梁国政权。陈霸先坚决反对，而王僧辩却在北齐的威逼利诱下屈服了。于是陈霸先从京口起兵，杀死王僧辩，拥立萧方智为帝。从此陈霸先总揽朝政，晋爵为陈王。公元557年，梁敬帝让位于陈霸先，陈霸先建立陈国，这就是陈武帝。

陈霸先一生南征北战，胆略过人，审时度势，抓住有利时机，当机立断，决不优柔寡断。在处理政务上，务求宽松、简练，除紧急军务外，不轻易征用兵力。加上他勤俭朴素，日常饮食每每不过几个菜，即使办宴会，也没有山珍海味，

盛食物的器具都是用陶土或蚌壳制成。陈霸先富有远见卓识，又能严于律己，因此他能得天下，又能治理天下。

我欲仁，斯仁至矣

典出《论语·述而》。

我想具有仁德，于是仁德自然就会到来了。斯：于是。儒家学派认为，仁是人天生的本性。因此为仁就全靠自身的努力，不能依靠外界的力量。仁，主要体现的是一种道德力量，是一种认知，只要人们能够约束自己的行为，不懈努力，就有可能达到仁。这里，孔子主要强调了人在提高自身修养的过程中，应积极发挥主观能动性。

行不苟合，义不取容

典出（西汉）司马迁《史记·朱建列传》。

做事有主见，不随便附和别人；为追求正义，不轻易取悦别人。苟合：苟且迎合时势。取容：以求容身。

人们做任何事情，都要善于思考，根据实际情况拟定计划，不随波逐流，不人云亦云。对待正义、真理的态度要坚决，不做妥协，更不要为了个人得失而去取悦别人。

养心莫善于寡欲

典出（战国）孟子《孟子·尽心下》。

修养心性的最好办法是减少欲望。

孟子认为，人性本善，只是由于后天欲望太多，才致本心沉沦，走上极端之路的。所以，一个人若要修心养性，保持心态的健康，最好的办法，就是"寡（guǎ）欲"，对于人生中过多的、不合理需求加以节制，这样就可以做到心性质朴。

衣冠不正，则宾者不肃

典出《管子·形势解》。

接待客人时，如果衣帽不整齐，仪容不得体，那么客人的态度也就不会恭敬。

管子，即管仲。管仲是齐国的国相，辅佐齐桓公成为春秋时期天下的霸主。他在讨论君子与臣下的关系时，借此进谏君主，如果要驾驭群臣，让臣下恭谨肃穆，就得首先加强自身的修养。也就是说，当我们根据自己的意愿，要求别人该做些什么时，首先要考虑自己该做些什么。

有德者必有言，有言者不必有德

典出《论语·宪问》。

有道德的人必定有善言，但有善言的人却未必有道德。提高了道德修养就能够使人的言辞得到改善，但是言辞改善了并不意味着人的道德修养提高了。提高了自己的道德修养，也就提高了自己的认识、端正了自己的态度，在这种情况下，言辞的改善是彻底的、发自内心的。如果没有提高修养，而仅仅是通过从表面伪装的方式来改善言辞，那就不能提高人的认识和修养，也无法从根本上达到改善言辞的效果。

源洁则流清，形端则影直

典出（唐代）王勃《上刘右相书》。

若是河水的源头十分清洁的话，那其下游的水流就会显得清澈；若是事物的外形端正的话，那它的影子也会显得非常正直。所谓"源"指的是江河的源头，而"流"指的下游的水流，至于"形"指的是实物的形状。

王勃，唐朝著名诗人，初唐四杰之一。在这句话中，作者强调了一个人只有立得正、行得端，才能为自己赢得好的名声。

煮酒论英雄

典出（明代）罗贯中《三国演义》。

比喻人与人之间评论功绩。

东汉末期，刘备被吕布打败后，到许昌投奔曹操。刘备为了不引起曹操的猜忌和怀恨，便假装对天下大事毫不关心，成天在后园种菜。实际上，他胸怀称王天下的大志，而且还与国舅董承密谋除掉曹操。为此，他心中对曹操非常戒备。

一天，曹操邀请刘备去小亭中喝酒，桌上摆好了一盘青梅、一壶煮酒，二人开怀畅饮。

酒兴正浓时，突然阴云密布，暴雨将临，一团浓云如飞龙悬挂天边。

二人靠在栏杆上欣赏那天空中水墨画似的奇景，曹操有意问刘备："先生知道龙的变化吗？"

刘备说："请您说说看。"

曹操说："龙能大能小，能显能隐，随时变化，如当世的英雄，纵横四海。先生您知道谁是当世的英雄吗？"

刘备一连列举了当时有势力的好几位，如袁术、袁绍、刘表、孙策等，曹操都认为够不上称"英雄"。最后，刘备只好假装糊涂地说："那么还有谁才称得上英雄，我实在不知道。"

曹操用手指指刘备，又指指自己，然后说："天下英雄，只有您与我二人罢了。"

刘备一听这话，大吃一惊，手里拿的筷子"啪"的一声掉在地上。

正好这时天上雷声大作，刘备乘机从容地拾起地上的筷子说："雷声的威力可真大呀！"将自己惊慌失措的真正原因巧妙地掩饰过去，没有引起曹操的怀疑。

"煮酒论英雄"有时也称为"青梅煮酒论英雄"。

知、仁、勇三者，天下之 达德也

典出（西汉）戴圣《礼记》。

智慧、仁爱、勇气这三者，是天下通行不变的道德。
人有聪明才智可以让他明辨是非、善恶、真伪、正邪，
因而会心如明镜，不会被纷乱的世象所迷惑。人有仁爱之心，
则会做到大公无私，心胸坦荡，因而会精神常愉悦，不会患
得患失。而人有勇气，则可以无所畏惧，勇敢地追求人生的
大道。

质本洁来还洁去，强于污 淖陷渠沟

典出（清代）曹雪芹《红楼梦》。

鲜花原本是纯洁地来到世上，还要让她纯洁地离去，不
要教她陷落于泥沼沟渠之中。淖（nào）：烂泥。

林黛玉在父亲去世以后，就寄居在贾府。虽说贾府中人

対待黛玉极好，但毕竟是寄人篱下，万般事情皆由不得自己。这年春末，林黛玉游园，但见落英满地，不由得勾起伤春愁思，感花伤己，遂拿起一把小小的花锄在这里葬花。她一边葬花，一边哭诉，哭出了这首《葬花吟》。此二句诗正是出自林黛玉的《葬花吟》。林黛玉在这里以鲜花喻己，表示要保持自己身心的纯洁，决不教世俗的泥淖污染，表现了她不与世俗同流合污的高尚品质。

后人多引用此句，表达自身"出淤泥而不染"的情志。

学问篇

璧瑗成器，监诸之功；镆邪断割，砥砺之力

典出（西汉）刘安《淮南子》。

璧瑗（yuàn）能够成为器形，全靠用坚硬的石块进行磨砺（lì）；莫邪之所以具有断割万物的锋利，也是在磨刀石上反复地磨砺出来的。璧瑗：宝玉。监：治玉的石头。镆（mò）邪（yé）：同"莫邪"，宝剑名。砥砺：磨刀石。

这是比喻人光有丰厚的学识和美好的资质是不行的，还必须要在实践中砥砺自己的品性、锻炼自己的才能，才能使自己成为一个能干实事的人。

博学而笃志，切问而近思

典出《论语·子张》。

广泛地进行学习，始终如一地坚持自己的人生目标，虚心向别人请教，认真地进行思考。笃（dǔ）志：志向专一。切问：向人请教。近思：勤于思考。

这是告诉我们学习过程中的一些注意事项：知识面要

广、志向要坚定、思考要审慎、请教他人要虚心。知识面狭窄就不能看到事物之间的联系和区别，就不能实现触类旁通；志向不坚定，学习的动力就不持久，态度就不勤奋；不能虚心请教，就不能得到别人的耐心解答，就不能使我们释疑解惑；思考不慎重，就容易产生疏漏，从而导致谬误的产生。

博学切问，所以广知

典出（北宋）张商英《素书》。

广泛地学习，恳切地询问，因此才能拥有广博的学识。

我们要积累丰富的知识，就要多读书，多游历，通过各种途径广泛地进行学习，不能束缚（fù）自己的手脚、闭塞自己的耳目。同时，我们在学习过程中会遇到很多难题，产生种种疑惑，这就需要虚心地向别人请教，及时释疑解惑，才能保持旺盛的学习动力。如果不善于询问别人，疑问越积越多，我们越来越感到困惑，就会丧失学习的信心和兴趣。

不耻下问

典出《论语·公冶长》。

不以向学识、地位不如自己的人请教为耻。

春秋时期，卫国有一个叫孔文的大夫，死后被谥为"文"。子贡就这件事询问孔子说："孔文子凭什么谥为'文'？"孔子回答说："他聪明灵活，爱好学问，并且谦虚下问，不以为耻辱，所以用'文'字做他的谥号。"

不骄方能师人之长，而自成其学

典出（清代）谭嗣同《论学者不当骄人》。

不骄傲才能学习到别人的长处，才能够靠自己的力量在学业上有所成就。

只有不骄傲、不自满的人才能认识到自己的不足之处，才能主动地、谦虚地向别人请教。只有以谦虚而诚恳的态度向别人请教，才能够得到别人的耐心讲解，才能够消除自己的疑惑，帮助自己取得进步。只有谦虚好学的人才能够在学业上不断进步、不断深入钻研，最终超越前人，取得新的研究成果。这是告诫人们，在学习上要戒骄戒躁，时刻保持谦虚谨慎。

不求甚解

典出（东晋）陶渊明《五柳先生传》。

读书只领会要旨，不在文句上下功夫。常指学习不够认真，不求深入了解，或了解情况不深入。

　　从前，有这样一个人，不知叫什么名字，因为他住宅旁边有五棵柳树，所以大家都叫他"五柳先生"。

　　五柳先生有些沉默寡言，不大喜欢说话，但是他对各种问题都喜欢思考，对各种社会现象都留心观察，并且有独到深刻的见解。不大喜欢说话，并非他的天性，只要遇到知己，他可以慷慨激昂地抒发胸中的积闷，抨击官场的劣迹、社会的弊端。他"好读书"，但"不求甚解"；一旦解除了一个疑团，懂得了一些新的道理，便乐得手舞足蹈，有时甚至连饭都忘记吃了。五柳先生尤其可贵之处是不羡慕名利，不愿低三下四逢迎拍马，对那些仗势压人高高在上的官僚，他极为轻蔑鄙视，总是避而远之。由于他不愿与世俗之人相处，所以隐居故里。

不闻不若闻之，闻之不若见之，见之不若知之，知之不若行之

典出（战国）荀况《荀子·儒教》。

　　没有听到的不如听到的，听到的不如见到的，见到的不如了解到的，了解到的不如去实行。

　　正所谓"知明则行无过矣"。这几句话在一定程度上说

明了知对于行的指导作用。同时又着重强调了，人们学习的目的是为了实践。实践是一切学习和认知的必然归宿。知而不行，不去努力实践，那么不会有什么收获。这几句话句意层层递进，突出了行的重要性，告诫人们，在日常的工作和学习中，应该知行合一，实践才能出真知。

不学不成，不问不知

典出（东汉）王充《论衡》。

不学习就不能取得成就，不善于求教于人就不能形成正确的认识。

学习是建立功业、取得成就的必由之路，而善于询问是一种必要的学习方法。不学习就不能具有广博的学识，就不能把握事物存在和发展的规律；也不能培养自己必备的技能，在做事的时候就不能掌握正确的方法。同时，由于经验不足和学习方法的不当，我们在学习的过程中常常会遇到很多困难，如果不向有学识、有修养的人请教，而一味地按照自己的方法进行理解，就会形成很多错误的认识，就会误导我们的行动，这是非常危险的。

不学问者，学必不进

典出（清代）唐彪《父师善诱法》。

不掌握学习和询问的方法，学习必然不能够取得进步。学习应该掌握一定的方法，不能简单地死记硬背，否则很难学有所成，更难实现创新。很多学习方法是自己在学习过程中总结出来的，也有的学习方法是靠别人传授的。学习的基本方法有两种，一种是自学，一种是询问。在自学的过程中，我们要善于思考、总结、分析、改进，同时要用严格的自律来约束自己，用崇高的目标来激励自己；在询问的过程中，我们要秉持谦虚而诚恳的态度，注意耐心地倾听。

不学无术

典出（东汉）班固《汉书》。

人没有学问和办事的本领。

汉代大司马大将军霍光，曾是朝廷上举足轻重的大人物，受到朝野上下万人景仰。他跟随汉武帝二十八年，深得皇帝的器重。汉武帝刘彻临终时，将幼子弗陵交给他辅佐。汉昭帝死后，他又改立刘询为皇帝。霍光掌握朝廷上的军政

大权长达40多年，可以说对刘氏朝廷功勋显赫。可是，有一件事情他没有做对，因此而招来了祸患。

那是刘询刚刚继承皇位的时候，霍光的妻子出于私利，想把小女儿成君嫁给刘询做皇后。然而，刘询立了许氏为皇后，霍光的妻子因此想阴谋害死许后。她买通了女医淳于衍，趁许后生病的时候，下毒药谋害了她。许后暴死，朝廷逮捕了女医淳于衍，关进大牢里严加审问。这件事霍光事先并不知道。他的妻子得知女医下了狱，害怕事情败露，才如实告诉了丈夫。霍光一听，大为惊骇，想去举发，又不忍心让亲人服罪，便将此事隐瞒起来，还替女医说情，把案子包庇下来了。

可是没有不透风的墙，纸里是包不住火的。等霍光死了以后，有人把这件事向皇帝告发了。皇帝派人调查处置这个案子。霍光的妻子和家里人听到风声，又惊又怕。知道自身性命难保，便生了杀机，企图谋反朝廷，霍光的妻子召集兄弟姊妹女婿一同策划举事。

不料朝廷早已发觉他们的计谋，派兵将霍氏家族搜捕、杀戮。因这个案子受牵累的近亲、远戚有几千户人家，均被诛杀。

班固在评价霍光的功过时，指出霍光对自家人缺乏管教，过分宽容、放纵，所以才招致这样的结局。班固还说，这是由于霍光不学无术，不明白大道理的缘故。

粗缯大布裹生涯，腹有诗书气自华

典出（北宋）苏轼《和董传留别》。

一　生有粗布的衣服裹在身上也就足够了，只要饱读了诗书自然就能有华贵的气质。粗缯（zēng）：粗劣的丝织物。

　　这两句诗表达了作者不慕富贵、一心求学的高雅情趣。人们对于物质的要求不必太高，只要能够满足自己的基本生活需要就行了，但在精神的修养上一定要不断苛求完善。要提高内在的修养，就要不断学习，用丰厚的知识来填充自己的头脑，用高深的哲理来启迪自己的智慧，用严格的规范来

约束自己的行为。唯有提高了内在的修养，才能使人高贵的气质由内而外自然地流露出来，这种气质正是人的可贵之处，不是靠华丽的外表能够装饰出来的。

读书贵神解，无事守章句

典出（清代）涂洪钧《书怀》。

读书的时候贵在理解作品的精神内涵，不要死抠那些章节和句子。神解：领会精神实质。无事：不做。守：拘泥，死抠。章句：章节和句子。

读书的时候贵在用心去领悟作品的深刻含义，不能一味注重去解读作品的字面意思，也不能为了一些结构或者是语法上的问题而纠缠不清，这样会使我们徒劳而无所得。

读书破万卷，下笔如有神

典出（唐代）杜甫《奉赠韦左丞丈二十二韵》。

读书超过了一万卷，在下笔的时候就好像是有神灵相助一样，文思源源不断地从笔头涌出来，文章总是能够

一气呵成。

这两句话是诗人对读书和写作二者关系精练的概括，千百年来，广为传诵。人们在头脑中储备了足够的知识以后，在下笔的时候就会感到轻松自如、游刃有余。这是因为人有了深厚的学识，首先能够对事物形成更深刻、更全面的认识；其次是能够掌握一些巧妙的认识方法，能够多角度地观察事物，从而能够产生更多的感悟；再次是能够掌握一些写作的技巧，使原本混乱的思绪显得条理清晰，顺理成章；最后是能够储备大量有用的词汇，能够将别人表达不出的形象、事物和情感传神地描绘出来。

读书之乐何处寻，数点梅花天地心

典出（南宋）翁森《四时读书乐》。

读书的乐趣到哪里去找呢？在寒冷的冬日里，万物萧条，天地之间异常宁静，只有点点梅花装扮着大地，在这个时候读书该是别有一番情趣吧。

一年四季有不同的景色，给人带来了不同的情趣，从而造成了人们在读书中的不同的心理感受，从而影响人们的阅

读兴趣。春天万物峥（zhēng）嵘（róng），生机勃勃，人们读书的兴致盎然；盛夏时节景色宜人，容易分散人们的注意力，同时炎热的天气也容易让人们产生倦怠；秋天天气爽朗，人们的心情开朗，读书的兴趣高涨；冬天万物萧条，容易引发人的惆怅心理，同时寒冷的天气也容易引发人的倦怠心理。但是对于酷爱读书的人来说，季节的变化丝毫不能减弱他们读书的兴趣，他们能够不断调整自己的阅读习惯，使自己始终保持旺盛的求知欲和不懈的学习动力。

读万卷书，行万里路

典出（明代）董其昌《画旨》。

人的一生要读上万卷书，走上万里路。这里的行可以引申为实践的意思。

此二句告诉我们，人既要多读书，也要多参加社会实践。读书能够帮我们获得对于事物的间接认识，能够让我们明白一些为人处世的道理。实践可以检验我们已经取得的认识，同时能够帮助我们培养一些实用的技能，还能够帮我们发现一些新的认识。人如果光读书，不实践，将自己的计划只停留在口头上，不落实到行动中，就会精神疲倦而无所得；人如果只实践，而不注重学习，就容易迷失方向，违背事物的

发展规律，就会导致身心疲惫而无所得。

因此，我们应该将学习和实践结合起来，对两者要兼顾，不能偏废其一。

非读书，不明理。要知事，须读史

典出（清代）李光庭《乡言解颐》。

不读书，就不能够明白事理；要了解事情的来龙去脉，我们就需要去阅读史书。

书中的知识来自实践当中，前人在认识和改造世界的过程中把握了事物产生、变化和发展的规律，并将这些规律记载到了书籍当中；前人在社会生活和社会交往的实践中，获得了为人处世的道理，也记载到了书籍当中。如果不读书，我们就不能掌握这些规律和道理，就不知道该如何做人、如何做事。

同时，今天的现实是从历史当中发展而来的，如果我们不了解历史，就不能明白很多事情的由来和根源，也就找不到解决问题的办法，而要了解事情的由来，我们就需要到史书中去探寻。

废学如断织

典出（西汉）刘向《烈女传》。

废弃学业就像是割断织机上的纺线一样，会导致功亏一篑（kuì）。

纺织贵在连续不断，学习贵在有始有终。织机上的纺线有万千根，而且每一根都非常细，如果将纺线割断，不仅纺织无法进行，可能所有的纺线都要报废，由此造成的损失是巨大的。同理而言，如果在学习中遇到了一点困难就终止，那就会导致前功尽弃，不仅不能再学到新的知识，而且以前的知识也会逐渐淡忘，最终一无所获，却白白地耗费了大量时间。

囫囵吞枣

典出（元代）白珽《湛渊静语》。

把枣整个儿吞下去，比喻读书等不加分析地笼统接受。囫（hú）囵（lún）：完整，整个儿。

有个客人说："梨子对牙齿有益处，却损害脾脏；枣子对脾脏有好处，却损害牙齿。"

一个呆头呆脑的青年人想了很久，猛然醒悟地说："我如果吃梨子，就只嚼不吞，那就不能伤害我的脾脏了；我如果吃枣子，就只吞不嚼，那就不会伤害我的牙齿了。"

有个熟人跟他开玩笑说："你真是囫囵吞下个枣子啊。"

满座的人都笑得前俯后仰。

活水源流随处满，东风花柳逐时新

典出（明代）于谦《观书》。

从源头不断涌出的水流得满地都是，花朵和柳叶在东风的吹拂下，不停地实现着更新。活水源流：喻书中知识如源泉流水随处可汲。东风花柳：喻书中内容丰富生动如东风吹拂下的红花绿柳。逐时：紧随时令。

这是比喻我们学习的知识应该足够丰富，以方便我们随时取用，而不至于出现枯竭的状况；同时我们要不断更新自己的知识体系，这样才能跟上时代的发展和社会前进的步伐，不至于因落伍而被淘汰。

兼取众长，以为己善

典出（南宋）朱熹《答林叔和》。

广泛地学习他人的长处，使自身不断趋于完善。

没有人是完美无缺的，也没有人是一无是处的，每个人都各有其长处，各有其短处。我们要发扬自己的长处和优势，同时也要正视自己的不足之处，通过学习别人的长处来弥补自己的不足。在向别人学习的时候，我们不能完全照搬别人的经验，而应该博采众长，为我所用，对众人的长处加以融会贯通，形成一条适合自己发展的特色之路。这样，我们在取长补短、趋向于完美的同时，还能够保持自身的特点，体现出与众不同的风格。

将勤补拙

典出（唐代）白居易《自到郡斋仅经旬日方专公务，未及宴游偷闲走笔题二十四韵兼寄常州贾舍人湖州崔郎中仍呈吴中诸客》。

用勤奋补救笨拙。

公元825年，唐敬宗李湛任命大诗人白居易为苏州刺

史。当时的苏州已是一个交通发达、商业繁盛、人口众多的重镇。白居易被派到此任职，深感自己肩负着重大的责任。

白居易到任以后，顾不上旅途的疲劳，更顾不上去游览苏州的名胜古迹，马上投入紧张的工作中。他召集下属，询问公务，调查研究，制定治理措施，每天从早忙到晚，有时甚至工作到深夜。白居易喜好饮酒和音乐，但到苏州以后，由于公务繁忙，往往十来天滴酒不沾，个把月不听一次音乐。

后来，白居易给他的朋友写了一首诗，谈了自己当时的心情，诗中写道，自己笨拙，担当不起苏州刺史这样的重任，除了用勤奋来补救外，没有其他办法。

举一反三

典出《论语·述而》。

从一件事物的情况、道理类推而知道许多事物的情况、道理。比喻善于推理，能由此及彼。

孔子是我国历史上的一位教育家，据说，他门下的弟子有3000人。

有一天，孔子对他的学生们说："我举出一个墙角，你们应该通过独立思考，融会贯通，而联想类推出其余三个墙

角，并用其余三个墙角来反证我指出的一个墙角；如果不是这样用心地去学习和灵活运用，那么我就不再教你们了。"

君子不羞学，不羞问

典出（西汉）刘向《说苑》。

君子不以学习为羞耻，不以请教别人为羞耻。

君子把学习当成是自己的天职，把请教别人当成是自己的光荣，因而君子总是勤于学习，乐于向别人请教。如果不学习，君子就会认为自己虚度了时光，辱没了自己的使命；

如果不能够谦虚地向别人请教，君子就会觉得自己做错了事情，就会感到自责。正是这种勤学好问的精神，才成就了君子高深的学问和高尚的品行。

君子之学，博于外而尤贵精于内，论诸理而尤贵达于事

典出（明代）王廷相《慎言》。

君子的学问，表现在外要有广博的学识，表现在内要有深入的思考和深刻的见解，能够把握知识中的精华；君子的学问，一方面是为了谈论道理，但更重要的一方面是为了把这些道理运用到实践中去，帮助我们解决实际问题。论：谈论。达：通晓。

这说明做学问的时候，思考要比识记重要，实践要比论理重要。因此，我们在学习的时候，不要一味注重诵读和记忆，更要注重通过思考和鉴别，去除糟粕（pò），把握精华；去除谬（miù）误，把握真理。同时，我们不要只注重对于理论的探讨，更要注重在实践中发挥理论的指导作用，检验理论的正确性和可行性。

君子之学必日新，日新者，日进也；不日新者，必日退

典出（北宋）晁说之《晁氏客语》。

君子的学问每天都应当得到更新，每日更新才能每日有所收获、有所进步；如果每日不更新，那么每天都会退步。

世界在不断发展、变化，人们对于世界的认识也在不断发展，不断更新。因此，我们的认识也应该经常更新，才能够使自己的认识跟上时代发展的步伐，才能使自己更好地适应新时代的环境。如果不能及时更新自己的认识，我们就会在社会发展的浪潮中落伍，就不能很好地生存下去。

君子之学贵一，一则明，明则有功

典出（北宋）杨时《河南程氏粹言》，引程颐语。

君子的治学精神贵在专一，专一了就能够对知识透彻地理解、准确地运用，这样就能够取得成就。

学问是无限的，但是人的时间和精力是有限的，一个人不可能穷尽所有的知识，更不可能在所有的认知领域里都实现精通。而人对所学的知识不能精通，就不能理解，不懂得如何运用，就不能发挥其实际作用。这样的话，我们学习再多的知识又有什么意义呢？因此，我们应该根据自己的兴趣和爱好，选定一个自己喜欢的领域，集中精力，抓紧时间，专注地进行学习，深入地进行研究，这样才能学有所成。

脍炙人口

典出（战国）孟子《孟子·尽心下》。

美味人人爱吃，比喻好的诗文受到人们的称赞和传颂。

春秋时期的曾参是个孝子。他的父亲曾晳喜欢吃羊枣（一种野生小柿子，俗名牛奶柿）。曾晳死后，曾参竟不忍心再吃羊枣。因此被儒家传为美谈。

有一次，孟子的学生公孙丑就这件事向孟子提出了问题："脍炙（精美的肉食）和羊枣哪样东西好吃？"孟子说："当然是脍炙好吃。"公孙丑说："那么曾参父子一定都爱吃脍炙了，可为什么父亲死后，曾参只戒羊枣，不戒脍炙呢？"

孟子回答说："脍炙，人所同嗜，是大家都爱吃的；羊枣却是曾晳的特殊嗜好，所以曾参继续吃脍炙而不吃羊枣。"

门墙桃李

"门墙"也叫"宫墙"，典出《论语·子张》。

门墙，指师长之门。

子贡，是孔子的得意门生之一。鲁国大夫叔孙武叔曾对其他大夫说："看来子贡要比他老师强些。"这话传到了子贡的耳朵里，他说："拿住宅四周的围墙来说，我家的围墙才肩头那么高，从墙外向里一望，屋子里有什么比较好的东西，都能看得清清楚楚；而我老师家的围墙却有几仞高（周尺七尺为一仞），要是找不到大门，就走不进去，根本没法看到里面祖庙的雄伟美观，以及各种房屋的富丽堂皇。有幸而从我老师的大门走进去的人，恐怕是不多的。这样看来，武叔他老人家说出那样的话，也不奇怪嘛！"子贡这段话是说自己的品德学问都肤浅有限，无法同他高深渊博的老师相比。

后来，人们就称师门为"门墙"。形容初步学得一点东西，叫作"入门"。

"桃李"典出（西汉）刘向《说苑》。

桃李，比喻后辈学生。用以尊称他人培养出来的学生。

阳虎在卫国犯了罪，便来到北边的晋国，对赵简子说："今后我再也不培养人了。"

赵简子问："为什么？"

阳虎说："坐在厅堂上判事的人一半以上是我培养的，朝廷的官吏、边境的将士，经我荐举的也都在一半以上。可是现在，堂上之人叫国君冷落我，朝中之吏叫大伙仇视我，边境之士叫军队搜捕我。"

赵简子说："种桃李的人，夏天可以在它们的绿荫下乘凉休息，到秋天还可以有果子吃；种蒺藜的人，夏天既不能从它们那里得到乘凉的荫地，到秋天它们还会长出许多刺来刺人。现在看来，你所植的都是蒺藜。以后一定要先选择对象，而后加以培植，不要先培植，后选择。"

妙笔生花

典出（唐代）王仁裕《开元天宝遗事》。

后人把"梦见笔头生花"说成"妙笔生花"，用来称赞别人杰出的写作天才。

唐代诗人李白是继屈原之后我国古代又一位伟大的浪漫主义诗人。他的诗歌在我国文学史上闪耀着灿烂的光芒。传说，他少年时代曾做过一梦，梦见他的笔头上生了花。后来便天才赡溢，文思敏捷，斗酒百篇，超群出众。

而今天看来，李白在诗歌创作上的伟大贡献，绝非得益

于梦，而是他丰富的经历和刻苦学习的精神所铸成的。

牛角挂书

典出《新唐书》。

牛角挂书，比喻勤奋读书。

　　隋代襄阳人李密专心向学，从来不浪费一点儿时间。因此，他的学习生活是相当紧张的。有一次，他到绥（suí）山（也作猴山）去，怕旅途之中耽搁时间太多，出发以前，想出了个一面行路一面读书的好办法：他用蒲公英编织了个

鞍子放在牛背上，把要看的汉书挂在牛角上。就这样，他很舒服地骑着牲口，一手拿书本，一手牵缰绳往前走，几乎跟在屋子里没有两样。

走在途中，因为李密的注意力太集中了，他一动也不动，像是一座雕塑摆在牛背上。正巧，当朝大臣杨素也经过这里，见到牛背上还有这般好学的人，便顾不得自己赶路，偷偷地紧跟在后边，走了一大段路，李密都不知道。直到他挪转牛头，准备另换一本书的时候，杨素才和他谈话，问他看的什么书。这时候，李密也只是勉强动了动脑袋，向身边一瞥，漫不经心地说："看《项羽传》！"

取长补短

典出（战国）孟子《孟子·滕文公上》。

学习别人的长处，用以弥补自己的短处。

战国时期，滕文公做太子时，曾去各国访问。有一次，他去楚国路经宋国时，会见了孟子。孟子给他讲了一些人性本是善良的道理，又勉励他要以尧舜之道来治理天下。滕文公回国时又在宋国会见了孟子。孟子怕他还不明白人性本善和以仁政治理天下的道理，又给他讲了文王、周公的治国之道。当谈到滕国还是可以治好时，他说："现在的滕国，如

果截长补短，将近有方圆五十里的国土，如能以仁政来治理天下，滕国还能成为一个好国家。"他停了一下接着说，"但如不振作精神去痛除积弊，那也就难说了。"滕文公听了孟子这番议论未置可否，只是微微笑了一笑。

后人把"绝长补短"说成"取长补短"。

人果不好学，方寸如废田

典出（元代）王辉（yùn）《元日示孙阿鞬（jiān）六十韵》。

人如果不爱好学习，那么头脑就会向废弃的田地一样，不能充分发挥作用。方寸：头脑。

人如果不读书，不求知，就会变得无知、愚钝，头脑就会显得不灵活，同时还容易受到一些坏的习气的影响而走上邪路。经常读书的人，能够获取到新鲜的知识，从而开阔自己的眼界，增加自己对于客观规律的把握；还能够掌握一些为人处世的道理，使自己能够更好地适应社会生存的需要；还能够受到一些英雄人物的激励，从而坚定信念、明确目标，这样就能够保持内心的纯洁，防止受到一些不良思想的干扰。

人若志趣不远，心不在焉，虽学无成

典出（北宋）张载《经学理窟》。

人　如果没有远大的志向，心思不用在学习上，那么即使是在学习上花费了很多时间也不能取得任何成就。

这表明人应该用远大的志向来激励自己的求知欲。人若没有理想、没有目标，也就没有求知欲望，就会丧失学习的热情和动力，就不能主动地、专心地去学习。即使是被迫学习，心思也不能用在学习上，只能是白白地空耗时间，而不能得到任何收获。因此，我们在学习的时候，应该树立一个明确的目标，用这个目标来引导自己、激励自己、监督自己，这样我们在学习的时候才能有动力，才能学有所成。

人之能为人，由腹有诗书

典出（唐代）韩愈《符读书城南》。

人　之所以能够成为人，是因为有满腹经纶。
这句话的语气非常强硬，直接将是否有学问作为人和

110

动物的区别。学问的高低决定了人的才能的高低，而学问的有无则决定了人能否成为一个真正的人。一个没有一点儿学问的人，既不懂得天、地、人、物，也不懂得礼、义、廉、耻，不会说话，不会做事，不能在社会上生存，则与动物有什么区别呢？

人之为学，不可自小，又不可自大

典出（清代）顾炎武《日知录》。

人在做学问的时候，既不能小看自己，也不能自高自大。一个人在做学问的时候，首先应该考察自己的能力，量力而行。如果不自量力，去学习一些非常深奥的道理或者是自己完全没有接触过的知识，这样就会徒劳心力而无所得；如果没有看到自己的潜力，反复地去玩味一些浅薄的道理，这样就会终日劳累而无所进步。我们只有视自己的能力来选择难度适宜的内容进行学习，随着自己知识的积累和理解力的提高再逐步增加学习的难度，这样才能不断激发自己的潜力，使自己在学问上不断进步、在能力上不断完善。

善学者穷于一物，不善学者穷于物物

典出（明代）庄元臣《叔苴子内篇》。

善于学习的人重视穷究一个事物的道理，不善于学习的人则贪求穷究各种事物。物物：各种事物。

这阐述了两种截然不同的学习态度。善于学习的人，他注重自己能否完全地了解这一事物，一个事物一个事物地研究，做到精熟、透彻，如此虽少却精，这对于个人的发展是十分有利的。而不善于学习的人贪多，学习只看重进程，不注重效率，囫囵吞枣，对于学习的东西浅尝辄止，就又去研究其他东西了，这种学习态度是不可取的，因为学不精专，对知识了解不透彻，学了等于没学。此二句告诫人们，学习要精专，不可贪多。

世事洞明皆学问，人情练达即文章

典出（清代）曹雪芹《红楼梦》。

把世间的事弄懂了处处都有学问，把人情世故摸透了处处都是文章。

此为《红楼梦》中的一副对联。荣宁二府的女眷雪后赏梅，并举行家宴。宝玉席间困倦，想休息会儿，就被秦可卿领到上房，见房内挂着一幅《燃藜（lí）图》，旁边挂着这副对联。宝玉看后，顿感厌恶，连忙走出。这两句话蕴含着深刻的人生道理。生活中处处都是学问，明白世事，掌握其规律，这就是学问；通晓人情世故，懂得道理，此即为文章。

书到用时方恨少，事非经过不知难

典出（清代）杜文澜（lán）《古谣谚》。

书上的知识到使用的时候才知道自己掌握得太少了，事情如果不是亲自经历过就不知道它有多困难。

这是告诉我们实践能够促进并引导我们的学习。因此，我们应当把学习和实践结合起来，这样才能有助于提高学习效率，增强学习的效果。

实践对于学习的促进作用主要体现在：只有通过实践，我们才能够检验出自己学习的知识有哪些是正确的，哪些是不正确的；哪些是可行的，哪些是不可行的。这样我们就能够主动摒弃那些错误的、不实用的知识，把更多的时间用来学习正确的、实用的知识。

同时，只有经过实践，我们才能够发现自己在认识和能力上的不足之处，在下一步的学习中，我们就能着重弥补这些不足之处，这就使得我们的学习更有针对性，也更有效率。

韦编三绝

典出（西汉）司马迁《史记·孔子世家》。

本指孔子勤读《易经》，致使编联竹简的皮绳多次脱断。后用来比喻读书勤奋，刻苦治学。

孔子晚年喜欢读《易经》，翻来覆去地读，把编简册的绳子都翻断了多次……在这种情况下，他还自言自语地说："就这样读它几年，那我对《易经》也就学深学透了。那时，我一言一行都会更加文质彬彬的了。"

吾尝终日不食，终夜不寝，以思，无益，不如学也

典出《论语·卫灵公》。

我曾经整天不吃饭，整夜不睡觉，把所有的时间都用来思考，但是没有任何益处，不如学习更能够有所收获。

这说明单纯地进行思考并不能够使人们有所收获，取得进步。这是因为，人的思维都有一定的局限性，很难跨出某个固定圈子，很难越出某个框框，只有借鉴和学习他人的思

路，才会有更广阔的认识。所以，思考必须与学习结合起来，才能够真正使人受益。

学不贵博，贵于正而已，正则博

典出（明代）王廷相《慎言》。

学问广博了才能把握要领，对事情有了亲身的经历才能了解其本质。约：要领，要点。要：本质。

　　只有经过广泛学习，掌握了足够的知识，对事物的各个方面都形成了清楚的认识，我们才能够抓住事物的主要特点；只有经过了亲身实践，我们才能够对事情有切身的体会，才能够更深刻地理解事情的缘由，并能找到解决问题的关键。这句话是启示我们在学习的过程中，要多读书，丰富自己的知识储备，同时要多实践，增加自己的人生体验。这样才能开阔自己的视野、拓展自己的思路，使我们在思考问题的时候能够更全面、更深刻，在解决问题的时候能够切中要害。

学而不化，非学也

　　典出（南宋）杨万里《庸言》。

　　学到的知识不能够灵活运用，这就不是真正善于学习。化：活用。

　　学习不能仅仅是对于知识的简单记忆，更要注重对知识的理解和运用。只有将知识灵活地运用到实践中去，发挥其现实作用，才能达到学习的目的，同时也有利于帮助我们实现自己的个人理想。善于学习的人不仅能够对自己所学的知识进行阐释，还能够将知识运用到实践中去，推动自己事业的进展，为社会的发展和进步做出贡献。不善于学习的人总

是机械地记忆各种知识，而不注重思考，不能够理解，更不懂得应该如何运用，这就没有达到学习的目的。

学而不厌

典出《论语·述而》。

专心学习，不知疲倦，不知满足。

孔子在教学上有丰富的经验，常常和学生们一道研讨问题。他一走入学生群中，学生们总是提出各种问题来请教他，而孔子总是耐心地给他们解答。

一天上课之余，一个学生问孔子道："老师，你苦口婆心地教导我们，希望我们将来有出息，根据目前我们的实际情况，你觉得哪些问题应该引起我们注意，哪些事情是你最忧心的呢？"

孔子和善地看了看这个学生，然后说："品德没有很好地培养，学问没有很好地深钻巩固，听到说要做好事，却不身体力行，自己有了缺点，却不立即改正，这些都是我的忧虑。"

接着，另一个学生问道："老师，我们学得的知识怎样才能巩固呢？"

孔子回答说："学了之后，要经常复习，才能把学得的

知识巩固下来，才会越学越有兴趣。"

孔子给学生解答问题恳切又耐心，释去了学生脑海中一个又一个的疑问，大家很受感动，情不自禁发出了感叹：老师真好啊！老师不但在学习上不知疲倦，而且在教导我们上又这样耐心，真是难能可贵啊！

孔子听了学生们的赞扬，谦逊地说："学习努力不厌弃，教导别人不知疲倦，这些事我做到了哪些呢？"

学贵专，不以泛滥为贤

典出（宋代）程颐《为太中作试汉州学生策问》。

学习贵在专一，不以泛泛地学习为好。贤：好。

学问是浩瀚无边的，其中有很多个领域、很多种专业。限于时间和精力，我们应该选择其中的一个领域或一个专业进行深入学习、深入研究。如果我们同时学习多个领域的知识，由于时间和精力有限，对于每一个领域都只能进行粗浅的了解，这就不能达到精通的境界，更难实现创新和发展了，我们的学习也就没有了任何实际意义。因此说，学习贵在专而深，不在广而浅。当然，我们在深入地研究一个专业的同时，如果能够抽出精力来认真学习其他专业的知识，培养自己在多方面的能力，那就最好不过了。

学所以益才也，砺所以致刃也

典出（西汉）刘向《说苑》。

学习之所以能够增长人的才能，磨石之所以能够造就锋利的刀刃，其道理是一样的。砺：磨刀石。

刀需要在磨石上经过千百次的磨砺，才能够具有锋利的刀刃。人需要在学习的过程中反复阅读、深入思考、不断实践才能够锻炼出真正的才能。磨刀与成才的相似之处在于都需要下一番苦功夫，不是轻易做成的，同时都要经过长时间的磨炼，是不能一蹴而就的。

学问藏之身，身在则有余

典出（唐代）韩愈《符读书城南》。

学问储藏在身体里，只要身体是活的，那么学问就会取之不尽，用之不竭。有余：用之不尽。

学问是人最宝贵的财富，和一般的物质财富相比，它可以反复使用，使人受用终生。学问越多的人，拥有的财富也就越多，能够发挥的作用也就越大。因此，我们应该抽空多学习知识，让自己拥有更多的财富，在社会上发挥更

大的作用。

学问无大小，能者为尊

典出清代李汝（rǔ）珍《镜花缘》。

做学问不论年龄大小，只要是有才能的人都能成为老师。
大小：指长幼。

有的人虽然年轻，但是却志向远大，自小就能勤学苦读，非常珍惜每一寸光阴，在年轻的时候就能够成就高深的学问，具备非凡的才能，因此就成为别人的老师。有的人虽然已经年迈，但是一生庸庸碌碌，荒废了大量的时光，既没有学到什么有用的知识，也没有掌握什么特殊的才能，因而只能求教于别人，而无法教授别人。

学易而好难，行易而力难

典出（清代）王夫之《俟（sì）解》。

学习容易，但是要达到高深的境界就很难了；行动容易，但是要尽心尽力，排除千难万险就很难了。好：指学

121

习得好。力：指尽力而行。

这告诉我们，无论是学习还是实践，都很难做到善始善终，因而很难实现精通，也很难取得突破性的成就。我们要想达到精通，取得成就，就应该坚定信念，增强勇气和信心，设法克服一切困难，战胜一切挫折，将学业和事业坚持到底，决不能半途而废。

要知天下事，须读古人书

典出（明代）冯梦龙《醒世恒言》。

要想知道天下的事情，需要认真地阅读古人留下的书籍。事物之间存在因果联系，今天所发生的事情，其根源在过去。我们要了解事情的来龙去脉，就要从古人的书籍当中进行寻找和研究。只要找到了事情产生的根源，我们就能够找到解决问题的办法。

因此，阅读古人的书籍，对于我们了解今天、解决实际问题是大有裨益的。

成长路上学与悟

123

一日不读书，胸臆无佳想。
一月不读书，耳目失精爽

典出（清代）萧抡《读书有所见作》。

一 天不读书，胸中就没有了好的想法；一月不读书，耳目就失去了灵性。

学习可以激发人的创造性思维，可以培养人的创作才能；同时，读书还能够疏通人的耳目，洁净人的心灵，使人时时感到神清气爽，耳聪目明。只有经常读书的人，才能够时时激荡起心中的诗情画意，才能够保持耳目等感觉器官的敏锐。如果读书不勤奋，不能够每天坚持，就会导致情丝凝结，思维僵化，感官失灵，反应迟钝，不仅创作会受到影响，就连正常的工作和生活也会受到不良的影响。

一知半解

典出（清代）爱新觉罗·弘历《唐宋诗醇》。

对 问题了解得不深不透，所知不多。
宋朝诗人陈师道称赞苏轼的诗初学刘禹锡，后学李白。

清朝乾隆十五年御定的《唐宋诗醇》却不同意这种说法。他在评论苏轼的诗时写道："洵乎独立千古，非一代一人之诗也；而陈师道顾谓其初学刘禹锡，晚学李太白，毋乃一知半解。"意思是，相信宋代大诗人苏轼的诗真是独立千古，不能当成一个时代一个人的诗来看，而陈师道的评论是对苏轼之诗并不十分了解的说法。

以书观书，以物观物，不可先立己见

典出（南宋）朱熹《朱子语类》。

用其他书中的观点来解释这本书中的道理，用其他事物的特性来对比认识这一事物的特性，不要在读书和认识事物之前就先形成了自己的成见。

我们要取得对于知识和事物的客观认识，就要尽量摒弃自己的一些主观成见，要学会用客观的方法来学习知识、认识事物。我们可以通过大量的阅读来去伪存真，通过大量的观察来把握事物发展的规律。

如果我们带着已有的成见去读书，自以为是，那么书中的道理我们当然不能接受；如果带着已有的成见去认识

事物，那么事物存在的状态和演变的规律我们当然不能够理解，就会感到越来越困惑。

倚枕归游来眼底，掩书余味在胸中

典出（南宋）陆游《风雨夜坐》。

晚上躺在枕头上，白天游历的情景还历历在目；把书合上以后，读书时感受到的趣味还在自己的心中久久回荡。

这是形容优秀的书籍能够给人留下深刻的印象，能够让人回味无穷。同时也说明，我们在读书的时候不能死记硬背，而应该注意用心体会书中所体现出来的情趣和意境，这样更有助于自己理解书中的哲理，同时也能够提高自己读书的兴趣，增加自己学习的动力。如果我们机械地去理解书中所蕴含的道理，就很容易感到枯燥和疲惫，这将会极大地挫伤我们的学习兴趣。

映月读书

典出（唐代）李延寿《南史·孝义传》。

利用月光来照明读书。形容勤学苦读。

南朝齐代的江泌，小时家穷。白天，他要帮助家里做些手工业来维持生活。晚上，家里人休息了，他则抓紧时间来学习。屋子里没灯光，他把书拿到屋子外面，利用月光学点东西。月光是要移动的，慢慢地西斜了，江泌就搬梯子来，搁在墙脚下，站在梯子上读书；随着月亮下坠，他则一级一级升高，一直爬到屋顶。有时，他白天工作太累，晚上支持不住，看着看着，人渐渐迷糊起来，眼睛闭上了，人就从梯子上摔下来。江泌摔痛了，也摔醒了，精神反而振作起来。于是，他拾起地上的书，好像没这回事似的，身上的泥土也不掸掉，又赶紧爬上了梯子，继续一句一句地读下去。

玉不琢，不成器；人不学，不知道

典出（西汉）戴圣《礼记》。

玉石不经过雕琢，就不能够成为器物；人不经过学习，就不能够明白事理。

127

学习是人生的必修课程，学习的首要目的就是告诉人们做人的道理以及社会发展之道。人只有学习了做人的道理，才能够自觉地约束自己，引导自己，使自己的言行不逾（yú）越道德界线，这样才能够成为君子。只有了解社会发展的规律，才能很好地致力于社会治理，造福民众，做出一番成就。所以说，学习在人生过程中是非常必要的。

知而好问，然后能才

典出（战国）荀况《荀子·懦（nuò）效》。

有强烈的求知欲望，并能够主动向别人请教，这样就能够成为一个有才能的人。

有了求知的欲望，才能够积极主动地去读书、去钻研。但是仅靠自学往往是不够的，因为限于知识积累和经验积累等方面的原因，我们自己往往不能够理解书中的一些深奥的道理，即使有的勉强理解了也不知道该如何应用。这时候，要揭开谜团，我们就需要向先辈或者是一些有经验的人请教。因此，我们应当将自学和请教两种方法结合起来，才能够不断深入地学习和研究，才能在学业上不断取得进步。

知之者不如好之者，好之者不如乐之者

典出《论语·雍也》。

知道某件事情的人不如爱好某件事情的人更了解情况，爱好某件事情的人不如乐于探索的人更了解情况。

这说明，人们要提高对于某件事情的认识和理解，应该先提高自己的兴趣和爱好，增强自己的求知欲，然后不断地进行探索。这样就能获得对事物更深刻、更全面的理解，如果像平常那样泛泛地进行阅读就不能获得这样的认识。

至博而约于精，深思而敏于行

典出（明代）方孝孺《书签》。

做学问既要广泛地了解，又要善于从众多的知识中浓缩出精华，以便于自己进行深入学习和研究。在学习的同时既要能够进行深入思考，又要能够及时将知识运用到实践中去进行验证。约：简要。敏：迅速。

这是告诉我们，做学问有三要：要善于提炼、善于思考、善于实践。我们先是要从繁杂的知识当中提取出对我们有用的知识，抛去那些无用的知识；然后对这些知识进行深入思考，领悟出其中的道理；之后将我们获得的道理应用到实践中去，检验其正确性和可行性。这是一个完整而有序的学习过程，不能颠倒了次序，也不能缺少了其中的任何一个环节。

技艺篇

八仙过海，各显神通

典出民间传说。

比喻在集体生活中，各有各的办法或本领，来完成共同的事业。

八仙，是古代民间传说中的八位神仙，他们是：

汉钟离：相传姓钟离名权，他受铁拐李的点化，上山学道。下山后飞剑斩虎、点金济众。最后与其兄钟离简同日升天，度吕纯阳而去。

吕洞宾：名岩，号纯阳子。相传为唐朝京兆（西安的古称）人，也有说是河中府（今山西永济市）人。唐朝会昌（公元841－846年）年间，两举进士不第，因此浪游江湖，遇钟离权授以丹诀，时年已64岁。他曾隐居终南山等地修道，后游历各地，自称回道人。

铁拐李：相传姓李名玄，因遇太上老君而得道。神游时因其肉身误被徒弟火化，游魂无所依归，于是附在一个饿死者的尸身上还阳。他蓬首垢面，坦腹跛足，并用水喷倚身的竹杖，变称铁杖，故称铁拐李，又叫李铁拐。

张果老：相传他久隐中条山，往来汾、晋间，唐武则天时已数百岁。武则天曾派遣臣相召见他，他装死不去。后人复见其居恒州山中。他常倒骑白驴，日行数万里，休息时即将驴折叠，藏于巾箱。曾被唐玄宗召至京师，演出种种法术，

授以银青光禄大夫，赐号通玄先生。

韩湘子： 相传是韩愈的族侄，性情狂放，曾在初冬时于数日内令牡丹花开数色，每朵又有诗一联，韩愈大为惊异。

蓝采和： 传说他常身穿破衫，一脚着靴，一脚赤露，手持大拍板，行乞闹市，乘醉而歌，周游天下。后闻空间有笙箫之声，忽然升空而去。

何仙姑： 相传是唐广州增城女子，住在云母溪。十四五岁时，吃了云母粉而成仙。她行动如飞，日往山中采果奉母。

曹国舅： 相传他姓曹名友，宋代人。本为国舅，因其弟仗势作恶，恐受连累，遂散财济贫，入山修道。后由钟离权、吕洞宾引入仙班。

以上这八大仙人，传说中都是些神通广大的人物，他们在过海时，各显各的神通，顺利渡过。

百步穿杨

典出（西汉）刘向《战略策》。

在一百步远以外射中杨柳的叶子。形容射击、射箭技艺精湛，本领高强。

战国时，楚国有一位将军叫养由基。他射箭的技术非常高明，到了出神入化的地步，人称"神箭将军"。

养由基能站在一百步开外，一箭射穿小小的一片杨树叶子，见过的人都惊叹不已。

他射箭不仅准，而且极为刚劲有力。有一次，人们将七层铠甲叠在一起让养由基去射。他一箭射去时，竟把又厚又重的七层铠甲穿透了，真是天生神力。

楚王有一只心爱的白猿，它非常聪明，善解人意，楚王常常将它带在身边玩耍。有时候楚王要射箭，就叫白猿站在对面的柱子前面，白猿不仅不害怕，反而轻而易举地将楚王射过去的箭接住，放在手里玩弄。

有一天，楚王叫养由基来射箭，也让白猿站在柱子旁接箭。但是，这只通人性的畜生知道养由基的箭术非凡，它无论如何是接不住养由基射出去的箭的。于是，它害怕极了。当养由基刚开始调整弓弦时，白猿已经吓得半死，抱住了柱子凄惨地号哭起来。楚王见白猿如此可怜，便不让它接箭了。

操舟若神

典出（战国）庄周《庄子·达生》。

驾 驶船的技艺娴熟得像有神相助一样。比喻只有抛掉得失之心，才能在各种复杂情况下充分发挥自己的技巧技能。

颜渊问孔子说："我曾经渡过觞深这个水潭，那摆渡的人驾船的技巧真是神妙。我问道：'驾船可以学会吗？'他回答说：'可以。擅长游水的人是由于反复学习才学会的。至于那些会潜水的人，即使平时没见过船，一旦见到就可以灵便地驾驶它。'我问的问题他不直接回答我，请问他说的话是什么意思？"

孔子说："擅长游水的人反复学习就会，是由于熟悉了水性，对水不怀恐惧。至于会潜水的人没见过船就能驾船，那更是由于他看水就像陆地一样，看待翻船就像大车在上坡时打了滑倒退几步。即使翻掉船的种种危险同时出现在面前，照样沉着镇定，心里丝毫不受影响；这样，到哪里不轻松自如呢？一个赌博的人，用瓦块当赌注的时候，赌起来心灵手巧；用随身物品做赌注的时候，心中便有所顾忌；用黄金做赌注的时候，失去黄金的恐惧会使得他心神混乱。赌的技巧本来是一样的，而由于心里有了负担，表现出来的技巧就大不一样，这就是看重外物的结果。凡是看重外物的人内心一

定是笨拙的。"

绰绰有余

典出（战国）孟子《孟子·公孙丑下》。

形容某人办事有能力，足以应付。也可用以形容金钱、财物等充裕。

战国时，齐国大夫坻蛙担任灵丘县令，干得有声有色。过了一段时间，他想去国都担任谏官，就辞去了灵丘县令。他做了好几个月的谏官，却始终没向齐王劝谏过。

一天，孟子去见坻蛙，对他说："谏官是可以进言的官，你做了几个月，却始终没提过建议，看来你不适合做这样的官。"

坻蛙听了孟子的指责，心里很不好受，他知道齐王的脾气不好，怕说了也不起作用，就很少劝谏。现在经孟子这么一说，才感到自己没尽到职责。于是，他向齐王辞去了谏官。

这件事被齐国人知道了，纷纷议论说："孟子替坻蛙考虑得不错，但为什么不替自己好好考虑一下呢？他屡次向齐王进言，齐王不用，他却厚着脸皮不走，这难道是嫉妒吗？"

公孝子把这些议论告诉了孟子，孟子满不在乎地说："我听人说，一个有官职的人，如果没尽到职责，就应该

辞官；有进言责任的人，如果进言未被采纳，也应该离去。而我呢？既无官职，又无进言的责任，我的进退岂不是绰绰有余吗？"

程咬金的武艺

典出（清代）如莲居士《说唐》。

比喻本事不大，只会那两下子。

程咬金出身贫苦，原是江湖上的流浪汉，性格憨直粗野，刚烈好斗。隋末，他随从李密参加瓦岗军，后来归顺唐高祖李渊，但是有时仍然流露出不甘屈服的神情。

程咬金结识尤俊达后，入伙为盗。尤俊达问他会使用什么兵器，程咬金说："小弟不会使别的兵器，平常劈柴的时候，就把斧头提起舞舞弄弄，所以会使斧头。"尤俊达叫家丁取出一柄八卦宣花斧，重六十四斤，一路路地教程咬金斧法。不料，程咬金心性不通，学了第一路，忘记了第二路；学了第二路，又忘记了第一路。

当天夜间，程咬金在睡梦中遇见一个老人教他骑马弄斧。这个老人举斧在手，一路路使开，把六十四路斧法都教给他了。程咬金一觉醒来后，想把梦中学到的斧法演习一番，没有马，便将厅上的一条板凳当马骑。他取来一条索子，一头

绑在板凳上，一头绑在自己的脖子上，骑上板凳，双手托斧，满厅乱跑，舞弄起来。尤俊达在房内被惊醒，从厅后门缝一看，只见月光照人，如同白昼，程咬金在那里骑着板凳，舞弄斧头，甚是奇妙，心中大喜，便走出来，大叫"妙啊"！程咬金正舞到兴头上，突然被这一喝声冲破，结果只学得三十六路，后边的路数却忘记了。

正因为这样，程咬金会使斧头的武艺，只是头三下厉害，后面就没有劲了。

楚王田射

典出（明代）刘基《郁离子》。

意思是集中精力，专心一意，才能把事情办好。

一次，楚王在云梦打猎。他让虞人把飞禽走兽轰出来，供自己射猎，当飞禽出现的时候，只见楚王的左边跑来一只鹿，右边窜出几只麋。他正要开弓射箭，又发现一只天鹅从头顶的大旗上掠过，两只挥动的翅膀好像垂在天空的白云。楚王眼花缭乱，箭搭在弦上，却不知该射哪一个。

大夫养由基上前说："我射箭的时候，百步之外放一片树叶，能够十发十中；如果放上十片树叶，能不能射中，那就很难说了。"

　　"楚王田射"的典故告诉人们，贪多嚼不烂。什么都想干，往往什么也干不成。

大笔如椽

典出（唐代）房玄龄等《晋书·王珣（xún）传》。

原指所用的笔有椽子那么大。后比喻笔力雄健或大手笔之作。

　　东晋时，宰相王导的孙子王珣很有才华。20岁时便被大司马桓温聘为主簿官。有一次，桓温想试一下王珣的才学。

那天，官员们在一起议论政事。事前大家都有所准备，王珣也写好了发言稿。桓温派人悄悄拿走了王珣的稿子，后来王珣发觉了，却并不慌张。轮到发言时他仍从容不迫，滔滔不绝地讲完了自己的观点及主张，王珣的口才使在场的人都很佩服。从此，桓温将重要的文字工作都交给他处理。

有一天夜里，王珣做了一个梦，梦见有人给了他一支大笔，粗大得像架在屋梁上的椽子。王珣被梦惊醒了，马上告诉家里人说："一定又有用得上我这支大手笔的时候了。"

不久，孝武帝去世了，写讣告、哀策、谥议等繁重而又重要的文字工作全由王珣承担了起来。王珣把这一切都做得很好，博得了大家的好评。

雕虫小技

典出（西汉）扬雄《法言·吾子》。

又见（唐代）李白《与韩荆州》。

比喻微小的技能，多指文字技巧。

韩朝宗是唐朝玄宗时候的人，曾经做过荆州刺史。他非常爱护青年文士，乐于提拔后进的人才，有不少青年经过他的推荐，都出人头地，有所成就。所以，社会上的人非常敬慕他。

当时鼎鼎大名的诗人李白，也写了一封信给韩朝宗，希望得到他的赏识，并且希望他为自己推荐一份工作。

李白写给韩朝宗的信，就是文学史上有名的《与韩荆州书》。信中除对韩朝宗的为人学问大大地赞颂一番外，就是述说自己的志愿以及写作方面的情形。信的末尾说："恐雕虫小技，不合大人。"这是一句谦虚的话，意思是说，恐怕我所写的文章，微不足道，不符合大人的口味。

飞鸟惊蛇

典出（宋代）周越《法书苑》。

像飞鸟入林，受惊的蛇窜入草丛一样。形容草书自然流畅。草书始于汉代，当时通行的是草隶，即草率的隶书。后逐渐发展成为"章草"。到汉末，相传有一个叫张芝的书法家脱去了"章草"中保留的隶书笔画形迹，上下字之间的笔势，往往牵连相通，偏旁相互假借，成为"今草"，即一般所称的草书。

到了唐代，草书又有新的发展，出现了笔势连绵回绕，字形变化繁多的"狂草"。据载，唐代有一位僧人叫释亚楼，善草书，他曾自题一联："飞鸟出林，惊蛇入草。"意思是说，草书要写得活泼生动，犹如鸟儿飞出林，惊蛇窜入草丛。

后人用"飞鸟惊蛇"来称赞优美的草书。

甘拜下风

典出（战国）左丘明《左传》。

甘心服从、听命（古代出令的人站在上风的地位，听令的人站在下风的地位）。后泛指打心眼里佩服，自认不如对方。

春秋时，晋国因为闹灾荒，国内缺粮，便派使臣到秦国买粮。

秦穆公和大臣经过商量，决定答应晋国的要求，并派了不少人，把大批的粮食送到晋国。

过了一年，秦国国内闹灾荒，晋国倒是五谷丰收。这时秦国便派人到晋国买粮。可是，晋惠公不但不肯卖粮食给秦国，反而想趁着秦国的灾荒，派兵侵犯秦国。

公元前 645 年，晋惠公果然派兵进犯秦国。秦国国君秦穆公见晋惠公如此忘恩负义，便亲自带领大军迎战。经过一番激烈的战斗，晋军战败，晋惠公和大将韩简都成了俘虏。晋国的大夫披头散发，跟随着晋侯。秦穆公见他们垂头丧气的样子，便对他们说："你们为什么这样凄凄惨惨的，我这次带着你们的国君回秦，不会把他怎么样的。"晋大夫连连

作揖，对秦穆公说："君王踩着后土而顶着皇天，皇天后土都听到了您的话，我们甘拜下风。"

弓人之妻

典出（西汉）韩婴《韩诗外传》。

对于一种工具，自己首先要掌握它的性能，学会使用它的方法，然后再评论其好坏（做弓人的妻子告诉齐景公）。

齐景公叫人做弓，3年才做成。齐景公拿着这张弓去射箭，射不穿铠甲的3层铁片。齐景公大怒，要杀做弓的人。

做弓人的妻子去见景公说："我是蔡国人的女儿，做弓人的妻子。这张弓，是用从泰山向阳坡上找来的桑柘木、驿牛的角、楚国麋的筋、黄河里的鱼皮熬制的胶做成的。这4种材料，是从天下精选出来的好材料，用这种材料做成的弓不应当只射穿这样少的铠甲片。况且我听说过，奚仲造的车子不能自个儿跑；莫邪宝剑虽然锋利，不能自个儿砍断东西，都必须会有人使用它。射箭的方法，手要像攀着树枝，手掌要像握着鸡蛋，4个指头像断了的短棍，右手射出，左手毫无感觉。这就是射箭的方法。"

齐景公把这些方法作为准则而后射箭，就射穿了7层铠

甲片。做弓的人也立即被放了出来。

这则典故告诫人们，对于工具，如果自己不懂，连使用的方法也不会，就妄下断语，轻易否定，是会把宝物当废物的。

公输刻凤

典出（北齐）刘昼《刘子》。

意思是不能只看到某一过程、某一局部就指手画脚，轻易下结论。

公输般雕刻一只彩凤，凤冠、凤爪尚未雕成，羽毛也没有刻完，围观的人就七嘴八舌地妄加非议。看见身子的人，说是野鸭子；看见头的人，说是伽蓝鸟。众人诋毁彩凤的样子丑陋，讥笑公输般技艺拙劣。

等到彩凤刻成，只见翠绿的冠子高高耸立，鲜红的爪子闪闪发亮，彩色缤纷的身子像霞光散射，鲜艳美丽的翅膀像火花迸发。更引人注目的是，彩凤展翅奋飞，振翼有声，在屋梁上回旋飞翔，三天三夜而不落下。这时，这些人才齐声赞叹彩凤的精美奇巧，称颂公输般的非凡技艺。

后人用"公输刻凤"的典故告诫人们，必须注意用全面的、发展的观点去观察和判断事物。

鬼斧神工

典出（战国）庄周《庄子·达生》。

像是鬼神制作出来的。形容制作技艺高超、精妙。

秦始皇一统天下之后，大兴土木，建造了很多宫殿楼台，其中有一座"云明台"，尤为宏伟。据说，建造这座台时，有两个工匠不用梯子、支架及绳索，能在空中挥斧弄凿，从子时到午时这么短的时间内，便全部完工了，所以这座台又称"子午台"。

当时人们称这两个工匠精巧的手艺和快捷的工作为"鬼斧"，喻其不是凡人所能做得到的。

西域骞宵国向秦始皇贡献了一个著名雕刻匠，名叫裔烈，秦始皇命他用玉石雕成各种兽类，每雕成一件，他便在那野兽胸前刻上完工日期，但所有野兽一律没刻上眼睛。有一天，秦始皇见两只玉虎没有眼睛，便用笔替它们各加一点，谁知过了几天，那对玉虎忽然不见了。到了第二年，西域有个国家进贡了2只白虎，秦始皇发觉白虎胸前都烙有日期，而且都只有一只眼睛，不觉奇怪，叫人一查，和失踪的玉虎雕刻日期相符，便叫人把两只白虎的眼睛挖下来，它们竟又变成玉虎了。

人们惊叹于裔烈高超的雕刻技巧，便都称其为"神工"。

后生可畏，焉知来者之不如今也

典出《论语·子罕》。

年轻人是值得敬畏的，怎么就知道未来的人会不如现在的人呢？后生：指的是后辈，后来者，即年轻人。

青年人当中不乏后起之秀，不能轻视他们。较之于前辈、年长者，年轻人做事情时可能冲动、经验缺乏，但是他们聪敏灵活，富有激情，只要立下了志向，努力去学、去做，就什么都能做到。青年人朝气蓬勃、精力旺盛，前途不可限量，任何人都不能够轻视他们，此句激励年轻人要奋发有为。

画工传神

典出《道山清话》。

说明中国古代绘画艺术，强调形神兼备，不但要求画得像，还要画出神情和精神。

从前，有一个人让画师给他画一张传神的像。因为画得不像，就叫画师另画一张。后来因为画得不像，又叫画师改了三四次画稿。

画师生气地说："要是画得真像了，那要成个什么样子！"

形与神，二者是辩证的统一，不能偏废。如果只强调传神，忽视了形似，画的张三，却像李四，还有什么传神可言？这位画工以传神做借口，来掩饰其能力达不到。传神是重要的，也是必要的，但不得以传神做藏拙的借口。

画虎类犬

典出（南朝宋）范晔《后汉书》。

画老虎不成，却像狗。比喻模仿的效果不好，不伦不类。

东汉时期，被封为伏波将军的马援，有一次写信教训他的侄儿说："我希望你们在听到有人谈及别人的过失时，能够像听到有人说及父母的名字一样注意。龙伯高是一个敦厚、谨慎的人，我希望你们能够仿效他的品行。杜季良为人豪侠好义，但我却不愿意你们仿效他。因为如果模仿龙伯高不成，仍可以成为一个谨慎的人，像一个刻鹄不成，刻出一只鹜来，仍可以说刻成相类的飞鸟；如果模仿杜季良不成，将会成为一个轻浮的人，像想画一只老虎，却画出一只狗来一样，变成性质根本不同的兽类了。"

"画虎类犬"这句成语，就是出于马援写给侄儿的这

封信。因为虎是兽类中的权威者，一般野兽都畏惧老虎；而狗却是卑劣的兽类，只晓得摇头摆尾向人乞怜，所以后人便用"画虎类犬"比喻不切实际地攀求过高的目标，实现不了反而闹笑话。

纪昌学射

典出（战国）列子《列子·汤问》。

纪昌在名师的指导下，经过坚持不懈的努力，终于成为射箭高手。

甘蝇是古时候有名的神箭手，他把弓一拉开，野兽就倒在地上，飞鸟就掉了下来。徒弟飞卫跟着甘蝇学射箭，本领更超过了他的老师。有个叫纪昌的又跟飞卫学射箭。飞卫对他说："你要先练习不眨眼睛，然后才可以谈射箭。"

纪昌回到家里，仰面躺在妻子的织布机底下，张大着眼睛，死盯着一上一下的脚踏板。两年之后，即便是锥子的尖头刺到他眼眶里，他的眼睛也不眨一眨了。纪昌把自己练功的经过告诉了飞卫。

飞卫说："功夫还没到家，必须锻炼视力才行。直到能把小的东西看得大，把模糊的东西看得非常显著，然后再告诉我。"

　　纪昌回去用牦牛毛系上一只虱子悬挂在窗户上，面朝南，目不转睛地看着它。10 天之中，看见虱子渐渐变大了；3 年之后，看那只虱子竟有车轮那么大。这时再看其他比虱子大的东西，都好比是山丘。于是，他就用燕国牛角造的弓，北方蓬梗做的箭，去射那只虱子，不偏不倚正穿过虱子的心脏，而悬挂虱子的牦牛毛并没有被射断。他把这情况告诉了飞卫。飞卫高兴得跳起来，拍着纪昌说："你已真正掌握了射箭的门道！"

　　"纪昌学射"这个典故表达了在良师的引导下，要刻苦学习，有恒心、有毅力，终能实现自己的梦想。

疾若惊蛇之失道，迟若渌水之徘徊

典出（南朝梁）萧衍《草书状》。

笔画迅疾之处就像是蛇受到惊吓之后到处乱窜，笔画舒缓的地方就像是平静的水面上几缕波纹在悠闲地徘徊。渌（lù）水：清澈之水。

　　书法艺术讲求动静结合、张弛有度，这样才能给人一种和谐美。如果一味紧凑就会失之于杂乱，如果一味平静就会

失之于柔弱。

空前绝后

典出《宣和画谱》。

从前没有过，今后也不会再有。比喻某件事情或某种艺术成就超绝古今。

晋朝时，有一位大画家叫顾恺（kǎi）之，学问很渊博，绘画闻名于当时。他画人物，从来不点眼珠，有人问其原因，他说：传神之处，正在这个地方。当时被人称为三绝：才绝、画绝、痴绝。

南北朝时的梁国，出了一位大画家名叫张僧繇（yóu）。此人善画山水人物及佛像，梁武帝时建了很多寺院佛塔，都命他作画。

有一次，他在一个寺庙的墙壁上画了四条龙，没有点眼珠。别人问为什么不点，他说，怕点了眼珠这些龙破壁而飞走。人们再三要求他试一下，他便点了两条，龙果然破壁飞走了。未点的两条仍在。这一传说虽然很荒诞，但说明他作画的功夫是很深的。

到了唐朝，出了一个更加有成就的画家吴道子，他对画山水、佛像造诣很深，笔法绝妙，有"画圣"之称。据说，

153

他为唐玄宗画巨幅嘉陵江图，三百里山水竟在一天内画好了。他在景玄寺中画了"地狱变相图"，所画鬼怪阴森逼人，相传看过这幅画改过自新的大有人在。

《宣和画谱》在论及吴道子的作画成就时认为，顾恺之的成就超越前人，张僧繇的成就后人莫及，而吴道子则两者兼而有之。

老妪能解

典出（北宋）释惠洪《冷斋夜话》。

年老的妇女都听得懂。形容诗文明白易懂。妪：年老的女人。解：解读，明白。

贞元年间，白居易中进士，授秘书省校书郎，后任左拾遗及左赞善大夫。因上表请求严缉刺死宰相武元衡的凶手而得罪权贵，被贬为江州司马。长庆初年任杭州刺史，宝历初年任苏州刺史，后官至刑部尚书。

在文学上，白居易积极倡导新乐府运动，主张"文章合为时而作，歌诗合为事而作"，强调继承《诗经》"风雅比兴"的传统和杜甫的创作精神，反对"嘲风雪，弄花草"而别无寄托的作品。白居易的诗，深入浅出，通俗易懂，历来受到广大人民群众的喜爱，他的长篇叙事诗《长恨歌》《琵

琶行》等，在唐诗中是很出名的，得到后人的称颂。

据宋代和尚释惠洪编的《冷斋夜话》记载，白居易作诗时，经常把酝酿好的诗句读给不识字的老妇人听，问她们懂不懂。老妇人说听得懂，他才采纳。否则，他便进一步修改，直到她们能听懂为止。白居易的诗歌"老妪能解"一直被后人传为佳话。

列子学射

典出（战国）列子《列子·说符》。

意思是想要做好一件事，应该知道它的规律，掌握了规律再做，就能得心应手了。

列子学射箭，已经能够射中目标了，他高兴地去告诉关尹子。

关尹子问他："你知道你为什么能射中吗？"列子想了想，回答："不知道。"于是，关尹子对他说："不行，你还没有学好。"

列子回去又练习了3年，然后，又来报告关尹子。

关尹子又问："你知道你为什么能射中吗？"列子毫不迟疑地说："知道。"

关尹子说："行了！你已经学成了。这其中的道理，你

应当永远记住，不要忘掉。而且不仅是射箭，治理国家和处世为人都应该这样。"

"列子学射"这个典故告诉我们：做事不仅要知其然，还要知其所以然，把握事物的规律性。这样，才能克服盲目性，提高自觉性，把事情办得更好。

林冲棒打洪教头

典出（明代）施耐庵《水浒传》。

比喻专门看准人家的漏洞，抓住弱点动手。

林冲被高俅父子陷害，刺配充军，来到沧州投奔柴进。

柴进仗义好客，久闻林冲大名，能够与之相会格外高兴，特地设宴款待林冲。柴进家里有个武术教师洪教头，见到柴进厚礼款待林冲，心中不服，要同林冲比武。

林冲看时，只见那教头歪戴一顶斗巾，挺着胸脯，神气十足，盛气凌人地说："哼，林教头！他敢和我使一棒看，我便说他是真教头！"

林冲虽然武艺高强，但因自己是囚犯，又是初来乍到，所以处处退让，不肯占先。洪教头妄自尊大，目中无人，对林冲的退让视为胆怯可欺。

柴进一则要看看林冲的武艺，再则想杀杀洪教头的傲气，

也同意他们二人比试比试，叫庄客取来二十五两的一锭银子，放在地上，说是谁赢了就送给谁。

正式比武时，洪教头怕林冲争去银子，又怕输了锐气，便连声喝道："来，来，来！"随即将棒劈面打来。林冲往后一退，躲过一棒。洪教头抢上一步，又一棒打下来。林冲又躲过一棒。这时，洪教头脚步已乱了。就在这一刹那间，林冲把棒从下面横扫过去。洪教头措手不及，臁（lián）儿骨上挨了一棒，当即撇了棒，扑倒在地，一时挣扎不起来。众人见了，一齐大笑。

两个庄客把洪教头扶了起来。洪教头羞惭满面，一瘸一拐地到庄外去了。柴进又把林冲领入后堂饮酒，叫庄客把那锭银子送给林冲。林冲推辞不得，也就收下了。

毛羽不丰满者，不可以高飞

典出（西汉）刘向《战国策》。

羽毛不丰满的鸟，不能够在万里长空高高飞翔。比喻本领不全面的人，不能干一番伟大的事业。

人贵乎有志，但仅仅树立志向是不够的，还需要不断地充实自己的专业水平。鸟儿羽毛不曾丰满，翅膀没硬，就想学飞，是不可能的。人有壮志却不充实自己，不提高自己的

知识水平、自身的技能，是无法取得成功的。

蒙鸠筑巢

典出（战国）荀况《荀子·劝学》。

蒙鸠筑巢时根基不牢，辛苦筑窝，终归徒劳。

南方有一种鸟，名叫蒙鸠。这种鸟用羽毛做窝，并且用毛发把窝编织起来，然而却把它系在芦苇穗子上。一阵风吹来，芦苇穗子折断了，鸟蛋也摔破了，雏鸟也跌死了。

蒙鸠的窝做得并不是不完美，而是由于它所系的地方使得它这样的。

这则故事启示我们，无论做什么工作，都必须建立在坚实可靠的基础上。

蒲元识水

典出（北宋）李昉（fǎng）等《太平御览》。

比喻实践经验十分丰富。

蒲元有着出众的才智。他在斜谷替诸葛亮制造了3000

把刀。刀铸成后,他说用汉江水淬(cuì)火会使刀脆弱不锋利,不能用。用蜀江水淬火就能使刀清亮刚烈,于是就派人到成都取蜀江水。水取回后,蒲元用它一淬刀,马上说这水里掺杂了涪(fú)江水,不能用。取水的人硬说没掺杂。蒲元就用刀划水,然后说,掺了八升涪江水。取水的人连忙跪下叩头说:"取水回来时在涪江渡口把水洒了,就用涪江水来增补它。"

该故事运用夸张手法,说明富有实践经验的可贵。

曲有误,周郎顾

典出(西晋)陈寿《三国志》。

乐曲中出现了差错,周郎都能够听出来。周郎:周瑜,史书上说他精通音律。

不懂音律的人只能够欣赏音乐的旋律美,有修养的人可以领悟乐曲所营造出来的意境,但是精通音律的人却能够明白乐曲的编排技巧,并能够指出其中的差错。这说明不懂音律的人是外行,只能够欣赏音乐;精通音律的人是内行,不仅可以欣赏音乐,还能够对乐曲进行研究。

升堂入室

典出《论语·先进》。

登上厅堂，进入内室。比喻学问或技能从浅到深，达到很高的水平。古代宫室，前为堂，后为室。

子路名仲由，春秋时卞（biàn）地人。他为人耿直，敢说敢做，常与他人争斗，平时喜欢戴一顶像雄鸡一样的帽子，衣服上佩戴着野猪样式的标志，以此表示自己的勇敢。后来，子路拜孔子为师，但年龄只比孔子小九岁，有时，他还欺负孔子。不过孔子了解他的性格，也不放在心上。

一次，子路问孔子说："有道德的人也崇尚勇武吗？"孔子回答说："仁义是最重要的。有道德的人崇尚勇武就会失去仁义，没有道德的人崇尚勇武就会去抢劫别人的财物。"又有一次，孔子看见子路在自己家里弹琴，就很不客气地指责说："你也太不讲礼貌了，怎么到我家里来弹琴！"

因此，孔子的学生都瞧不起子路。孔子发现学生们的情绪后，就解释说："其实，子路也有他的长处。如果他与衣着华贵坐着漂亮马车的人在一起，自己虽然穿得破烂，但他也不以此为耻辱；如果他治理一个中等国家，虽然他不讲仁义道德，但却可以管理好税赋。他来我这里学习，也学得了不少东西。"

后来，子路去卫国做了大夫，卫国发生内乱，子路感到

无颜见人，就上吊自杀了。

"升堂入室"也说"登堂入室"。

师文学琴

典出（战国）列子《列子·汤问》。

比喻要使自己在技艺上有精深的造诣，不但立志要高，还须下决心进行长期的刻苦学习。

瓠（hù）巴弹起琴来，鸟儿飞舞，鱼儿跳跃，郑师文听到这事之后，便抛开家庭跟从师襄学习弹琴。他按指调弦，3年奏不成乐章。师襄说："你可以回家了。"

师文放下自己的琴，叹气说："我并不是弦不能调，乐章不可奏。我心里想的不在弦上面，所向往的不在乐调上。内心里没有深刻的感受，外面也就不能反映在乐器上，所以不敢放手去拨弄琴弦。姑且让我再琢磨些日子，看我以后的情况。"

没过多久，师文再去见他的老师师襄。师襄说："你的琴练得怎么样了？"

师文回答说："摸到门道了！请允许我试弹一下。"

当他演奏时，奏春曲拨商弦，便召回南吕之音。得了秋气，凉风忽然吹起来，草木结了果实。奏秋曲时，拨角弦以激发夹钟之音。得了春气，和风缓缓回荡，草木齐绿开花。

奏夏曲时，拨羽弦以召引黄钟之音。得了冬气，霜雪交替而下，川池忽然冻结。奏冬曲时，拨动徵弦，以激发蕤（ruí）宾之音。得了夏气，阳光十分炎热，坚冰立即融化。启奏宫以总结商、角、徵、羽四弦，便有温煦的南风吹拂，祥云瑞气浮现在空中，甘美的露水从天而降，像甜酒一样的泉水从地下冒出来。可见，自然声音与人类心性的合一所构成的音乐，是人情物性交融渗透、相生相化的产物。

师襄高兴得手舞足蹈起来，说："你的琴弹得太精妙了！即便是师旷奏清角，邹衍吹律管，也无法超过你。他们应当带着琴拿着管跟在你的后面当学生了。"

善歌者使人续其声

典出（西汉）桓宽《盐铁论》。

善于唱歌的人能够使人延续他的声音。

优秀的歌手不仅能够用美妙的歌声打动人，激发人的情绪，还能够将唱歌的乐趣传递给听众，使人们争相效尤，纷纷模仿他的歌声。这说明音乐家不仅自身要有创作音乐和表演音乐的激情，还应该用这种激情感染听众，使越来越多的人加入创作或者表演的队伍中来，从而使得音乐这门艺术得到发扬光大。

双管齐下

典出（唐代）朱景玄《唐朝名画录》。

双手执笔同时作画。比喻一件事同时采用两种办法或两件事同时进行。

唐代画家张璪（zǎo），以善画山、水、松、石闻名于世。他作画时，必先屏息静坐，灵感一来，挥笔疾如雷电，彩墨淋漓，顷刻而成。

与他同时代的另一位画家毕宏，久闻张璪画松独具一格，请求张璪作画以一开眼界，张璪答允当众挥毫。只见他双手各握一支笔，左右一齐开动，同时落墨。两手所画之物迥然不同，各有妙趣。在场众人，齐声称绝。更令人叹服的是，张璪用的竟是两支秃笔，兴之所至，还以手指代笔，蘸墨在纸上纵横摩按、揉擦，把松树的苍劲、山石的凝重、泉水的流动，表现得活灵活现。

张璪画完，投笔离座。

毕宏上前请教张璪师从哪位名家，张璪谦逊地回答道："我以大自然为师，长期审察世上万物，使物在心中，才能达到得心应手的境界。"

毕宏细细玩味张璪的话，佩服地感叹道："张公画松，非他人所能及，我辈从此可以搁笔了！"

师旷调音，曲无不悲

典出（东汉）王充《论衡》。

师旷编制的音乐，没有不动听的。师旷：春秋时期晋国著名乐师。悲：动听。

伟大的乐师不仅精通音律，而且了解人们的审美需求，同时也了解社会对于音乐的需求，因此，他总是能够巧妙地运用规律来编排出既满足人们的爱好又适合社会需求的乐曲，这样的乐曲没有不动听的，没有不流传久远的。由此可见，乐师本身的素质和能力对于音乐的成败具有决定性的影响。

孙悟空进八卦炉

典出（明代）吴承恩《西游记》。

比喻本来不错，经过锻炼，在原有基础上又有新的提高。孙悟空大战天兵天将，没有防备太上老君暗中用"金钢琢"打来，跌了一跤，后腿又被二郎神的哮天犬咬住不放，结果被抓住了。

玉帝传旨，将孙悟空剁碎。众天兵把孙悟空押到斩妖台，

绑在斩妖柱上，可是任凭刀砍斧剁，雷打火烧，都不能伤他一根毫毛。玉皇大帝和众仙吏束手无策。

这时，太上老君又来献策说："这猴头吃了蟠桃，喝了御酒，又吞了仙丹，运用三昧真火，煅成一块，成了金钢的身体，所以伤不了他。不如让老道领去，放在八卦炉中，用文火把他熔炼成灰烬。"玉帝即命太上老君领去。

于是，孙悟空被带到兜率宫，推入八卦炉中。架火童子将火煽起，顿时浓烟滚滚，烈焰熊熊，把兜率宫映得一片通红。孙悟空在炉中被燥热之气闷得乱窜乱跳，无法出去。偶然间，他窜到炉中巽宫的部位，这里有风无火，比其他各宫部好受得多。

经过七七四十九天的文武火熔炼后，太上老君以为孙悟空在八卦炉内肯定化为灰烬了，下令开炉。万万没有想到，孙悟空在炉内还活着！他双手正捂着脸，在揉眼拭泪，忽听炉顶响动，抬头看见一片光明，当即将身一纵，跳出丹炉，"哗啦"一声，踢倒炉鼎。

太上老君赶忙想要抱住，反被摔了个倒栽葱。孙悟空从耳中取出了如意金箍棒，不管三七二十一，一棒把丹炉打得粉碎，然后舞着棒，杀出兜率宫外去了。

结果，孙悟空不但没有被烧死，还炼出了一双火眼金睛。

梧鼠学技

典出（战国）荀况《荀子·劝学》。

形容人们在学习中贪多而学得不精。

田野里有一种小动物，名叫梧鼠。据说这种动物学会了5种本领，即会飞，会走，能游泳，会爬树，也会打洞，但它的这些本领一样也没学精。会飞，但飞得不高；会走，但走得不快；能游泳，但游得不远；会打洞，但打得不深；会爬树，但爬不到树顶。名义上它学会了五种本领，用起来却一样也不中用。故有"梧鼠五技而穷"之说。

惜墨如金

典出（元代）陶宗仪《南村辍耕录》。

原指作画时用墨先淡后浓，后指写字、作画、作文不轻易下笔，力求精练。

李成是五代宋初的著名画家。他很喜爱读书，读了许多经史，他又喜爱写诗，擅长弹琴、下棋。他最擅长的是画山水。

李成特别善于描写北方山野的寒林景色和风雨、明晦、烟云、雪雾等景色。他的山水画特别讲究画面的构图和笔墨

的运用。他的笔势锋利，墨法精微，好用淡墨，落笔简练。所以，后人赞扬他说："李成作画不轻易落笔，先用淡墨，后用浓墨，爱惜笔墨就像吝惜金子一样。"

成语"惜墨如金"即由此而来。

羿射不中

典出（东晋）苻朗《苻子》。

比喻没有正确的思想做指导，纵然有高超的技艺，也不能得到充分的发挥。

夏王指着一块一尺见方、靶心一寸的兽皮箭靶对神箭手后羿说："请射吧！如果射中了赏你万金；如果射不中，就削掉你千户的封邑。"

后羿听了夏王的话，脸色变化不定，神情十分紧张，气息急促难平。慌乱之中，挽弓射去，第一箭没有射中，第二箭跟着又落了空。

夏王问付弥仁："这个后羿，从来都是箭无虚发，而今天和他约了一个赏罚条件就射不中了。这是什么道理呢？"

付弥仁回答道："后羿之所以这样，那是因为情绪波动影响了他的射技，万金厚赏造成了他的失误。人们如果能够不计较得失，把赏罚置之度外，那么谁能都够成为无愧于后

羿的神箭手了。"

后羿本来射术是很好的，只是因为背上了患得患失的思想包袱，结果屡射屡失误。

张旭学书观万物

典出（唐代）韩愈《送高闲上人序》。

说明了善于钻研对于自己技能的提高，对于取得成功的重要作用。

唐代书法家张旭，字伯高，吴郡人，精通各种字体，尤以草书知名。他性格豪放，嗜好饮酒，传说常在大醉后手舞足蹈、摇头晃脑地狂走一番，然后回到桌前，提笔落墨，一挥而就。有人说他疯癫，给他取了一个"张癫"的雅号。

有一次，张旭外出游览，在路上看到一位书生与挑夫在争道，凝视片刻，便领悟出书法布局要主次分明，互相避让的道理。又有一次，张旭看了民间舞蹈家公孙大娘舞剑，在寒光剑影中，她那娇美的动态、刚柔交织的舞姿，使他意气飞扬，从此写字笔法变得流畅自如，不拘一格。张旭还认为，自然界中的山水崖谷、飞禽走兽、日月星河、雷霆霹雳等，也能影响书法的变化。因此每有闲暇，他必仔细观察，偶有所获，即熔铸于自己的书法艺术之中，从而形成了"变动犹

鬼神，不可端倪"的新风貌。盛唐时，人们把他的草书，与李白的诗词、裴旻的剑舞合称"三绝"。

赵人持的

典出（战国）韩非《韩非子》。

比喻一个人的本领高低，别人看得清清楚楚。

羿右手戴着扞，双臂戴着臂套，拿上弓，拉满弦时，敌国的人也敢于争着替他拿靶子。小孩子拉弓射箭时，他的母亲就要躲入家里关紧门户。这是因为：因其必定能射中靶心，即便敌国人对羿也毫不疑惧；不能必中靶心，所以慈母对亲生子也要躲避。

这说明，不管评价如何，都要靠自己的真实本领来决定。

赵襄王御马

典出（战国）韩非《韩非子》。

比喻在竞赛中计胜负得失的杂念束缚着自己，就不可能充分发挥自己的技术，必不能获得好成绩。

赵襄子向王良学习驾车的技术，随后便和王良竞赛，换了3次马，3次都落后。赵襄子说："你没把技术全教给我。"

王良回答说："技术已经全教完了，是你使用有过错。凡驾驭马车关键在于，马匹要安于驾车，人心要集中于调马，然后才可以加快速度，到达远方。现在你落后时想的是要追上我，领先时又恐怕被我超过。驾车赛跑这件事，不是领先就必落后。而你不论先后心思都在我的身上，更凭什么去调理马匹？这就是你落后的原因了。"

肿膝难任

典出（战国）韩非《韩非子》。

马 的膝部损伤肿大，难于扬蹄奔驰。说明观察事物，必须要全面观察，认真掌握事物之间的内在联系。

伯乐教两人相看有踢踏习惯的马。

一天，他和这两人一起前往赵简子的马房去实际观察。

其中一人认出一匹踢马，另一人走到马的身后，连续拍了三次马的臀部，马都不踢一下。

辨认的人以为自己相错了。

另一人却说："你并没有相错。这确是一匹踢马。只是它现在前腿肩胛筋骨损伤，膝盖肿胀。凡是踢马，举起后腿

踢踏时，重心便落在前腿上。而这匹马，前膝肿痛，不能支撑全身重量，所以后腿举不起来，不能踢了。你很会辨认踢马，却看不出它前膝肿胀。"

"肿膝难任"这个典故诉我们学习科学，应做到全面观察，否则，就不能够正确深刻地认识事物，灵活掌握科学知识。

少年学典故

（三）

一言一行显素养

安　然　主编

江西美术出版社
全国百佳出版单位

图书在版编目（CIP）数据

少年学典故. 一言一行显素养 / 安然主编. –– 南昌:
江西美术出版社, 2021.2

ISBN 978-7-5480-7861-6

Ⅰ. ①少… Ⅱ. ①安… Ⅲ. ①汉语—典故—少年读物
Ⅳ. ①H136.3-49

中国版本图书馆CIP数据核字（2020）第224144号

出 品 人：周建森
企　　划：北京江美长风文化传播有限公司
责任编辑：楚天顺　朱鲁巍　　策划编辑：朱鲁巍
责任印制：谭　勋　　　　　　封面设计：韩　立

少年学典故：一言一行显素养

SHAONIAN XUE DIANGU：YIYAN YIXING XIAN SUYANG

主　　编：安　然
插图绘制：陈来彦　陈福平
出　　版：江西美术出版社
地　　址：江西省南昌市子安路 66 号
网　　址：www.jxfinearts.com
电子信箱：jxms163@163.com
电　　话：010–82093785　　0791–86566274
发　　行：010–58815874
邮　　编：330025
经　　销：全国新华书店
印　　刷：三河市华成印务有限公司
版　　次：2021 年 2 月第 1 版
印　　次：2021 年 2 月第 1 次印刷
开　　本：880mm×1230mm　1/32
总 印 张：24
ISBN 978-7-5480-7861-6
定　　价：118.00 元（全 4 册）

目录

·形貌篇·

1

·言语篇·

·情感篇·

长亭外，古道边，芳草碧连天。晚风拂柳笛声残，夕阳山外

梧桐更兼细雨，到黄昏、点点滴滴。

·交往篇·

形貌篇

白发三千丈，缘愁似个长

典出（唐代）李白《秋浦（pǔ）歌》。

我头上的白发之所以能有三千丈长，正是因我心中的愁绪也有这么长啊！

在这句话中，作者采用夸张的修辞手法，抒发了其怀才不遇的忧愁和苦闷。

李白一生曾多次游秋浦，并留下了不少优秀的诗篇。此二句出自其五言组诗《秋浦歌》十七首中的第十五首，这是其于唐玄宗天宝十二载（公元753年）漫游至秋浦时所作。

抱头鼠窜

典出（东汉）班固《汉书》。

像老鼠那样惊慌逃跑。形容遭到失败后狼狈逃跑。

楚汉相争时，曾跟随项羽的韩信看到项羽有勇无谋，又不善于用人，便投奔了刘邦。在萧何的极力推荐下，刘邦重用了韩信。在刘邦和项羽于荥阳、成皋间对峙时，韩信率军抄了项羽的后路，破赵取齐，占据了黄河下游之地。后被刘邦封为齐王。

　　这时，有一个叫蒯（kuǎi）通（蒯通本名蒯彻，因避汉武帝刘彻的讳，改为蒯通）的人来见韩信。他对韩信说："楚汉相争已经几年了，可仍然这么僵持着，他们之间究竟谁胜谁败，大王有举足轻重的作用。你不如谁也不帮，谁也不靠，以齐地为根据地，和他们三分天下，然后再图谋统一全国。"韩信听罢，说："汉王待我这么好，我怎么能忍心背叛他呢？"蒯通说："当初常山王张耳和陈馀（yú）是割了脑袋都不变心的好朋友，可是张耳在被迫无奈的情况下，

抱头鼠窜，归了汉王，并借汉王之兵消灭了陈馀。现在大王和汉王的交情不见得比张耳和陈馀的交情深。古人说得好："飞鸟尽，良弓藏；狡兔死，走狗烹。'大王的功劳太大，汉王没法赏您；大王的威名只能叫汉王害怕。我真替大王担心啊！"虽经蒯通反复劝说，韩信始终不肯背叛汉王。

后来，刘邦打败了项羽，平定了天下。但韩信却以谋反罪被吕后诛杀。临死前，韩信感叹地说："我悔不该当初不听蒯通的劝告，以致死在妇人小子之手。"

"抱头鼠窜"这句成语原来是形容常山王张耳窘迫逃亡时，如老鼠逃窜的情形。后人用这个典故比喻敌人逃跑时的狼狈相。

鬓衰头似雪，行步急如风

典出（唐代）张籍《老将》。

鬓发斑驳，满头白发如雪，行动起来步伐却疾如惊风。老将虽然垂垂老矣，年纪老，但是并不服老，仍然要求征战沙场，建立功勋。历史上年过六旬，尚自统兵的将领很多。如战国时期的赵国大将廉颇，三国时蜀国的老将黄忠、赵子龙等人，他们都是白头领兵，奋勇杀敌的杰出人物。作者以此诗抒发了自己渴望建功立业的胸怀。

不翼而飞

典出《管子·戒》。

又见（西汉）刘向《战国策》。

没有翅膀却能飞，比喻东西突然不见了。后指言论和消息不待宣传就迅速地传播。

战国时，秦国派大将王稽去攻打赵国的都城邯郸，一连17个月都没攻下。

这时，有个叫佚（yì）庄的人向王稽献计说："你为什么不赏赐赏赐部下呢？这样可以鼓舞他们的斗志。"

王稽回答说："我执行的是秦王的命令，不用你多嘴多舌的。"

佚庄见王稽这样骄横，非常生气地说："你独断专行，轻视士兵已经很久了，这是不对的。我听说，假如有三个人谎报街市上有老虎，听的人就会信以为真；如果有十个人弯一个木槌，就会把木槌（chuí）弄弯；如果大家都口头传播一个消息，消息没有翅膀也会到处飞行。可见，民众的力量是很大的，你还是赏赐你的部下吧。"王稽始终不听佚庄的劝告。

后来，王稽的部下作起乱来，对战事更加不利，秦王非常恼火，就把他杀了。

苍颜白发，故里欣重到

典出（金）张中孚《蓦（mò）山溪》。

我现在虽然有着苍老的面容和满头的白发，但是，令我感到欣慰的是，我已经重新回到了自己的家乡。

在这里，作者流露出回到故乡后的欣喜。张中孚本为宋人，后投降于金，在其暮年才得以返回家乡。这是其在晚年回到家乡之时有感而作。

察言观色

典出《论语·颜渊》。

观察言语、脸色来揣摩对方的心意。

孔子有个学生名叫子张，有一次，他去问孔子："读书人要怎样才能做到'达'？"孔子觉得子张的询问很不明确，就反问道："你所谓的'达'是什么意思？"子张说："做官的时候要有名望，居家的时候也一定要有名望。"孔子听了，摇摇头说："这个叫'闻'，不叫'达'。什么叫'达'呢？'质直而好义，察言而观色，虑以下人。在邦必达，在家必达'。"意思是说，品质好，遇事讲道理，又善

于辨别人的言语，观察别人的脸色；在思想上愿意对别人让步。这种人，做官的时候就事事行得通，居家的时候也一定事事行得通。

后人用"察言观色"表示仔细观察别人的言语表情，然后见机行事。

垂头丧气

典出（唐代）韩愈《昌黎先生集》。
又见《新唐书》。

低着脑袋，无精打采。形容失意懊丧、萎靡不振的样子。

唐朝末年，由于藩镇割据，中央的政治统治既软弱又腐败。唐昭宗李晔虽为皇帝，实际上是个傀（kuǐ）儡（lěi）。当时，割据京城长安周围地区的是军阀李茂贞，割据黄河中下游地区的是军阀朱全忠（朱温）。由于这两股军阀势力比较强大，影响着朝政，所以朝中臣僚也分成了两派：一派以宦官韩全海为首，站在李茂贞一边；一派以宰相崔胤为首，站在朱全忠一边。

天复元年（公元901年），朱全忠为了代唐自立，兵逼长安。李茂贞、韩全海等挟持唐昭宗逃到凤翔（今陕西宝鸡至周至一带）。朱全忠率军继续西进凤翔，李茂贞抵挡不住，

8

连吃败仗，最后粮尽弹绝，只好和朱全忠讲和。这时，韩全诲难堪极了，他是依附李茂贞的，又是朝中的宦官，现在，皇帝和李茂贞都要讲和了，他见大势已去，又无计可施，只好垂头丧气地等候朱全忠发落。后来，在朱全忠的威逼下，李茂贞交出了唐昭宗，并杀了韩全诲等人。

春风得意

典出（唐代）孟郊《登科后》。

和暖的春风很适合人的心意。形容官场飞黄腾达或事业顺心扬扬得意的样子。

唐朝时，有一位著名的诗人，名叫孟郊，是河南洛阳人。最初在高山隐居，人称"处士"，他性情十分耿直，因此很少有人与他合得来，只有大诗人韩愈和他一见如故。他们两人在诗的风格上也有相近的地方，常常唱和于诗酒之间。

孟郊的遭遇很不如意，这从他的诗里怨、伤、愁、病、饥、恨之类的字句可以看出来。他曾两次考进士不第，直至唐德宗贞元十二年（公元796年）才考中了进士，那时他已经50多岁了。穷困的生活消磨了他旷达的气度，考中进士以后才开朗起来，他高兴地作了一首《登科后》的绝句，表达他当时愉快的心情。

昔日龌龊不足夸，

今朝放荡思无涯。

春风得意马蹄疾，

一日看尽长安花。

他在诗中说："从前那窘迫的日子是不值得夸耀的，今天我的心情忽然开朗了，才觉得皇恩没有边际。我愉快地骑着马儿奔驰在春风里，一天的时间就将长安的花儿看完了。"

大发雷霆

典出（西晋）陈寿《三国志》。

比喻大发脾气，高声斥责。

公元229年，孙权称帝，国号吴，建都建业（今江苏南京）。当时，曹魏的当权者是魏明帝曹睿。曹睿是个荒淫无度又无真才实学的家伙，曹氏执政时已失去了武帝曹操、文帝曹丕时的生气。

魏国的辽东太守公孙渊见此情形，便偷偷地跟孙权结成同盟，孙权封他为燕王。但是，辽东和建业相距遥远，公孙渊担心一旦被魏国攻打，远水解不了近渴，和孙吴结盟并非上策，于是又背弃盟约，杀了吴国的使臣。

消息传到东吴，孙权大怒，准备马上派大军渡海远征，讨伐公孙渊。名将陆逊见此情形，上书劝阻。

陆逊指出："公孙渊凭借着险要的地势，背弃盟约，杀我使臣，实在令人气愤。但现在天下风云变幻，群雄争斗，如果不忍小愤而发雷霆之怒，恐难实现夺取天下的愿望。我听说，要干大事业统一天下的人是不会因小失大的。"

孙权觉得陆逊说得很对，便取消了讨伐公孙渊的计划。

大声疾呼

典出（唐代）韩愈《昌黎先生集》。

向人迫切地大声呼吁，使人警觉。

唐代的韩愈，25岁时中进士，到了28岁时尚未被任用，便写信给宰相赵憬（jǐng），希望得到朝廷的任用。信发出以后，等了19日尚未见复信，韩愈又写了第二封，即《后十九日复上宰相书》。

信中，韩愈大声疾呼朝廷应像救水火之灾那样，来援救和任用那些有才学而面临困境的人。他说："当一个人遭受水火之灾而向人们求救时，不仅亲属为他奔走呼号，就是旁

观者也会大声疾呼，希望人们快来救救这个遭受灾害的人。这是因为这个人所面临的情况实在危急，处境实在可悲。现在我的境遇也是这样既危险又急迫，因此我也大声疾呼，希望人们伸出救援之手……"

鹅行鸭步

典出（明代）施耐庵《水浒传》。

形容行走迟缓，摇摇摆摆。

腊月初，山东清风寨知寨刘高的夫人坐着一乘大轿，身边带着七八名军卒，前去烧纸上坟。一行人路过清风山时，被占山的王矮虎赶散军卒，将知寨夫人捉上山去。此时，宋江正在清风山上，得知此事便来说情，要王矮虎放走了刘高的夫人。清风山头领燕顺、郑天寿碍于宋江的情面，不管王矮虎愿意不愿意，喝令轿夫抬下山去。那妇人听了这话，拜谢宋江，口口声声叫道："谢大王！"两轿夫心里害怕，抬着那妇人飞也似的奔下山去。

当那妇人被捉后，几个被赶散的军卒没命地跑回去报告知寨刘高。刘高听了大发雷霆，怒骂那些军卒，并用大棍狠打那些军卒，还声嘶力竭地吼道："如果不把夫人夺回来，统统下牢问罪。"

那几个军卒无可奈何，只得央求本寨军兵七八十人，各执枪棒，尽力去夺。不想来到半路，正撞着两个轿夫抬着知寨夫人飞快地来了。

众军卒接着了夫人，问道："你们怎的能够下山？"那妇人撒谎道："他们见我说出是刘知寨夫人，吓得慌忙下拜，赶快叫轿夫送我下山。"

众军卒簇拥着轿子便回。军卒见轿夫走得快，便说道："你们两个在镇上抬轿时，只是鹅行鸭步，如今却怎的走得这等快？"那两个轿夫说："本是走不动，背后好像有人在打我们一样，所以就跑得快了。"

返老还童

典出（东晋）葛洪《神仙传》。

由衰老恢复青春。形容老年人焕发青春。

汉朝时，有一位淮南王刘安，他虽然居高官，封王爵，但是还有一种非分的妄想，常常希望自己永远不死。听说有一种仙人，是永远长生的，刘安便千方百计去研究和祈求变成神仙的方法。

一天，有八位老人去访刘安，自称是神仙。刘安的门人，一向是趾高气扬，见这八位老人都是须眉皆白，老态龙钟，

门人便拒绝通报，并说道："人家说神仙是不会老、不会死、永远是青春的。你们却老得这样可怜，可见不是神仙，我看是骗子也说不定呢！"

八位老人听说，都哈哈地笑起来，说："你不高兴我们老吗？这容易得很，我们是可以马上返老还童，变成小孩子的。"

说罢，八位老人都转过脸来，不消一刻，都变做八个小孩子了，门人大惊，认为真是神仙，便给他们去通报。这便是"返老还童"的来历。

丰干饶舌

典出（北宋）赞宁《宋高僧传》。

比喻多嘴多舌。饶舌：多嘴，唠叨。

唐朝时有个僧人名叫丰干。最初，他居住在天台山国清寺，后来行化到京兆（西安的古称）。此时，京兆有个叫闾（lǘ）丘胤（yìn）的要到台州去做太守，临行时他问丰干国清寺有没有高明的和尚。

丰干回答说："有烧饭、洗碗的两个和尚，名叫寒山和拾得。"闾丘胤到任之后，就去拜访这两个和尚。当闾丘胤见到寒山、拾得说明来意后，这两个和尚笑着说："你怎么

会知道我们呢？一定是丰干饶舌。"

蜂目豺声

典出（战国）左丘明《左传》。

又见（唐代）房玄龄等《晋书·王敦传》。

眼睛像蜂，声音像豺。形容恶人的相貌凶恶、声音可怕。

春秋时，楚成王准备立他的大儿子商臣为太子，征求令尹（掌军政大权的最高官员）子上的意见。

子上说："大王现在还年轻，爱子之情并不专一，这么早就立商臣为太子，将来有了小儿子，爱子之心转移了，再将商臣废掉，容易发生变乱。就我们楚国来说，历代继承王位的都是君王的小儿子。况且商臣的眼睛长得像蜂目一样，说话时声音像豺狼叫一般难听，这种人是最凶残的，如果立他为太子，可能要出大乱子，还是不立为好。"

楚成王没有听从子上的劝告，立了商臣为太子。后来，楚王又爱上了小儿子子职，想废掉商臣，立子职为太子。商臣和他的老师潘崇合谋领兵作乱，逼死了楚成王，自立为王，就是后来的楚穆王。

观其容而知其心矣

典出《国语》。

观看一个人的面容就可以了解其内心。

中国自古就有"相由心生"的说法，一个人身体和心理的状态是可以从一个人的面相反映出来的。如身心健康的人，神采奕奕、红光满面；而遭逢不幸、苦恼忧愁的人通常是愁云密布、眉头紧锁。人心好坏也是如此，只要你细心地观察一个人外在的面容、神情，是可以看出他的内心的。

汗流浃背

典出（南朝宋）范晔《后汉书》。

原来形容万分恐惧或惭愧。现在常用来形容满身大汗。

东汉末年，由于汉献帝软弱无能，曹操掌握了军政大权。建安元年（公元196年），曹操把汉献帝迎往许昌，自己当了大将军及丞相，常常"挟天子以令诸侯"。当时，有个叫赵彦的议郎，是汉献帝亲信的谋臣，常给汉献帝出谋划策，因而遭到了曹操的忌恨，后来竟把赵彦杀了。汉献帝对曹操的这一暴行很气愤。

　　有一次，曹操去朝见汉献帝，汉献帝警告他说："你如果愿意辅助我，就忠厚一点儿；如果不愿意，就离开我。"曹操听了以后心里十分惊疑，从汉献帝那里走出来后，汗水都湿透了脊背，此后很久没有上朝。

好逸恶劳

典出（南朝宋）范晔《后汉书》。

喜欢安逸，厌恶劳动。

东汉时，有一个叫郭玉的人，对医学特别是针灸术很有研究，曾著有《针经》《诊脉法》等书。

郭玉家境贫困，曾讨过饭。他的医术学成后，给差役杂工治病时，治愈率很高；给王公贵族治病时，有时却治不好。

有一次，汉和帝让一个贵人（妃嫔的称号，东汉光武帝刘秀时开始设置，仅次于皇后）穿上杂工的衣服，换了个地方，让郭玉去给她看病。

郭玉问了问病情，只一针就给扎好了。

汉和帝觉得很奇怪，就问郭玉是什么原因。

郭玉说："王公贵族处于尊贵的地位，哪一个都在我之上，给他们治病的时候，我总是怀着一种恐惧的心理。给这些人治病有四难，其中一难，就是这些人长期以来好逸恶劳，所以得了病就比较难治。"

和帝觉得郭玉说得挺有道理。

挥汗如雨

典出（西汉）刘向《战国策》。

又见《晏子春秋》。

形容天气太热，流汗甚多。挥：洒。

春秋时，有个人名叫晏子，是齐国的相国。他很有才干，能言善辩，聪敏过人。

有一次，齐王派晏子出使楚国。因他是一个矮个儿，楚人想戏弄他，便在大门旁边另开了一个小门，让晏子从小门里进出。晏子见状偏不进去。他说："出使狗国的人，才从狗洞进出。今天，我是到你们楚国来，不应该从这道门进出。"楚国人无话可说，只好让他从大门进去。

晏子见到了楚王，楚王又想戏弄他，便问："齐国没有人吗？"晏子回答说："临淄三百闾那里的人们'张袂（mèi）成荫，挥汗成雨，比肩继踵'（意思是他们挥一下衣袖，就会使大地成荫；他们挥一下额上的汗，就像天下雨一样；一到街上，人们就肩碰着肩，脚跟着脚），怎么能说没有人呢？"楚王说："既然如此，为什么要派你来当使者呢？"晏子严肃地回答说："我们齐国派使者的原则是：按其好坏，各有所用。好的使者就派往好的国家，不好的使者就派往不好的国家。我是最不好的使者，就派到你们楚国来了。"楚王又白讨没趣。尽管如此，他还是想再戏弄晏子一次。

　　楚王大办筵席，招待晏子。等他们喝酒喝得快醉了的时候，有两个差役绑着一个人从楚王面前走过。

　　楚王故意问道："绑着的人是哪里人？犯了什么罪？"那差役故意大声说："是齐国人，偷了东西。"楚王乜（miē）斜着眼睛看了晏子一眼说："齐国人原来惯于偷东西吗？"晏子严肃而郑重地说："我曾经听说：'橘子生在淮南是橘子，生在淮北就变为枳了。叶子虽很相似，但味道却很不相同。其所以如此，那是因为水土不同的缘故。'这个人生在齐国不偷东西，到了楚国就偷东西，这正是楚国的水土使他偷东西的嘛。"楚王听了晏子的话，不知如何回答，只得苦笑着自言自语地低声说："圣人是不能同他开玩笑的，我算自讨没趣了。"

街谈巷议

典出（南朝梁）萧统《文选·张衡〈西京赋〉》。

大街上谈，小巷里议。比喻大街小巷里的人们对某件事情议论纷纷。

　　东汉时，封建统治阶级依仗他们手中的权力，残酷压榨人民，过着穷奢极欲的生活。封建皇帝自不待说，就是一些达官显贵、皇亲国戚也是肆意勒索，虎狼般地残害人民。据

《后汉书》记载，中常侍侯览夺人宅屋381所、田地1万多亩。侯览的哥哥侯参任益州刺史，肆意勒索。他搜刮的金银锦帛珍玩用300多辆车子都没装完。还有一些中下层官吏，也是贪赃枉法，横行霸道。

封建统治者的穷奢极欲，引起了一些志士仁人的愤慨和谴责。有一个叫张衡的文学家，用10年时间写成了两篇名赋：《西京赋》和《东京赋》来讽谏统治者。在《西京赋》中，张衡描写了西汉统治者的奢侈生活，讽刺他们只图享乐而无远虑，借此讽谏东汉统治阶级。赋中讲了这样一个故事：西汉时，丞相公孙贺的儿子当太仆时，擅自动用了北军一千九百万的车费，并因此而下狱。公孙贺到处活动为儿子

开脱。当时，正在追捕一个叫朱安世的人，公孙贺便串通捕吏捕获了朱安世来顶替自己的儿子伏法。对此，人们街谈巷议，纷纷批评和指责。

绝口不道

典出（东汉）班固《汉书》。

形容闭口不说，绝不漏嘴。

丙吉年少好学，为人忠厚，后来做过廷尉监。刘询未当皇帝之时，曾遇难入狱，丙吉为此多方设法营救，使他得以安全脱险。

刘询继位后，号称汉宣帝。这时丙吉被封为关内侯，但他从不矜夸自己的功劳。尤其是关于营救过汉宣帝刘询之事，在任何时候、任何地点，他都"绝口不道"。所以宫廷之中，没有人知道他营救过刘询的事。

丙吉做人忠厚，不谈己善，也不居功。后来刘询加封丙吉为博阳侯，采邑三百户。就在这时，丙吉病倒了，后经多方治疗，终于痊愈。丙吉康复之后，上书辞谢受封。他说功小受封，于心有愧。经汉宣帝劝说，他才勉强接受了。五年之后，他代魏相为丞相。

君子不重则不威

典出《论语·学而》。

君子的态度如果不庄重，就没有威仪。重：庄重。威：威仪。

孔子认为，君子必然是严谨的、端庄的，这样才不会失去威仪。一个人的外表仪容、待人态度，都会直接影响别人对其的观感。穿着得体，神情肃穆，别人见到了，也会为之肃然，自己自然会得到尊重；倘若衣着不修边幅，流里流气，别人就会轻视你，瞧不起你，自然也就得不到尊重。

侃侃而谈

典出《论语·乡党》。

从容不迫地说话。侃侃：理直气壮，从容不迫。

在周代的等级制度中，大夫是诸侯下面的一个等级，其中又分为两等，最高一级称为卿，即上大夫，其余称为下大夫。孔子的地位相当于下大夫。

孔子是一个一举一动都力求合乎周礼的人。在家乡，在朝廷之上，和上大夫说话，和下大夫说话，他都有不同的举

止和言语。在家乡，他温和恭顺，好像不会说话一样；在祭祀和朝见的场合，他却善于谈论，只是比较谨慎罢了。在朝廷上，当国君不在场时，他同下大夫说话，理直气壮；同上大夫说话，和颜悦色；君主来了，则恭敬而又不安，非常小心谨慎。

后人从孔子和下大夫说话时的"侃侃如也"演变出"侃侃而谈"这个成语。

慷慨激昂

典出（西汉）司马迁《史记·刺客列传》。

形容情绪、语调激动昂扬而充满正气。

战国时，燕国的太子丹曾被扣在秦国作为人质，后来逃回来，见秦国有并吞六国的野心，当秦军靠近易水，逼临燕国边境时，他很忧愁，设法请了一位勇士去刺杀秦王。那个勇士名叫荆轲，太子丹待他非常恭敬。

荆轲受着燕太子丹的优待，但很久都没有要到秦国去的意思，太子丹心里非常着急。后来太子丹实在急了，荆轲才带了一把很锋利的匕首出发了。荆轲出发的时候，太子丹和他的臣子都穿了白衣服去送行。到了易水边上，将要渡河时，高渐离敲着筑，荆轲唱着歌，声音非常悲哀；一般

勇士都流着眼泪，歌唱着"风萧萧兮易水寒，壮士一去兮不复还"。歌声慷慨而激昂，壮士们的眼睛都瞪得很大，头发也都竖了起来。

三国时曹操作《短歌行》，也有"慨当以慷"的话。"慷慨激昂"是说一个人的言语举止，都是有着英雄豪杰的气概，不可一世的样子，使人见到或听到了，都很相信他、敬服他。

口若悬河

典出（南朝宋）刘义庆《世说新语》。

比喻人健谈，言辞如河水倾泻，滔滔不绝。

西晋时，有一个大学问家名叫郭象。他在年纪还小的时候，就很有才学，特别对于日常生活中发生的一切现象，肯下功夫思索。他爱好老子和庄子的学说，并且具有深湛的研究。当时有许多人请他去做官，他一概辞掉了。只是把研究学问和谈论哲理当成最快乐的事情。

因为他的知识很丰富，能够把一切事情的道理讲得清清楚楚，又喜欢尽量发挥自己的见解，于是太尉王衍常常称赞他说："听郭象说话，好比悬在山上的河流泄水，直往下灌，从来没有枯竭的时候。"

后人根据王衍的话，演变出"口若悬河"这句成语。

乐不可支

典出（南朝宋）范晔《后汉书》。

快乐到不能撑持的地步。形容快乐到极点。

刘秀称帝，建立了东汉，当时公孙述也在西蜀自称皇

帝，刘秀派大司马吴汉率军前去讨伐，张堪被任命为蜀郡太守，跟吴汉一同出征。

吴汉的军队走了许多天，军粮补充不够及时，赶到蜀郡时，军粮只够吃7天了。吴汉担心断粮，不能打败公孙述，便想逃跑。于是派军士暗中准备船只，想从江上逃走。张堪听到风声，急忙去见吴汉，对他说："将军万万不可以走，胜利就在眼前。公孙述目前已是瓮（wèng）中之鳖，只要我们坚持住，一定能打败他！"吴汉被他说服了，听从了他的计谋，率领少数兵马向公孙述挑战。公孙述亲自出城应战，战不到几个回合，就被汉军刺死在城下。吴汉和张堪顺利地攻入成都。

张堪是一个品行高尚、办事公正的人，自幼熟读经史，德行出众，曾有"圣童"的美称。他进入成都后，查点府库，封存珍宝，一件件地登记造册。然后报告给光武帝刘秀。他自己和部下对官府和百姓的财产秋毫无犯，成都的百姓对他的清廉十分称赞。

张堪后被任命为骑都尉，领兵击退匈奴的进犯。不久他又做了渔阳太守。他认真管理郡内的官吏，打击贪官污吏，奖赏有功官兵，又在狐奴地区开垦稻田八千顷，鼓励百姓耕种。所治之内，百姓富足，郡内安定，军民都很快活。他在渔阳做了8年太守，郡内没有发生一次动乱，匈奴也不敢再来侵扰。渔阳的百姓对太守非常敬仰，就编了一首民谣颂扬他。

桑无附枝，麦穗两歧。

张君为政，乐不可支。

慢条斯理

典出（清代）吴敬梓《儒林外史》。

形容说话做事慢腾腾，不慌不忙。

有一个叫王冕的放牛娃，天性聪明，天文、地理无不通晓，特别是画得一手好画。他画的荷花，就像才从湖里摘下来贴在纸上的一样。因此，王冕的名字全县无人不知，无人不晓。但是，王冕既不求官爵，又不结交朋友，终日里就在家闭门读书。

有一天，官府的一个差役奉了县太爷之命来找王冕画20幅花卉册页（装裱成册的单页小件字画），王冕推辞不过，答应了。画好以后，知县时仁发送给王冕一些银子并约见王冕。王冕不肯赴约，时知县只好亲自来请。时知县带着一班人马来到王冕家门口时，见大门关着，敲了半天，出来一位老太太，不慌不忙地说："我儿子不在家。"官府的差役见老太太怠慢了知县，说："县大老爷亲自来传你儿子说话，你怎么这么慢条斯理的！快说，你儿子到哪里去了？我好去传。"

29

眉飞色舞

典出（清代）李宝嘉《官场现形记》。

形容人非常高兴、得意的神情。

陕西同州府朝邑县城南三十里有个赵老头，他的孙子赵温参加了乡试，中了举人，得意非凡。为了庆贺，当下便筹办酒席大宴宾客，拜祭宗祠。赵老头除请邻居、姻亲、族谊外，还特别请了见过一面的王乡绅。

到了十月初三那一天，新中举人赵温及其父兄亲邻等来到祠堂拜祭。

祭罢祠堂，众人坐等王乡绅到来好吃喜酒。可是左等右等不见人影，直到太阳偏西，王乡绅才姗姗而来。王乡绅一到，立即开席。出席作陪的人中有一位王举人。王乡绅与王举人在酒席上叙谈起来，方知是本家。王举人比王乡绅小一辈，因此二人以叔侄相称。

王乡绅酒到半酣，文思泉涌，谈笑风生，大谈学八股文章的苦处和妙用。他说："我17岁那年开笔做文章，老师要我读熟《制艺引全》。老师一天教我读半篇，因我记性不好，老是念不熟，为此，不知挨了多少打，罚了多少跪，到如今才掐得这两榜进士。唉！吃了多少苦，也还不算冤枉。"

王举人听了，马上接口说："这才合了俗话说的'吃得苦中苦，方为人上人'。您老人家有此阅历，所以讲得如此

亲切。"

王乡绅一听这话，不禁眉飞色舞，拍着王举人的肩头说："老侄，你能够说出这样的话来，你的文章也就着实有功夫……小子勉乎哉，小子勉乎哉！"说到这里，不觉闭着眼睛、摇头晃脑起来。

面面相觑

典出（明代）罗贯中《三国演义》。

又见（明代）居顶《续传灯录》。

形容做错了事或极惊慌时，不知如何是好的样子。觑（qù）：看，瞧。

三国时，曹操率兵攻打徐州，吕布趁此机会攻占了曹操的兖州和濮（pú）阳。曹操闻讯，急收军返回。

曹军日夜兼程来到濮阳，吕布引军与之大战。第一个回合后，曹军大败，后退三四十里。

部将于禁对曹操说："吕布的西寨兵卒不多，今夜可引军去袭击；如若得了此寨，布军必然恐惧。"

曹操认为于禁说得有理，于是在当日黄昏时引军攻击。吕布的军队不能抵挡，四散奔逃。曹操夺了西寨后不久，吕布派出的援军便到了，于是三军混战。将到天明，吕布亲自

引军来到。曹操势单，只得后退，但往北走时，张辽、臧霸
杀了过来；往西走时，又有郝萌、曹性、成廉、宋宪四将拦
住去路。在敌强我弱的情况下，众将死战，曹操一马当先冲
杀，但箭如骤雨，无法前进。曹操无计可脱身，大叫："谁
人救我？"

　　叫声刚落，军队里一将奔出，原来是典韦。典韦飞身下
马，插住两戟（jǐ），取短戟数十支在手，放开脚步，冒箭
而行。当吕布的数十个骑兵追来，离典韦五步远时，典韦飞
戟刺杀，一戟一人一马，无一虚发，立杀十数人，余众皆逃。
典韦又飞身上马，挺一双大铁戟，冲杀前去。吕布部众抵挡
不住，各自逃去。典韦杀散敌军，救出曹操。正当他们寻路
归寨时，背后喊声大作，吕布纵马提戟赶来。曹操"人困马
乏，大家面面相觑"。正慌乱时，夏侯惇（dūn）引军来到，

于是夏侯惇便截住吕布大战。两军斗到黄昏时，大雨如注，于是各自收兵。

目瞪口呆

典出（明代）臧懋（mào）循《元曲选》。

瞪大眼睛说不出话来。形容因吃惊或害怕而发愣。

西汉初年，韩信被封为齐王以后，丞相萧何觉得韩信兵权太大，恐日后夺取汉朝天下，于是找来樊哙（kuài），共商计策。

萧何把他的担忧告诉了樊哙，并拍着他的肩头说："朝内功臣虽然不少，但只有将军是天子的至亲，故请你来商量。"

樊哙听了有些得意地说："丞相，想鸿门会上主公有难，某立碴鸿门而入。项王见我气概威严，赐我酒一斗，生豚一肩，被我一啖（dàn）而尽，吓得项王目瞪口呆，动弹不得，方才保得主公安全回还。"

樊哙说到这里，十分气愤地说："韩信本是淮阴一饿夫，不料竟拜为帅！而今大事已定，可也罢了。那韩信手无缚鸡之力，有什么本事。只需寻一两个能干的人，唤他来，便可除后患。"

平易近人

典出（西汉）司马迁《史记·鲁周公世家》。

比 喻态度温和,对人和蔼可亲,没有架子,使人容易接近。周公是西周时期的著名政治家,他的名字叫姬旦,是周文王姬昌的儿子、周武王姬发的弟弟,因为采邑在周,所以称他"周公"。

周公辅佐周武王伐纣,灭掉了商殷;周武王死后,周成王年少,周公又代他摄政,亲自率领兵马东征,平定管叔、蔡叔的叛乱,而后又封邦建国,推行井田制,制定礼乐,建立各种典章制度,自己又注重礼贤下士,得到百姓的拥护。

周公被封于曲阜为鲁公,但他没有去那里,仍旧留在都城辅佐王室。他派自己的大儿子伯禽接受封地,去曲阜为鲁公。

伯禽受封鲁地,去了3年以后才把那里的政治情况报告给周公。周公很不满意,就问他说:"已经3年了,才告诉我鲁地的形势,为什么这样迟呀?"

伯禽答道:"我要改变那里的习俗,还要革新那里的礼法,花了3年时间才做完,所以来晚了!"

正巧这时姜尚也来报告齐地的情况。他受封于齐地,才过了5个月的时间,就来报告那里的政治形势。周公感到惊奇,便问他说:

"你怎么这么快就来报告情况呀？难道齐地的政治已经整顿妥当了吗？"

姜尚泰然自若地说："是的，一切都安定了，我是简其君臣礼，从其俗为也。"

周公沉思了半响，自言自语地说："唉，鲁的后世恐怕要败于齐了，齐地一定会胜过鲁地！政不简不行，不行不乐，不乐则不平易，不平易百姓就不归服。为政简易的，百姓必然亲近，百姓亲近、归服才能强盛啊！"

成语"平易近人"即由该文中的"平易近民"演化而来。

色厉而内荏，譬诸小人，其犹穿窬之盗也与

典出《论语·阳货》。

外表严厉而内心怯弱，以小人作比喻，就像是穿壁翻墙的小偷吧。荏：怯弱。穿窬：穿壁翻墙，指偷盗之事。

如果一个人内心怯弱，外表却表现得很严厉，这在孔子看来，是和小偷一样可耻的事情。君子内心坦荡，而小人则是巧言令色之徒，经常会以伪善的面孔来欺骗别人。人们在为人处世时，理应学习前者。

盛气凌人

典出（西汉）刘向《战国策》。
又见（南宋）楼钥《攻媿集》。

形 容傲慢自大、气势逼人的神态。

战国时期，赵国国君赵惠文王死后，赵孝成王继位，因他年纪尚小，由赵太后（孝成王的母亲）执政。秦国趁此时机派兵攻打赵国，赵军抵挡不住，先后被夺去 3 座城池。赵太后派人向齐国求救，齐国提出，只有让惠文王的小儿子长安君（赵孝成王的弟弟）到齐都临淄做人质，才会起兵援救。

赵太后非常疼爱小儿子长安君，不肯把他送到齐国去。秦国见此情况，加紧进攻赵国，形势十分危急。赵国的大臣们非常忧虑，纷纷提出劝谏，希望把长安君送到齐国，争取齐国早日出兵。赵太后十分气愤，她对臣子们说："以后再有人提出让长安君去齐国做人质，我就用唾沫吐他的脸！"

老臣触龙求见赵太后。赵太后心想，这又是来劝谏的，她满脸怒气地等着接见。（太后盛气而胥之。）触龙慢慢走到赵太后跟前说："我的腿有疾，走路困难，很久没来给您请安，今天来看看您。不知您身体怎样？饮食怎样？"赵太后看到他并未提起让长安君做人质的事，怒气逐渐消失。

触龙又说："我的小儿子舒祺（qí）很不争气，我已经很老了，非常疼爱他，希望能让他在王宫里当一名卫士，不

知可否？"赵太后说："这事好办。你的儿子多大了？"触龙回答："15岁了。他虽然年少，但希望在我死之前对他有个安排。"赵太后问道："男人也爱小儿子吗？"触龙说："比女人爱得还厉害呀！"赵太后笑笑说："女人对小儿子是特别疼爱的。"触龙显出惊讶的样子说："我还以为您爱女儿胜过爱长安君呢！"赵太后摇头说："你说错了，我爱女儿怎么能比得上爱长安君呢？"触龙说："父母疼爱孩子，就要为他们的前途着想。您把女儿嫁给远方的燕王，并不是不想念她，而是为她的长远利益打算，希望她的子孙世世代代为王，难道不是这样吗？"赵太后点头说："是这样。"触龙接着说："如今您使长安君身居高位，封给他肥美的土地，让他拥有很大的权力，但却不给他为国立功的机会。一

且您离开人世，长安君如何在赵国立足呢？所以我认为您没有为长安君的长远利益着想，您爱他不如爱您的女儿。"

触龙的一番议论使赵太后顿然醒悟，她欣然同意长安君去齐国做人质，齐国很快发兵救赵。秦国听说齐国发兵，便撤军回国，解除了对赵国的进攻。

成语"盛气凌人"便由"盛气而胥之"一句演化而来。

失魂落魄

典出（清代）李宝嘉《官场现形记》。

形容心神不宁、极度惊惶。

尹子崇因为偷卖矿产被人告发，官府要捉拿他，他逃回家中躲藏。

一天，本乡知县老爷突然来到尹家，尹子崇吃惊不小，硬着头皮出来相见。那知县是个老滑头，本是来抓尹子崇到县衙的，他却笑嘻嘻地一面作揖，一面寒暄："哈哈，兄弟直到今日才听说你回府，没有及时来请安，抱歉之至！"尹子崇虽然也同他周旋，毕竟是贼人心虚，终不免失魂落魄，慌张无措，一时连礼节都忘记了，自己坐到客人的位置上。知县暗暗发笑，从靴筒中抽出一件公文，递给尹子崇。尹子崇顿时吓得面色苍白。

知县见天色已经不早，便吩咐差役说："轿子准备好了吗？我同尹大人此刻就回衙门去！"尹子崇听见这话，明知逃脱不得，只好跟在知县身后，登上轿子。尹家的家眷看见他被县衙拉了去，早已哭成一片。可是知县毫不容情，摆摆手，抬轿人抬起轿子便奔往县衙去了。

手舞足蹈

典出（战国）孟子《孟子·离娄上》。

又见（清代）曹雪芹《红楼梦》。

双手舞动，两脚跳跃。形容高兴到了极点。

刘姥姥进大观园后，吃酒、游玩一切都很满意。

一次喝酒，刘姥姥不慎打烂了瓷酒杯子，便说道："如果有个木头的酒杯，我失了手掉在地上也没得关系。"

凤姐听刘姥姥这么说，便对刘姥姥道："木头酒杯我们这里有，但那是一套一套的，取来了你一定要吃遍一套才算！"

鸳鸯听说，忙去屋里取来十个黄杨根子做的大套杯。刘姥姥看见木杯，又惊又喜。那大的杯子像个小盆子，那小的也比手里的杯了大两倍，杯上一色的山水树木人物，雕镂奇绝。

刘姥姥拿着这奇特的杯子，兴高采烈地开怀畅饮。正在

畅饮之际，又听得府内箫管悠扬，笙笛并发，那乐声穿林渡水而来，使人心旷神怡。当下刘姥姥听见这般音乐，且又有了酒，越发喜得手舞足蹈起来。

陶陶然乐在其中

典出（唐代）杨炯（jiǒng）《登秘书省阁诗序》。

我 沉浸在自己喜欢做的事情之中，满脸都是和乐之色。
陶陶然：和乐的样子。

在这里，作者流露出了内心的欢快之意。后来，从这句话中演化出"乐陶陶"一词，被人们广为使用。

萎靡不振

典出（唐代）韩愈《送高闲上人序》。

又见（元代）脱脱等《宋史·杨时传》。

比 喻情绪低落，精神不振。
北宋时，徽宗皇帝是一个昏庸的君主。在金兵已经占领了大片北方土地的时候，他还征调大批老百姓从南方搬运

奇花异石，运到国都汴京（今河南开封）修建宫殿，装点花园。对于抗金这件大事，他根本不放在心上，随便派了一个无能的童贯去当领兵元帅。童贯连吃败仗，结果金兵很快就打到了京城附近。

一天，宋徽宗正在饮酒作乐，听说金兵快打到汴京了，吓得不知所措，大臣们也慌作一团。这时，有一个叫杨时的大臣，从容地对大家说："现在的形势已经像干柴堆着了火一样危急了，朝廷应当赶快清醒振作起来，拿出抗金的决心和勇气，这样才能鼓舞人心，振作士气。如果还和过去一样萎靡不振、胆小软弱，那么大宋王朝就没有什么指望了。"

喜心翻倒极，鸣咽泪沾巾

典出（唐代）杜甫《自京窜至凤翔喜达行在所》（其二）。

我的内心狂喜之极，竟忍不住流下了眼泪，并在鸣咽声中沾湿了我的衣襟。沾：浸湿。

唐至德二年（公元 757 年）二月，唐肃宗由彭原迁凤翔，并以此地为临时政府所在地。当年四月，杜甫便逃出长安，投奔于身在凤翔的唐肃宗，并被任命为左拾遗。这是作者被任命为左拾遗后因看到唐王朝中兴有望之时喜极而作。

笑容可掬

典出（明代）罗贯中《三国演义》。

满面的笑容仿佛可以用两手捧取。比喻内心的喜悦自然地流露于外。

三国时，蜀国于建兴六年（公元228年）倾全国重兵出军祁（qí）山，向曹魏进攻。由于蜀将马谡（sù）言过其实，刚愎（bì）自用，而致街亭（今甘肃庄浪东南）失守。魏司马懿（yì）率领的大军直逼西城。

当时，退守在西城的诸葛亮已无兵将可调遣。他登上城楼一看，只见东北方向尘土漫天，魏兵向西城杀来。诸葛亮逃跑已来不及，守城又无兵无将。正在为难之际，他忽然想起可用"空城计"吓退司马懿。

于是，他立刻传令下去：城头旗子一律藏起来；军中不准敲鼓；士兵们不准出来张望。

一切布置好了以后，诸葛亮命令大开城门，城门口派几个老弱残兵洒扫街道，自己端坐在城门楼上，焚香抚琴，装作若无其事的样子。

司马懿的大军来到城下，见诸葛亮在城楼上笑容可掬，焚香操琴，怀疑城中有重兵埋伏，果然迅速退走。

形若槁骸，心若死灰

典出（战国）庄周《庄子·知北游》。

身体如同枯槁（gǎo）的骸（hái）骨，没有生命；心里如同一团已经冷却的灰烬，没有生机。槁骸：枯槁的骸骨。

人是内在和外在的混合体，一个人内在的精神状态会直接影响他外在的表现，甚至于他的气色、面容等。内心忧惧的人，必然惊恐不安、眼神闪烁；而丧失进取心、颓废沉沦的人，往往形若枯槁、面无颜色，这样的人在日常生活中，是难以有大作为的。

怡然自得

典出（战国）列子《列子·黄帝》。

又见（东晋）陶渊明《桃花源记》。

形容高兴而满足的样子。

晋朝孝武太元年间，武陵有个打渔的人。有一天，他顺着小溪捕鱼，走进了一片桃花林。此处风景十分优美，为世上所罕见。当他把桃林走完时，便发现山旁有一个洞，里

面还有光亮。他便走进洞去，初时道路狭窄，再走几十步，豁然开朗。平原上桃红柳绿，房舍俨然，男耕女织，怡然自得。言谈中，渔人才知道里面的人是他们的祖先为避秦代的祸乱，才逃进这个洞里来的。他们与世外隔绝多年，也不想再出去了。渔人在这洞中的平原里待了几天，受到各家各户的热情招待。当他辞别这些好客的主人们时，大家都告诉他："洞中情况，不要给外边的人说。"

渔人出来后沿着原来的路往回走，还处处做了标记。到武陵后，渔人就把这事告诉了太守。太守马上派人去找那个世外的桃源，找来找去，毫无结果。

正襟危坐

典出（西汉）司马迁《史记·日者列传》。

正其衣襟端端正正地坐着。形容恭敬严肃的样子。

西汉时，有一个叫司马季子的人，通天文地理，见识极高。他游学长安，以占卜为生。

有一天，大夫宋忠和博士贾谊在一起谈论先王圣人之道术。贾谊说："我常听说，古之圣人，不在朝廷为官，必然在卜医者的行列中。现在朝廷中的三公九卿我们都见过了，不知卜者中是否还有能人。"于是，他们二人便来到市井的

卜肆中。当时，刚下过雨，肆上人很少，司马季子正由三四个弟子侍候着在那里谈天说地。宋忠和贾谊很恭敬地拜见了司马季子。司马季子请他们坐下之后，便滔滔不绝地讲了起来，语数千言，无不顺应天理。

宋忠和贾谊深为司马季子的博闻强记和表达才能所折服，二人揽其冠缨正其衣襟，恭敬严肃地说："看先生之状貌，听先生之言辞，实在是位了不起的人物，我们接触了许多知名人物，没有一个比得上先生的，你为何要身居卜肆干此卑贱之事呢？"司马季子听罢捧腹大笑，说："贤明的人是不和不肖之辈同流合污的。"

趾高气扬

典出（战国）左丘明《左传》。

走路时脚抬得高高的，神气十足。形容骄傲自大、得意忘形的样子。

春秋时期，楚国的武王派大将屈瑕（xiá）带兵进攻罗国。楚国大夫斗伯比为他送行。回来的路上，他对驾车的人说："你瞧屈瑕走路把脚抬得高高的，有多神气。他太骄傲了，不把敌人放在心上，这次打仗他一定要失败！"

回来之后，斗伯比马上去见楚武王。他对武王说："请

您派援军快去帮助屈瑕吧！"武王说："我们已经没有军队可派了！"

武王没有听取斗伯比的意见，回到宫中对他的夫人邓曼说："你看斗伯比这人多怪，他明知我已无兵可派，却让我派兵去支援屈瑕！"

邓曼想了一会儿，对楚武王说："我看斗伯比的意思并不在于派援军，而是说屈瑕自以为是，不听人言，贪恃以前的战功，以为这次攻打罗国必然获胜，因而轻敌。你应该教训、告诫屈瑕。"

"哦，原来是这样！"楚武王明白了斗伯比的用意，赶快派人去追回屈瑕，可是已经来不及了。

屈瑕已将军队带到鄢（yān）水岸边，由于他毫无防备，

又没有认真组织兵士渡河，结果在楚军过河的时候，遭到罗国军队的左右夹击，大败而逃。屈瑕一个人跑到山谷里上吊自杀了，其他的将领逃回楚国，向楚武王请罪。楚武王沉痛地说："这是我的过错，我没有多听听大家的意见，就派了屈瑕为将，才有今天的失败！"

重足而立，侧目而视

典出（西汉）司马迁《史记·汲郑列传》。

并拢脚站着，不敢前进；斜着眼看，不敢正视。比喻非常恐慌的样子。

西汉时，有一个大臣叫汲（jí）黯，汉武帝时任东海太守，继为主爵都尉。他性情刚直，常直言劝谏。如果发现别人有什么过错，便毫不留情地加以指责，甚至汉武帝有什么不对，他也敢当面提出。

当时，有个叫张汤的文官，因为擅长刑律法令，很受汉武帝重视。张汤制定的法令非常苛刻、残酷，汲黯对此很不满意。有一次，他们两人发生了争论，汲黯指着张汤骂道："天下人都说刀笔吏（办理文书的小官）不可以居高位，果然如此。如果定要按你张某的办法去做，天下人就会害怕得坐立不安，连正眼看东西都不敢了。"

言语篇

不知而言，不智；知而不言，不忠

典出（战国）韩非《韩非子》。

不知道就说，是为不明智；知道却不说，是为不忠诚。

这在于告诫人们，说话要有根据，不可夸夸其谈，说自己知道的，不说自己不知道的。很多人为了炫耀自己的学问、知识，常常不懂装懂，这其实是非常不正确的行为。正所谓："知之为知之，不知为不知。"不知道的事情，装知道，死要面子，结果必然是自食其果。因为，谎言、大话是最经不起推敲的。如果知道却为了自身的利益装作不知道，不告诉别人，这是对他人的背叛。因为，正是别人信任你，这才会来向你寻求答案或者结果。

不知言，无以知人也

典出《论语·尧曰》。

不懂得明辨他人的言论是非，就无法去了解别人。

要真正去了解一个人，不可以只靠道听途说，必须亲自去接触，同他交谈，从他的言辞中了解对方。当你明察对

方对于善恶、是非对错的态度时，也就大致了解对方是一个怎么样的人了。

道听而涂说，德之弃也

典出《论语·阳货》。

从 道路上听来的话，又在路上传播开去，有德之士是鄙弃这种行为的。涂：同"途"，道路。

孔子认为，君子应该是谨言慎行的，说话应该是有理有据的，因此那种道听途说、不负责任的小道消息是不屑言之的。如果有人故意散布谣言，挑拨是非，这种人深为君子所不齿。我们现在经常使用的成语"道听途说"即从此而来，多形容没有根据的传闻。

多言数穷，不如守中

典出（春秋）老子《老子》。

人说的话多，往往会使自己陷入理屈词穷的困境，还不如秉持不偏不倚的态度，保持内心虚静沉默，把话留在心里。数穷：道理窘迫。守中：不偏不倚。

很多时候，话说得越多越窘迫，越是强词夺理，其结果反而越可能是理屈词穷；说话越是滔滔不绝，其结果反而越可能是威信扫地。这是因为在日常生活中，人们都愿意别人听自己讲而不是听别人讲。所以，当和别人意见不合的时候，不要急着和别人争论，秉持中和的态度，谨言慎行，不说废话，只说实话，在必要的时候，让对方闭嘴。

好言一句三冬暖，恶语伤人六月寒

典出《增广贤文》。

对人说上一句好话，即便是大冬天也能让人感受到温暖；如果恶语伤人，就是在炎夏，也能让人感到心寒。

这句话是强调话语的力量和巨大影响，劝人们对人多说好话，少用语言伤害别人。

好言自口，莠言自口

典出《诗经·小雅·正月》。

好话出自他的口，坏话出自他的口。莠（yǒu）言：坏话。这主要是说一个人说话反复无常。在社会生活中，有些人善于见风使舵，见人说人话，见鬼说鬼话。你给他好处时，他巧舌如簧，大进阿谀奉承之词，哄得你眉开眼笑，等到无利可图时，他就变了脸色，冷言冷语，丝毫不把你放在眼里。这种人终为人们所唾弃。

君子一言以为知，一言以为不知，言不可不慎也

典出《论语·子张》。

君子可以由一句话表现他的智慧，也可以由一句话表现出他的不明智，所以说话不可以不谨慎。知：同"智"，智慧，明智。

一个人的言谈可以透露很多的信息。聪明的人，明白什么话该说，什么话不该说；愚蠢的人，或者言辞木讷，呆头呆脑，或者侃侃而谈，词不达意。通过言谈中这些细节，可以大致了解到对方是怎样的一个人。所以，在与人交往之时，要措辞谨慎，不可胡言乱语。

君子以行言，小人以舌言

典出《孔子家语·颜回》。

道德高尚的人以自己的实际行动说话，道德低下的人只是以自己的舌头说话。君子：道德高尚的人。行：行动。小人：道德素质低下的人。

君子向来重行不重言，他所做的事合乎道德，顺应人心，自然而然会得到人们的尊敬，而不需要自我炫耀。小人重言不重行。他德行卑劣，考虑事情只从自身的利益出发，大肆吹嘘，以浮夸的言语蛊惑大众，正是为了掩盖自身的鄙陋。这告诉人们，在工作和学习中，话说得漂亮没用，最重要的是你做了些什么。

君子于其言，无所苟而已矣

典出《论语·子路》。

君子对于自己所说的话，没有草率、马虎的地方罢了。

苟：马虎。

孔子认为，一个谦谦君子，必然是言辞谨慎之人。他们会对自己的每一句话负责，所以决不会随意轻率地胡说乱道，不会在言辞上冒犯他人，从而引起无谓的矛盾纠纷。这两句话告诫人们，在人际交往的过程中，要谨言慎行，对自己的言辞负责，不可胡说八道。

君子约言，小人先言

典出（西汉）戴圣《礼记》。

君子往往不先说话（而是先干实事），而小人却先说些大话（不一定干出实事来）。

君子重行，他们会踏踏实实地干事，而不是夸夸其谈，说空话，说大话；小人重言，他们德行卑劣，懒散，不做实事，只知道花言巧语地欺瞒大众。

两喜必多溢美之言，两怒必多溢恶之言

典出（战国）庄周《庄子·人间世》。

彼此喜欢的人，肯定会互相说出过分赞美的话；互相对立的人，必然会说出过分令人厌恨的话。两：双方。溢：过分。美：赞美。恶：憎恨，讨厌。

这可以说是人之常情。彼此喜欢的两个人遇到一起，互相赞美，难免说出过分的赞扬之辞；两个互相憎恨的人，遇到一起，难免怒从心生，彼此攻讦，双方恶语相向。所以，

在骤然听到别人突如其来的溢美之词，或者冷言冷语时，不要急忙做出反应，应该冷静地分析，不可把溢美之词当真，也不可把溢恶之言放在心上。这两句话多用于强调在与人交往的过程中，面对别人过分的溢美之词或者恶意诋毁，不喜不悲，不要当真，也不需要和对方较真。

能行之者未必能言，能言之者未必能行

典出（西汉）司马迁《史记·孙子吴起列传》。

能做的人未必能说，能说的人未必能做。此为司马迁感叹孙膑、吴起之语。战国时期著名军事家孙膑对其同窗庞涓的为人最清楚，但未能早有防范，结果遭到庞涓的陷害而被砍去了双足；另一位著名军事家吴起，认为山川形胜不足恃，关键"在德不在险"，可是他在楚国推行严厉的改革，寡德少恩，结果失败后被杀。

后人常用这两句话表示对人不可以求全责备。

怒中之言，必有泄漏

典出（明代）冯梦龙《东周列国志》。

人们在发怒的情况下所说出来的话，肯定会有所漏洞进而显得不够周全。

这在告诫人们，应当学会调节自己的情绪，时刻保持着冷静，只有这样，才能更好地应对所有事情。

巧言令色

典出《尚书·皋陶谟》。

形容花言巧语、伪装和善的样子。

传说皋陶和禹在舜帝面前讨论过治理国家的事情。在讨论的时候，皋陶说："相信并按照先王之道处理政务，就能使谋略实现，大臣之间也就能团结一致，同心同德。"禹说："对呀，但如何才能做到这样呢？"皋陶说："唉，这就应该严格要求自己，以身作则，努力提高品德修养，以宽厚的态度对待同族的人，同时也要使他们贤明起来，努力辅助你治理国家。"禹非常佩服地对皋陶说："你说得好啊！"

接着，皋陶说："还有，怎样用人也非常重要，一定要

做到知人善任。"禹说："对！知人善任的人，才是有智慧的人；有智慧的人，才能用人得当。如果能做到这点，何必怕那些花言巧语善于谄媚的人呢？"

巧言虽美，用之必灭

典出（三国魏）曹植《矫志诗》。

花言巧语虽然美丽动听，但若照它去办理事情，一定会走向毁灭。

人们总喜欢听甜蜜的话。这些花言巧语虽然娓娓动听，

但解决不了任何实际问题，没有任何实际用途。所以，真正在生活中有一定成就的人，必然不是只会说空话的人。他们脚踏实地，靠事实来解决问题。对于那些天涯谜语，云里雾里的吹捧、劝说，姑妄听之，用实践去检验其真伪。

这两句话提醒人们，在现实生活中，人们不可受花言巧语的迷惑，以免受骗上当。话说得越漂亮，越好听，越不要放松警惕。

轻诺者信必寡，面誉者背必非

典出（北宋）林逋（bū）《省心录》。

轻易得到的许诺总是缺少信用，当面赞誉的人背后必定非难、中伤。非：非难。

轻易向别人许诺的人，经常把事情看得太简单，做起来一定有很多困难。这样的人，事前言之凿凿，事后不守信用。当面奉承、赞誉你的人，未必出于真心实意，可能怀有不可揣测的动机，这种人两面三刀，不可轻信，很有可能当面会言不由衷地赞誉你，背后却冷言冷语，非难、中伤你，此种行径是十分可耻的。

三寸不烂之舌

典出（西汉）司马迁《史记·张仪列传》。

比喻只要舌头不烂，就能凭借语言说服人。引申为巧舌如簧地说服别人。

张仪有一次受邀参加楚国宰相的宴会，宴会散了后，楚相发现自己最贵重的玉璧不见了。

侍从说："一定是张仪偷的，他又穷又行为不端，除了他还能有谁呢？"

于是，楚相派人把张仪抓来，百般殴（ōu）打追逼，并把他的家翻了个遍，却始终找不出来，只好把张仪放了。

张仪的妻子因为张仪受了冤屈，又被打得体无完肤，因此守着张仪哀哀地哭。

张仪说："不要哭，不要哭，现在要紧的是：你看我舌头还在不在，被打烂了没有？"

妻子被逗笑了，说："舌头还在你口里。"

张仪说："只要舌头完好，那就不要紧。"

后来，张仪进入秦国，凭着他的政治才能和无敌的口才，为秦国统一天下的大业，做出了卓越的贡献。

善者不辩，辩者不善

典出（春秋）老子《老子》。

真正的善者是不擅长或者不喜欢辩论的；而喜欢、擅长争辩的人不是真正的善者。

善良的人有能力，是真心实意为人们办好事，能得到广大群众的支持和拥护，故此不需要同别人争论些什么，他们会做一些切切实实的有益于人民的好事，让人们明白什么是善，什么是恶。而伪善者并不是真心真意为人们办事情的，他们首先考虑的是自身的利益，然后才想到别人，为了不让人民群众看穿他们的真实面目，就不断地编造谎言，和别人争论，试图蒙骗大众。

这说明，只要走正道，踏踏实实地做事，明明白白地做人，最终是会得到人们的尊敬的。

舌为利害本，口是福祸门

典出（明代）冯梦龙《醒世恒言》。

舌是利益害处的根本，口是福气祸事之门。
这里说的是人的言谈有些时候会决定一个人的命运。

在合适的时间、合适的地点，说了合适的话，就有可能获得利益，得到福分。而如果胡言乱语，口无遮拦，就有可能会引火烧身，将自己置于困境、窘境。此二句主要提醒人们，说话一定要慎之又慎。

声色俱厉

典出（南朝宋）刘义庆《世说新语》。

说话的声音和脸色都很严厉。

晋代有两个豪绅，一个叫石崇，一个叫王恺。王恺是晋武帝司马炎的舅父。晋武帝常常支持王恺与石崇争富。

有一次，晋武帝送了一株高二尺多、枝条繁茂、世所罕见的珊瑚树与王恺。王恺十分得意，便拿去给石崇看，借以显示自己的富有。石崇看了一看，便用铁如意将珊瑚打碎了。王恺既感到痛惜，又觉得是石崇嫉妒他有这样稀奇的宝贝，因而便声色甚厉地责备石崇。石崇却无所谓地对王恺说："这有什么稀奇，还你一株得了。"当即便叫人把自己的珊瑚拿出来让王恺挑选。石崇的珊瑚树高三四尺不等，枝条主干姿态绝世，光彩夺目；六七株珊瑚，每株都比王恺的高大而瑰丽。王恺一看，不禁大吃一惊，顿觉愕然。

后人把"声色甚厉"说成了"声色俱厉"。

拾人牙慧

典出（南朝宋）刘义庆《世说新语》。

比喻沿袭或套用别人说过的话，自己并没有真知灼见。牙慧：牙上的污秽。引申为别人说过的话。

晋朝时有一个叫殷浩的人，很有学问，又善于说话。曾被封为建下将军，统帅扬、豫、徐、兖、青五州兵马。后因作战失败，被罢官流放到信安（今浙江省衢州区）。殷浩有一个外甥叫韩康伯，人非常聪敏，又有学问，殷浩也很喜欢他。殷浩在被流放时，韩康伯也随他在一起。有一天，殷浩见他对人发表议论，显示出十分得意的神情。事后殷浩就说："康伯连我的牙慧还没有得到！"

殷浩这句话的意思是：韩康伯连殷浩牙齿上的污秽还没有得到，谈的道理实在和我所知道的差得很远！

驷不及舌

典出《论语·颜渊》。

一句话说出口，四匹马拉的车也追不回。表示说话应当慎重一些，因为话说出之后不能反悔。驷（sì）：古

时由四匹马拉的车。舌：所说的话。

有一天，卫国大夫棘（jí）子成和孔子的学生子贡一起谈论怎样才像一个君子。

棘子成说："君子只要有好的本质就够了，要那些礼节、形式干什么？"

子贡说："可惜呀，先生谈论的君子谈错了。一言既出，驷马难追。本质与文采是同等重要的。这就好比虎豹之皮与犬羊之皮的区别既在本质，也在文采。如果从虎豹、犬羊的皮上拔去有文采的毛，那么，这些兽皮的区别就很小了。"

谈笑自若

典出（南朝宋）范晔《后汉书》。
又见（西晋）陈寿《三国志》。

在紧张和危险的情况下，有说有笑，同平常一样。

三国时期，有一个著名的将领，名叫甘宁，巴郡临江（今四川忠县）人。他最初依附刘表，后来投靠孙权。他曾跟随周瑜，攻破曹操，进攻曹仁，跟随吕蒙抗击关羽。因为有战功，他被任命为西陵太守、折冲将军。

赤壁之战曹操失败以后，向江陵撤退。孙权和刘备的联军乘胜追击，一直追到南郡（今湖北江陵县）。驻守南郡的

魏将曹仁，以逸待劳，击败了吴军的先头部队。周瑜大怒，准备调兵遣将，与曹仁一决雌雄。甘宁上前劝阻，他认为南郡与夷陵互为犄（jī）角，应该先袭取夷陵，然后再进攻南郡。周瑜接受了他的建议，命他领兵攻取夷陵。

甘宁率军直逼夷陵城下，与魏军守将曹洪激战二十余回合，曹洪败走，领兵往南郡退逃。甘宁命令部下，迅速夺取夷陵。甘宁手下兵员很少，只有几百人，入城后立即招兵，也不过千人。

当天黄昏，曹仁派曹纯和牛金引兵与曹洪会合，共聚5000人，把夷陵城团团围住。曹军架设云梯攻城，被甘宁守军击退。

第二天，曹军构筑高楼，然后士兵在高楼上向城中射箭，顿时箭如雨发，射死射伤不少吴兵。吴兵将此情况飞报甘宁。将士们闻听此讯，都有些害怕，唯独甘宁有说有笑，同往常一样，毫不紧张。他命人收集曹军射来的数万支箭，并派优秀射手与魏军对射。由于甘宁率军沉着顽强地固守，曹军无法攻破城池。

后来，周瑜派来救兵，配合甘宁击退魏军。周瑜为甘宁解围后，亲自慰劳守城将士，并给甘宁记了一功。甘宁临危不惧，镇定自若，谈笑风生，在军中传为美谈。

成语"谈笑自若"即由此而来。

滔滔不绝

典出（五代）王仁裕《开元天宝遗事》。

像流水一般不间断。形容话很多，说起来没个完。滔滔：形容流水不断。

唐代时，有一个大臣叫张九龄，中过进士，任过右拾遗。当时，吏部选拔人才，都由他和赵冬曦（xī）评定等第。开元二十一年（公元 733 年），张九龄任中书侍郎同中书门下平章事，主张不循资格用人，设十道采访使。

张九龄不但能很好地协助皇帝处理政务，他还是位很有

才能的诗人。他善于言辞和辩论,每当和宾客们讲书论经时,总是滔滔不绝,像顺着斜坡滚弹丸一样,毫无阻碍。

开元二十四年(公元736年),因为受到奸相李林甫的攻击,张九龄罢相。

为人说项

典出 (唐代) 杨敬之《赠项斯》。

为人扬誉或说情。

唐代时,有一个诗人叫项斯。他在会昌四年(公元844年)中进士,曾任丹徒县尉。

项斯在未及第时,虽然诗写得不错,人品也好,但名声不大,几乎不为人所知。

有一次,他带着自己的诗稿去拜访当时的名士杨敬之。杨敬之曾读过项斯的部分作品,很赞赏他的才华,这次见面之后,经过交谈,更觉项斯是个很有作为的人,便赠给项斯一首诗:

几度见诗诗尽好,

及观标格过于诗。

平生不解藏人善,

到处逢人说项斯。

这首诗的大意是说：多次读到你（项斯）的诗，句句都好；现在见到你的人品，比诗还高。我从来不主张隐瞒别人的优点，不论碰到谁我都要为项斯称道。

由于杨敬之的推荐介绍，项斯的诗很快在长安流传，项斯也因此出了名。

信口雌黄

典出（唐代）房玄龄等《晋书·王衍传》。

比喻不顾事实，随口乱说。

晋朝时，有一个叫王衍的，在晋武帝时做了太子舍人，后来又调做尚书郎等职。他从年轻时起，就喜欢清谈。他做官以后，还是崇拜老子和庄子，整天讲"无为而治"的道理。因为他的才学很高，谈论很精辟透彻，因此，在当时享有很大的名气，许多读书人都佩服他，而且还模仿他的做法。

当王衍解读老庄玄理的时候，手里总是拿着一把玉柄拂尘表现出十分从容宁静的态度。而他有时把义理解读错了，就随口改正。于是人们说他是"口中雌黄"。雌黄本来是山里一种黄赤色的矿物。古时候的人写字用黄纸，写错了，都用雌黄涂抹。"口中雌黄"，便是随即改正说错的话的意思。

后人便把人随口说出的没有根据、不负责任的话，叫作"信口雌黄"。

行必先人，言必后人

典出（西汉）戴德《大戴礼记》。

做事要做在他人的前面，说话要说在他人的后面。品德高尚的君子不浮夸，不会向别人炫耀自己的德行，他们会办实事，积极地修身立德，用事实说话。所以，做事时，但凡有利于人民的利益，或者有利于个人的修养，他们会抢着去做。事情办成，取得了成功，又不会主动争功、抢功劳，炫耀自己。他们重行更甚于言。

言不由衷

典出（战国）左丘明《左传》。

说出的话不是发自内心。形容虚伪敷衍、不说真话。春秋初期，郑国是一个新兴的诸侯国。国君郑庄公是

周朝的卿士，执掌朝中大权，根本不把周王放在眼里。当时，周平王是个软弱无能的人，一方面他不得不依靠郑庄公处理朝政，另一方面他对虢（guó）公忌父又十分信赖，曾想让他代替郑庄公管理朝政。郑庄公知道后，对周平王非常不满。周平王害怕，赶紧向郑庄公解释说："我并没有让他取代你的想法。"为了让郑庄公相信，周平王和郑庄公决定交换人质，周太子狐到郑国做人质，郑公子忽到周做人质。

公元前720年，周平王死后，平王的孙子周桓王（姬林）继承君位。周桓王也想让虢公忌父代替郑庄公做卿士，掌握政权。郑庄公知道后很生气，于是在这年春天，就派大夫祭足带领兵马，到周朝的温邑，把麦子全部抢割，运到郑国。到了秋天，祭足又带领兵马到周朝的成周，把那里的谷子全

部割掉，运回郑国。从此，周朝和郑国之间的关系就更加恶化了，结下仇恨。

当时的史官在评论这件事的时候说："言语不发自内心，即使交换人质也是没有用处的。如果能够设身处地为对方着想，相互谅解而后行事，并用礼仪加以约束，虽然没有人质，又有谁能够离间他们呢？"

成语"言不由衷"即由此演化而来。

言出乎身，加乎民；行发乎迩，见乎远

典出《周易·系辞上》。

话是自己说出的，影响及于众人；行为发生于近处，影响及于远处。身：自我。迩：近。

这主要讲的是个人的言行对于其他人的影响。人生活在大千世界中，免不得要和别人交往。如果你言语仁善，人们都会喜欢你；如果言辞邪恶，千里之外的人都会否定你。个人的行为亦是如此，做好事，积善行德，无论多远人们都会模仿你，效法你，何况是身边的人。可是，倘若做坏事，为非作歹，无论何处，人们都会反对你。

言顾行，行顾言

典出（西汉）戴圣《礼记》。

人在说话时要考虑自己能不能做到，做事时也要考虑是不是与自己所说的话相一致。顾：顾及。

夸夸其谈，并不算是什么能耐，真正能够做到才算是有才能；嘴上说的是一套，甜言蜜语，奉承拍马，很会讨人欢心，但行动上却是另一套，嫉贤妒能，心狠手辣，时时处处设计陷害别人。这两种人都不会得到人们的信任和支持，只会引起人们的厌恶和憎恨。有的人虽然不善言辞，但是做起事来却毫不马虎；有的人尽管待人严肃，对人要求很苛刻，让人难以接近，但是他对自己要求也很严格，办事总是一丝不苟、认真负责，并且敢于承担责任。这后两种人虽然并不能一呼百应，但是人们从内心里肯定他们，支持他们。

言过其实

典出（西晋）陈寿《三国志》。

说话的人语言浮夸，超过实际。

三国时，刘备为关羽复仇，出兵伐吴，失败后退至白

帝城，忧愤病倒。将要死的时候，刘备托孤给诸葛亮说："马谡这个人，所说的话，往往夸大，言过其实，今后丞相用他时要格外谨慎。"

刘备死后，司马懿出兵攻打街亭，马谡向诸葛亮请求，说自己愿意去守街亭，结果因才智不够，弄得街亭失守。诸葛亮以马谡不听军令，挥泪把他杀了。

言近而指远者，善言也

典出（战国）孟子《孟子·尽心下》。

所说的话虽然很浅近，但意旨深远，这叫作"善言"。指：同"旨"，意义。

一个人说话或者写作的时候，首先要使语言通俗浅近，令人易懂。因为，假如言辞生涩，别人根本不明白你要说些什么，辞藻再华丽也没用。在语言浅显易懂的基础上，应该立意深远，思想境界达到更高的层次，可以发人深省，饱含丰富的社会生活哲理。

言无务为多而务为智，无务为文而务为察

典出（战国）墨翟《墨子·修身》。

说话不图繁多而讲究富有智慧，不图文采华丽而讲究明察是非。

此处主要强调的是人说话的技巧。说话是一门艺术。聪明的人，不贪图说话是否烦琐，是否滔滔不绝，而在于所说的话是否条理清楚，是否蕴含智慧，不在于辞藻的华丽，说得多么动听，而在于可以明辨是非，发人深省。这在告诫人们，说话要一针见血，条理清晰。

一傅众咻

典出（战国）孟子《孟子·滕文公下》。

一人教，众人扰，终无成就。傅：教导。咻（xiū）：喧闹。

有一年，孟子听说宋国的君主要施行仁政，这正是孟子所竭力主张的，所以他特地到宋国去。

孟子在宋都彭城（今江苏省徐州市）了解了一个时期，

感到情况并不像宋国国君说的那样，便打算到别国去游历。

宋国的君主听说孟子要离去，便派大臣戴不胜前去挽留，并向他请教治理国家的方法。

戴不胜说："请问，怎样才能使我们宋国的君王贤明？"

孟子说："先生要使贵国的君王贤明吗？我可以坦言相告。不过我先问一件事：楚国有位大夫，想让自己的儿子学会齐国话。据你看，应该请齐国人来教他呢，还是请楚国人来教他？"

戴不胜说："当然是请齐国人来教他。"

孟子说："是的，那位大夫请了一个齐国人，来教儿子齐国的话，可是儿子周围有许多楚国人整天在打扰他，同他吵吵嚷嚷，在这样的环境中，他怎能学会齐国话呢？如果那位大夫不是这样做，而是将儿子带到齐国都城临淄（今属山

东省）的闹市住几年，那么齐国话很快就会学好的。"

戴不胜向宋君复命后，宋君见孟子去意已决，便不再勉强挽留，送了他一些钱，让他离开了宋国。

以讹传讹

典出（清代）曹雪芹《红楼梦》。

把本来就不正确的话又错误地传出去，结果越传越错。讹（é）：错误。

一天，李纨（wán）、史湘云、薛宝钗、薛宝琴、林黛玉、贾宝玉等在一起猜灯谜。李纨先说道："我编了个《四书》上的，即'观音未有世家传'，打《四书》一句，请大家猜一猜。"黛玉笑道："我猜罢。可是'虽善无征'？"众人笑道，猜对了。李纨又说道："纹儿编了一个是'水向石边流出冷'，打一古人名。"探春笑笑说："是山涛吧？"李纨说："猜得对。"宝钗听了后说道："这些虽然很好，但不合老太太的意，不如做些浅近的，大家雅俗共赏才好。"湘云想了一想，笑道："我编了一支'点绛唇'，却真个是俗物，你们猜猜。"湘云便念道，"溪壑分离，红尘游戏，真何趣？名利犹虚，后事终难继。"众人听后都不解。宝玉想了半天说："必定是耍的猴儿。"湘云笑道："正是这个。"

众人问："那末一句怎么解释？"湘云回答说："猴儿不是剁了尾巴的吗？"众人听了，都大笑起来。

大家笑过之后，李纨说："昨天听薛姨妈说宝琴妹妹见的世面多，走的道路远，诗又做得好，请她编几个谜语让大家猜猜。"过了一会儿，宝琴笑笑说："我走的地方不少，现挑了十个地方的古迹，做了十首怀古诗，每首诗暗隐俗物一件，请姐姐们猜一猜。"宝琴把诗写出来后，大家都争着看。看毕，大家都称奇道妙。宝钗道："这十首诗，前八首都是史鉴上有据的，后两首却无从考查，是不是另做两首。"黛玉马上接口道："后两首诗史鉴上无据何妨？宝姐姐太胶柱鼓瑟了。"李纨也接着说："这两件事无古稽考不要紧，古往今来，以讹传讹者甚多，只管留着。"对后两首所隐之物，大家猜了半天都没有猜着。

与人善言，暖于布帛；伤人以言，深于矛戟

典出（战国）荀况《荀子·荣辱》。

赠人美好的言辞，比布帛还要温暖；出言伤人，比用长矛利戟刺人还要严重。帛：丝织物的总称。

与人交谈，不同的言语会带给人不同的感受，可能给人带来愉悦，也可能给人带来痛苦。爱护、鼓励的语言能给人们带来的温暖，侮辱性的、讥讽的语言会带给人难以弥合的伤害。这几句以善言暖于布帛、恶言深于矛戟作比喻，形象准确，生动地告诫人们切不可恶语伤人。

欲加之罪，其无辞乎

典出（战国）左丘明《左传》。

想要给别人加上罪名，难道还找不到借口吗？其：岂，难道。辞：指理由。

晋献公死后，诸公子争位，晋国大乱。晋大夫荀息主政，先后拥立晋献公的两位公子奚齐、卓子继位为君，结果接连被大夫里克所弑（shì）。

里克为了独掌大权，扶持太子申生为君，也就是晋惠公。晋惠公继位后，担心里克权大难制，更担心自己也落得像晋献公的两位公子一样被弑的下场，就果断下手铲除里克，并派使者对里克说："如果没有你，我就不能做国君。虽然是这样，可你接连杀掉了两个国君，逼死了一个大夫，做你的国君，岂不是太难了吗？"

里克闻言，怨恨地说出了这句："欲加之罪，其无辞乎？"

今多写作"欲加之罪，何患无辞"，用以谴责那些随意罗织罪名，造借口，诬陷别人的人。

知无不言，言无不尽

典出（北宋）苏洵《远虑》。

凡是自己知道的，就毫无保留地全都说出来。此二句多用来形容一个人内心的坦荡，敢于讲话、无所顾虑，也可用来希望别人把话毫无保留地全讲出来。

如今，当一个人向别人袒露心胸，说出某些讯息时，往往会引用这两句话。

知者不言，言者不知

典出（春秋）老子《老子》。

明智的人不随便说话，随便说话的人没有真知灼见。知：同"智"，明智。

老子认为，真正的智者，绝非是滔滔不绝的说教者，而

是通过自我修养，顺乎自然，合乎天道，不断地完善自我的修行者。所以，在老子看来，聪明的人谨言慎行，内蕴强大，只做不说，而那些夸夸其谈的人，反而未必有什么真知灼见。

直言贾祸

典出（战国）左丘明《左传》。

说话坦率的人会惹祸。直：坦率，直爽。贾：买，引伸为招致。

春秋时，晋厉公手下有个叫伯宗的大臣，为人耿直，对朝中的坏人坏事敢于直截了当地提出批评。当时，郤（xì）克、郤锜（qí）、郤至（世称"三郤"）把持着晋国的朝政，晋厉公又是一个昏君，所以，阿谀逢迎者得宠，忠言直谏者遭殃。

伯宗的妻子知道伯宗为人正直，敢说敢谏，所以伯宗每次上朝，她总是劝诫他说："盗贼憎恨主人，百姓讨厌大官，你喜欢直言，必然及于祸患。"

后来，伯宗几次劝晋厉公削减"三郤"的权势，厉公不听。"三郤"知道后，在厉公面前说了不少诬陷伯宗的话。最后，伯宗终因直言被害。

指桑骂槐

典出（清代）曹雪芹《红楼梦》。

指着桑树数落槐树，比喻表面上骂这个人，实际上骂那个人。

贾政寿辰那天，宁荣二府的人丁都来祝寿，热闹非常。正在这时，那夏太监骑马来到贾府，直至正厅下马，满脸笑容，走至厅上，南面而立，肃然说道："奉特旨：立刻宣贾政入朝，在临敬殿陛见。"说毕，连茶也没喝，便乘马去了。

贾政等连忙整装入朝。入朝后才知道元春被封为凤藻宫尚书，加封贤德妃。喜讯传来，宁荣二府上下内外，莫不欢天喜地，唯有宝玉"置若罔闻"。适逢贾琏与黛玉要回来，先遣人来报信，第二日就可到家了，宝玉听了方略有些喜意。

好容易等到第二天中午，贾琏才把黛玉接到贾府里来。宝玉端详了一番黛玉，觉得她比以前越发出落得超逸了。宝玉便将北静王所赠茯苓香串珍重地取出来，转送黛玉。黛玉却说："什么臭男人拿过的，我不要。"说着便扔还宝玉，宝玉只得收回，暂且无话。

贾琏见过众人之后，便回自家房中，问及别后家中诸事，又谢凤姐的辛苦。凤姐说："我呀，见识又浅，嘴又笨，心又直，人家给个棒槌，我就拿着认作针了……你是知道的，咱家所有的这些管家奶奶，哪一个是好缠的？错一点儿他们就笑话打趣，偏一点儿他们就指桑骂槐的抱怨……"

转弯抹角

典出（明代）施耐庵《水浒传》。

沿着弯弯曲曲的路走。形容说话绕弯，不直截了当。

中秋之日，史进邀请少华山头领朱武、陈达、杨春前来庄上宴饮。正当他们在后园饮酒叙谈之际，忽听墙外喊声四起，火把乱明。史进上墙一看，只见华阴县县尉引着两个都头及三四百士兵前来捉拿朱武等人。史进并朱武等略为计议之后，即放火焚烧庄院，带领小喽啰并庄客杀将出去。史进、朱武等杀散官兵之后，即来到少华山寨内，杀牛宰马，贺喜饮宴。

史进在少华山住了几日，辞别朱武等人去关西经略府寻师父王进。史进独自一人，夜住晓行，半月之后来到渭州。渭州也有一个经略府，史进想："莫非师父王教头在这里？"于是史进走进一家茶坊寻问。茶坊主人不知王教头的去向。恰在这时鲁智深走进茶坊，于是史进便向鲁提辖施礼请问。当鲁智深得知史进是史家村的九纹龙时，喜不自胜，挽着史进的胳膊便要去酒店饮酒。

二人出得茶坊，在街上走了三五十步，只见史进原来的师父打虎将李忠在街上使枪弄棒卖膏药，于是史进、鲁提辖便邀李忠一同去吃三杯。"当下收拾了行头药囊，寄顿了枪棒，三个人转弯抹角，来到州桥之下一个潘家有名的酒店。"

情感篇

爱屋及乌

典出（西汉）刘向《说苑》。

喜爱那座房屋，连房屋上的乌鸦也一并喜爱。比喻由于爱一个人，而连带地关心到与他有关的人或物。

周武王在姜太公、周公、召公的辅助下，宣布出兵讨伐商纣王。

因为纣王早已失去人心，周武王的军队势如破竹，很快

87

便攻克了京城朝歌，商纣王因此自焚而死。

商纣王死后，武王认为天下尚未安定，心里很是不安。如何对待商朝遗留下的人员，也是一个很难处理的问题。为此，武王向姜太公讨教。

姜太公说："我听说，如果喜欢一个人，就会连他屋上的乌鸦也会爱惜；如果憎恶一个人，就会对他的仆从家人也感到讨厌，照这样来对待商朝的臣民，怎么样？"

于是，周武王善待商朝的官吏与百姓，国家很快便安定下来。

悲欢离合总无情，一任阶前点滴到天明

典出（南宋）蒋捷《虞美人·听雨》。

人 世间的悲欢离合还是那么无情，我也只能任凭台阶前的小雨一滴一滴地下到天亮了。

在这里，作者表明了其在历尽离乱之后的悲愁与无奈。

蒋捷的词多以抒发故国之思及山河之恸为主，词风清俊疏爽，多有悲凉萧寥之音。

悲心更微

典出（战国）列子《列子·周穆王》。

比喻引起人们感情强烈反应的事物，第一次出现给人的刺激是最深的，若重复出现，感情反而会淡薄下来。

有一个燕国人出生在燕地，生长在楚地，到老才回故国去。

路过晋国时，同行的人骗他，指着城说："这就是燕国的城。"他顿时脸色凄然。

同行的人指着土地庙说："这就是你村里的土地庙。"他不禁叹息。

同行的人又指着一幢房子说："这是你先人的房屋。"他于是流泪啜（chuò）泣。

同行的人指着一个坟墓说："这是你先人的坟墓。"他再也无法抑制自己的情绪，放声大哭起来。

同行的人哈哈大笑，说："我刚才是骗你的，这里是晋国！"那人感到羞惭万分。

当他回到了燕国，真正见了燕国的城郭社庙，见了先人的房舍坟墓时，他悲痛的感情反而淡薄了。

不堪回首

典出（南唐）李煜（yù）《虞美人》。

表示回忆过去的情况叫人难以忍受，泛指不忍回忆过去的惨痛经历或情景。堪：可以忍受。回首：回顾，回忆。

李煜是五代南唐的国君。宋灭南唐后，他便成了俘虏。李煜既喜好书画，又擅长音乐，能诗善文，尤其擅长填词。他前期的作品大都为描写宫廷的享乐生活之作，风格柔靡；后期的词，表达了他怀古伤今、感叹身世和亡国隐痛的复杂情绪。《虞美人》就是他亡国后身为宋俘时的佳作。他身怀亡国的隐痛，面对冬去春来之景，感慨不禁油然而生，于是写下了《虞美人》以抒情怀。词的开头就说："春花秋月何

时了，往事知多少！小楼昨夜又东风，故国不堪回首月明中。"
意思是说，春天的花、秋天的月是没完没了的啊，美好的往
事，又涌上了心头。一年一度的春天，又来到了人间；那和
暖的春风，昨夜又一阵阵地吹拂着我的小楼。见到那皎洁的
月光，不禁想起了南唐故国。唉，我精神上的痛苦啊，哪里
忍受得住。

乘兴而来，败兴而归

典出（唐代）房玄龄等《晋书·王徽之传》。

凭着一时的兴趣或怀着某种希望兴冲冲地赶来，兴趣完
了或感到失望就灰溜溜地回去。

大书法家王羲之的儿子王徽之，聪明伶俐，喜好交游，
性情豪放，生活十分浪漫。

有一回，在一个大雪初霁（jì）的夜晚，他见月色清朗，
长空无云，不禁想起了一个会弹琴的朋友戴逵（kuí）。

他想：如果戴逵在身边，琴声伴月影，友人话衷肠，岂
不美哉！他兴致勃发，不能自已，于是立刻乘小舟前往剡
（shàn）溪拜访朋友。

由于路程较远，直至天亮才到。可是，到了戴逵的家门
口时，他却不进去，反而转桨而归。

事后有人为此事问他道："你深夜急急忙忙赶到戴逵家去，为什么到了门口又马上转身回来了呢？"王徽之极为潇洒地说："我本是'乘兴而来，兴尽而返'，何必一定要见戴逵呢？"

"乘兴而来，兴尽而返"后来演化为"乘兴而来，败兴而归"。

长歌当哭

典出（清代）黄宗羲《亡儿阿寿圹志》。
又见（清代）曹雪芹《红楼梦》。

表示以歌代哭，多指用诗文抒发胸中悲愤之情。

贾宝玉与林黛玉论琴。黛玉说："高山流水，得遇知音……古人说，'知音难遇'。若无知音，宁可独对着那清风明月，苍松怪石，野猿老鹤，抚弄一番，以寄兴趣，方为不负这琴……"当他们边谈边往外走时，只见秋纹带着小丫头捧着一小盆兰花来。她说："太太那边有人送了盆兰花来，因里头有事，没有空儿玩它，叫给二爷一盆，林姑娘一盆。"黛玉看时，却有几枝双朵儿的，心中忽然一动，不知是喜是悲，便呆呆地傻看。宝玉走后，黛玉回到房中，看着花，心想："草木当春，花鲜叶茂，想我年纪尚小，便像三秋蒲柳。……

只恐似那花柳残春，怎禁得风催雨送！"想到此，不禁又滴下泪来。

黛玉正愁得没法解时，只见宝钗那边打发人送封信来。黛玉打开看时，只见上面写道："妹生辰不偶，家运多艰，姊妹伶仃，萱亲衰迈……感怀触绪，聊赋四章，匪曰无故呻吟，亦长歌当哭之意耳……"

长亭外，古道边，芳草碧连天。晚风拂柳笛声残，夕阳山外山。天之涯，地之角，知交半零落。一壶浊酒尽余欢，今宵别梦寒

典出李叔同《送别》。

条古道伸向远方，大道两旁，碧绿的青草一望无际，一直到天地相接处。晚风拂柳，夕阳西下，送别的笛声哀婉。马上就要与好友分别，实在是难舍难分。送了一程又一程，送过长亭是短亭。此去一别，便是关山阻隔，人各天涯海角，想来令人黯然神伤。自古知己难得，而今友人飘零，怎不让人伤怀感叹，再奉上一杯浊酒，聊表这依依惜别之情。夜晚酒醒，我们都会倍感凄凉。

这首《送别》类似中国诗词中的长短句，有古典诗词的文雅，但意思却明白易懂。

慈母手中线，游子身上衣。临行密密缝，意恐迟迟归

典出（唐代）孟郊《游子吟》。

慈祥的母亲手中的针线，慢慢地变成了我的新衣衫。就在我即将远游之前，她还在为我赶制着这件新的衣裳，非常担心我这一去是不是需要很长时间才能回家。游子：出门远游的人，在本诗中代指孟郊。意恐：担心。

作者刻画了一个担心游子远行不归的慈母形象，表达了作者对于母爱深深的感激和对母亲无限的怀念，引起无数人的感慨与共鸣，被广为传诵。

范进中举

典出（清代）吴敬梓《儒林外史》。

比喻喜出望外，欢喜若狂。

范进，原是比较老实、勤学苦读、受人欺侮的穷书生。自 12 岁应考，连续考了 20 余次，还是一个童生。最后一次应考，他实际年龄已经 54 岁，名册上写的却是 30 岁。考试

那天，范进第一个交卷。主考官周进也是苦读出身，见范进面黄肌瘦、胡须花白，寒冬天气还穿件麻布大褂，冻得瑟瑟发抖，不由动了恻隐之心，便用意看他的试卷。可是连看两遍，还不解其意，直到看了三遍，才知是"天地间最好的文章，真是一字一珠"。不等各卷汇齐，便取范进第一名。

范进中了秀才，还要去参加乡试，找丈人胡屠户借钱，却被骂得狗血喷头。胡屠户骂他："你中了相公，就癞蛤蟆想吃天鹅肉，趁早收了这份心！"

范进只好向乡邻同案借了盘费，瞒着人去城里应试。回来时，家里已断粮3天。胡屠户知道后，又将他骂了一顿。

发榜那天，范进家里没米下锅，抱着母亲那只生蛋母鸡上集市去卖。刚走不久，报喜的人来了。邻居飞奔到集上去找范进，只见他抱着母鸡，一步一踱地四下张望，在寻人买。

邻居赶忙上前说："范相公，你中了举人，赶快回去！"

范进以为是哄他，只装没听见，低着头直往前走。邻居见他不理，追上去要夺他的鸡。

范进挣脱说："高邻，不要开玩笑，我要卖它买米救命啊！"

邻居见范进不信，劈手把鸡夺了，扔在地上，拖着范进就往回跑。

范进到了家门口，见到报喜的和邻居们挤了一屋，他三步并作两步往屋里走。屋里已挂起报帖："捷报贵府老爷范讳进高中广东乡试第七名亚元京报连登黄甲"。

　　范进每念一遍，就拍手笑道："噫！好了！我中了！"
范进念着，笑着，突然一跤跌倒在地，牙关紧咬，不省人事。

　　范进的母亲慌忙拿开水来灌救。灌弄了一阵，范进一骨
碌爬起来，又拍手大笑道："噫！好了！我中了！"不由分
说，往门外飞跑，边拍边笑。大伙都说这位新贵人喜疯了！

　　范进的母亲和妻子急得大哭。有人出主意说："范老爷

因欢喜过度，痰迷心窍，只要他平日最惧怕的人打他一下，说你不曾中，他一吓，把痰吐出来，就明白了！"众人要胡屠户打他女婿。胡屠户为难地说："如今中了老爷便是天上的星宿，打不得啊！"邻居见他如此，便挖苦他，催促他。

胡屠户违拗不过，喝了酒，壮壮胆，拿出平日的凶恶样子，对着正在发疯的范进，大骂一声："该死的畜生！你中了什么！"一巴掌过去，把范进打倒在地。

众人一齐上前，替范进抹胸口，捶背心，忙了半晌，范进才渐渐喘过气来，睁开眼，不疯了。胡屠户连忙向女婿赔礼道歉，扶他回家。

父母之年，不可不知也。一则以喜，一则以惧

典出《论语·里仁》

身为子女，不能不知道父母的年龄。一方面要为他们的长寿而感到高兴，另一方面还要对其年迈衰老而有所恐惧。

孔子在这句话中指出，子女若是关心父母的年龄，也是一种尽孝的方式。

父母之心，人皆有之

典出（战国）孟子《孟子·滕文公下》。

父母爱护子女的心思，这是每位父母都有的。

孟子强调，身为父母者爱护自己的子女，这不仅是一种天生的情愫（sù），也是最为真挚的亲情。正是这种本于天性的父母之爱，孩子才得到最充分的关爱和教育，并得以健康发育和成长。

海内存知己，天涯若比邻

典出（唐代）王勃《送杜少府之任蜀州》。

四海之内的知己朋友，对方即便是远在天边，我也会觉得双方就像是近邻一样。

作者提出了真正的友情是不受时间与空间限制的观点，而且这种感情还是一种永恒的存在。

黄雀衔环

典出（南朝梁）吴均《续齐谐记》。

黄雀衔着银环以报答恩人，指感恩报谢。

汉代有一个人叫杨宝。传说他9岁那年，一次从华阴山北面经过，看见一只猫头鹰追赶一只黄雀，黄雀被猫头鹰抓伤，掉在树下。

杨宝过去一看，可怜的黄雀伤痕累累，而且有大群的蚂蚁将它团团围住。黄雀动弹不得，十分痛苦。看见杨宝，它的眼睛里满是乞怜的神色。杨宝很同情黄雀，小心地用手将它捧起，带回了家中。

回到家后，杨宝将黄雀安置在一只小箱子里，每天精心地照料它，用洁净的清水和新鲜的黄花喂养它。慢慢地，黄雀的伤口痊愈了，吃的东西也一天天多了起来。

大约100天以后，黄雀的伤完全好了，羽毛长得丰满光滑，它终于又能在天上高高地飞翔了。但黄雀舍不得离开杨宝，它每日白天飞到外面玩耍觅食，晚上又飞回杨宝身边。几天之后，黄雀终于飞走了，再也没有回来。

一天夜里，杨宝读书到了三更时分。忽然，从门外走进一个穿黄衣服的童子，向他跪拜行礼。杨宝很惊奇地问他是谁，来干什么。

童子再次下拜，毕恭毕敬地对他说："我就是你救的那

只黄雀，我本是西王母的使者，那天我奉西王母之命出使蓬
莱，途中不慎被猫头鹰伤害。若不是你以仁爱之心将我拯救，
我早已死于非命。即使千言万语，也难以表达我对你的感激
之情。"说完，他取出四个白色的玉环赠给杨宝，并对他说：
"祝你的子孙如这玉环般洁白，位居三公。"说罢倏（shū）
然不见。

　　果然，后来杨宝的后代都做了大官。

　　后人用"黄雀衔环"或"白环报恩"等典故表示知
恩图报。

剪不断，理还乱，是离愁。别是一般滋味在心头

典出（南唐）李煜《相见欢》。

剪 也剪不断，理也理不清，让人心烦意乱的，正是离愁别绪。那悠悠离别之愁缠绕在心头，是一种无可名状的哀伤和痛苦。

这几句话，将离愁写得无以言表，抒发出作者内心深处的无边寂寞、万般无奈和无法排解的离别之愁，感人至深。

六神不安

典出（清代）李宝嘉《官场现形记》。

形 容心神不定。六神：按道教的说法，人的心、肺、肝、肾、脾、胆各有神灵主宰，称为六神，后泛指精神。

有一个叫赵温的人中了举人，赵家设宴庆贺，一连忙了几天。派到县里的教官传下话来，让赵温即日赴省，填写亲供（秀才中举后，要在一定的期限里到学台官署去填写新供，写明年龄、籍贯、三代和身貌，并由所属的教官出具保证，

证明属实）。赵温的爷爷看过皇历，选择了黄道吉日准备送
孙子前往。临行的前一天，赵温的爷爷、爸爸，忙活了一天
一夜，替赵温弄这弄那，忙了个六神不安。

鸟飞反故乡兮，狐死必首丘

典出（战国）屈原《九章·哀郢》。

高飞的鸟儿最终还是要返回旧巢的，而狐狸在死的时候，
也一定会让自己的头朝着狐穴所在的方向。反：通
"返"，返回。首丘：头部朝向山丘。

这是屈原在楚国都被秦国攻陷后所作。表明了作者对故
乡的深刻怀念。

怒发冲冠

典出（西汉）司马迁《史记·廉颇蔺相如列传》。

愤怒得头发直竖，顶着帽子。形容人愤怒到了极点。
一天，赵惠文王问蔺相如说："秦王想用十五座城交

换我和氏璧，可以给他吗？"蔺相如说："秦国强而赵国弱，不得不同意。"赵王说："我给和氏璧，万一他不给我城，怎么办？"蔺相如说："现在很难说，如他不给城，他就失礼；如果我们不给和氏璧，我们就失礼。比较这两种选择，倒不如同意而使秦国失礼。"

赵王听了蔺相如的建议，仍感到为难。他说："这样，使者的任务就重了！谁可以担任呢？"蔺相如立即回答说："如果的确没有人，我愿替大王前往。秦国的城池划入赵国，我就把和氏璧留在秦国；城未划入，我就把它完整地带回来。"

于是，蔺相如带着和氏璧出使秦国。

到了秦国，秦王高坐章台，蔺相如奉璧献上。秦王非常

高兴，自己把玩一阵之后，又递给身边的宫娥彩女观看，然后再递给臣下。众人都高兴地呼喊万岁。

这种极为傲慢的态度激怒了蔺相如，他知道秦王无意按约划城给赵国，就向前说："大王，璧上有一点儿黑斑，我想指给大王看看。"秦王把和氏璧递给蔺相如，蔺相如紧握着璧退后，倚着柱子，愤怒得连头发都向上冲动了帽子，然后，举璧准备击碎。秦王怕击碎了玉，连忙缓和下来。后来蔺相如终于机智地用计把和氏璧带回了赵国。

千里送鹅毛

典出（北宋）欧阳修《梅圣俞寄银杏》。

比喻礼物也许很轻微，送礼的人却怀着一片真诚，其中的情意是很值得珍重的。

唐朝时，有个地方官得到一只天鹅，他派了手下一个叫缅伯高的人赶赴京城，将天鹅进贡给皇帝。

缅伯高在去京城的路途上，精心照料着那只天鹅。一日，他来到沔（miǎn）阳湖。经过连日赶路，人和天鹅都很困乏。见到碧波荡漾的湖水，缅伯高精神为之一振，天鹅更是扑着翅膀想冲入水中。缅伯高心想，何不在此休息一下，让天鹅在湖里洗洗澡，让它快活快活。

于是，他将天鹅放进湖水里，用手紧紧捉住，让它在水里洗澡。谁知天鹅见了水，高兴极了，使劲地扇着双翅。缅伯高一不小心松了手，让天鹅挣脱开去，他急急地去追赶，天鹅却展开美丽的翅膀飞到了空中。缅伯高追了一阵，什么也没捞到，只拾到了天鹅身上掉下来的一根雪白的羽毛。

失掉了天鹅，吓坏了缅伯高。他不敢回去见他的上司，只好硬着头皮来到京城，向皇帝献上一根鹅毛。皇帝和满朝文武见他送上一根鹅毛，都感到很奇怪。缅伯高讲述了这事的经过，还顺口说道："上复唐天子，可饶缅伯高？礼轻人意重，千里送鹅毛。"

皇帝听后，觉得其情可恕，其诚可嘉，就没有责备缅伯高。

秋雨秋风愁煞人

典出秋瑾（jǐn）《绝命词》。

外边下着绵绵秋雨，同时还吹着寒冷的秋风，这让我更加觉得惆怅和悲凉了。

这是秋瑾在就义之前留在狱中牢房墙壁上的作品。作者在这句话中，表达了其对家国前途的无限忧愁。

如坐针毡

典出（唐代）房玄龄等《晋书·杜锡传》。

好像坐在插了针的毡子上。形容心神不宁，坐立不安。

晋朝时，有一个叫杜锡的人，从小受到良好的熏陶，年轻时就以学识渊博著称。他先被长沙王请去做文学侍徒，经过几次升迁，最后被调去做太子舍人（官名，掌管宫中一切事务的官），为愍（mǐn）怀太子服务。

愍怀太子是个不肯长进的人，行为乖张，做事不合情理。杜锡对太子这种作风很不满意，便常常劝告太子，希望他能改进。杜锡的言辞非常忠实恳切，但愍怀太子却觉得他多事，很不高兴，便派人悄悄地在杜锡平日坐的毯（毛织成的毯，可用来做地毯或坐褥）中插了许多针，杜锡不知此事，坐下时被刺得流出血来。过了几天，愍怀太子问杜锡说："前几天你做了些什么呢？"

杜锡说："我喝醉了酒，什么事都不知道。"太子一定要问到底，还说："你喜欢责备人，为什么自己也做错事呢？"杜锡被问得狼狈不堪，哭笑不得。

后人便将这个故事演变为"如坐针毡"一句成语，用来形容穷苦到了极点，处处受人压迫，时时被人拨弄，弄得坐卧不宁、啼笑皆非的这种情况。

若问闲愁都几许？一川烟草，满城风絮，梅子黄时雨

典出（北宋）贺铸《青玉案》。

若是有人问我的内心有多少愁苦，我会告诉他，我内心的愁苦如那平原上的青草，或者是满城飘飞的柳絮，抑或是那梅子黄时所下的细雨一样多。

在这里，作者通过生动的比喻，抒发了内心无尽的忧愁。

世事茫茫难自料，春愁黯黯独成眠

典出（唐代）韦应物《寄李儋（dǎn）元锡》。

人世间的事情有许多都难以预料，而春日带给我的愁绪，更让我心神黯淡，尤其是在夜晚更是难以入睡。黯黯：本意为低沉暗淡，在本诗中代指心情沮丧的样子。

唐德宗建中四年（公元783年）秋，韦应物就任滁（chú）州刺史。此诗便是其在滁州任上寄给其好友李儋（字元锡）

的一首诗。

在这首诗中，作者不仅叙述了自己对友人的思念之情，同时也表达了自己对国乱民穷之现状的忧心与苦闷。

拭目以待

典出（明代）罗贯中《三国演义》。

擦亮眼睛等待着。形容期望十分殷切，也表示确信某件事的出现。

三国时，曹操的军队占领襄阳后，又星夜兼程直逼江陵，这极大地威胁到江东的孙权和荆州的刘备。江东的孙权派鲁肃为使，前去说服刘备同心一意，共破曹操。刘备见曹操势大，难以抗敌，也希望联合孙权，共同御敌。为此，刘备派诸葛亮随鲁肃到东吴共商对策。

一日，孙权召集张昭、顾雍等一班文武20余人升堂议事，并请诸葛亮出席。张昭一班人，因惧曹兵势大，力主投降，今见诸葛亮前来出使，料定是来游说，鼓动孙权以抗曹操，因而首先出来诘难诸葛亮。张昭说："先生自比管仲、乐毅，而管仲为桓公之相，治国有方，一匡天下，称霸于诸侯；乐毅扶持微弱的燕国，使之逐渐强大，一下使齐国的70座城池降服，这两个人才真正是济世之才！先生今为刘备出谋划

策，朝廷旧臣，山林隐士，无不拭目以待，希望复兴汉室，除灭曹操，然而今天曹兵一出，乃弃甲抛戈，望风而蹿，上不能报刘备，下不能安庶民，管仲、乐毅难道是这样的？"诸葛亮听了，哑然失笑，说道："复兴汉室，绝非一日之功！一个患了重病的人，先要给他吃稀粥、服平和之药，等到腑脏调和，形体渐安，然后才能以肉食加以补养，以猛药加以治疗。我主刘备向日军败，兵不满千；新野小县，人少粮薄，这正如人染沉疴（kē）一样，得慢慢调治。就是在这样的情况下，仍然能博望烧屯，白河用水，使夏侯惇、曹仁等心惊胆战，就是管仲、乐毅用兵，也不过如此吧！何况胜败乃兵家常事，过去高皇数败于项羽，而垓（gāi）下一战成功，这不是韩信的良谋吗？"这一番言语，说得张昭无言以对。

树欲静而风不止，子欲养而亲不待

典出（西汉）韩婴《韩诗外传》。

树木不喜随风摆动太多，无奈劲风始终不肯停息，被吹得不停摇动。儿子长大了，希望能够奉养双亲，报答养育之情，但父母却已经离世。

子女的孝亲心愿无法实现，留下了令人伤感的终生遗憾！这句话提醒我们尽孝要趁早，不要等到父母去世，自己追悔莫及，落下遗憾。

桃花潭水深千尺，不及汪伦送我情

典出（唐代）李白《赠汪伦》。

桃花潭中的水即便有千尺深，也赶不上汪伦前来送我的这份情谊深厚。

唐玄宗天宝十四载（公元755年），李白曾到泾县（今安徽省皖南区）游历，而在其离开之时，好友汪伦赶来送行，李白便作了《赠汪伦》一诗相赠。李白通过形象的比喻，描绘出了其与友人之间的那种朴实而又真挚的感情。

痛心疾首

典出（战国）左丘明《左传》。

比喻怨恨非常深，极端痛恨。

春秋时期，秦国和晋国互相以婚姻联系（秦穆公夫人是晋献公女儿。后世称联姻"秦晋之好"就源于此），秦穆公又曾三次替晋国安定君位，晋公子重耳（晋文公）流亡国外，也因秦国相助，得以回国继承王位。但由于两国国境相接，双方都要发展自己的势力范围，所以秦晋两国虽属亲戚关系，仍不免发生冲突。从秦穆公到秦桓公的三代中，秦晋两国争战不休。

晋厉公继位后，又因边界发生纠纷，于是两国君王互相约在令狐（故址在今山西省猗氏县西）会面，准备订立盟约。可是秦桓公回国后，立刻又背叛了盟约，约楚国攻白狄（秦国边界的小国，是秦敌国，但与晋却是有姻亲之好），楚国答应了。

秦国于是派人对白狄说："晋国要攻打你们。"楚国也派人对晋国说，秦国背约和楚国修好，要对付晋国。白狄和楚国都洞穿了秦国的用心，全恨秦国背信弃义。

晋国派吕相去和秦国绝交，吕相对秦王说："各国诸侯如今都知道秦国唯利是图，不守信用，所以都痛心疾首，大家都愿意和晋国亲近友好。现在晋国已和各国诸侯做好准备。如果秦国愿意订盟约，我晋国可以劝诸侯退兵，否则，我们与诸侯共同对付秦国。"

梧桐更兼细雨，到黄昏、点点滴滴。这次第，怎一个愁字了得

典出（南宋）李清照《声声慢》。

黄昏时分，下起了蒙蒙细雨，而当雨水滴落在梧桐叶上之时，发出令人伤心欲绝的声音。在这种情况之下，仅用一个"愁"字又怎能将我内心的悲苦之情全都说尽呢？这次第：即这情形、这景色的意思。

这是李清照在南渡之后所作的一首词。她原本就为相思所扰，一夜无眠，却在这时，又听到雨打梧桐，点点滴滴，像是离人眼中的泪珠，滴在心头。李清照借助眼前的秋景，抒发其因国破家亡而被迫沦落天涯的悲苦之情。

昔孟母，择邻处；子不学，断机杼

典出（南宋）王应麟（lín）《三字经》。

从前，孟子的母亲为了能够让孟子好好读书，不但三迁居所，还非常注意选择邻居。有一次，孟子逃学之后，孟母就将织了一半的布给剪断了，以此教育他学习不能半途而废。

作者以孟母三迁的故事，阐明了父母对于子女的疼爱，并流露出了作者对于母爱之伟大的赞美之情。孟子之所以能够成为历史上有名的大学问家，和母亲的良苦用心及严格教育是分不开的。

昔我往矣，杨柳依依；今我来思，雨雪霏霏

典出《诗经·小雅·采薇》。

当初我离家出征之时，杨柳还在路旁依依飘飞；而如今在我归家的途中，则下起了漫天的大雪。思：语末助词，没有实际的意义。霏（fēi）霏：大雪纷飞的样子。

这两句描写的是一位戍边的战士得以归家时的表现，间接地表达出了他对国与家的怀思。

相知无远近，万里尚为邻

典出（唐代）张九龄《送韦城李少府》。

只要我们彼此相知相识，根本就不会受到距离远近的影响，即便双方远隔万里，仍会觉得对方就住在自己的隔壁一样。

张九龄的诗以五言古诗见长，诗风清淡。这句话与王勃的"海内存知己，天涯若比邻"一句意思相近。

寻寻觅觅，冷冷清清，凄凄惨惨戚戚

典出（南宋）李清照《声声慢》。

我在室内寻找着以前的东西（但是已有很多东西都在动乱之中失去了，再也找不回来了），现在的房间内冷

冷清清的别无长物，而室外的萧条之景，更是让人觉得凄凉与悲惨。

这是李清照在南渡之后所作的一首词，抒发了其内心的凄苦哀愁之情。

夜深忽梦少年事，梦啼妆泪红阑干

典出（唐代）白居易《琵琶行》。

我在深夜刚刚入睡不久就梦见了自己在年少之时的欢乐时光，而当我从梦中醒来之时，脸上已经布满泪痕。

红阑（lán）干：形容眼泪流在施有胭脂的脸上而留下的泪痕。阑干：纵横的样子。

在这两句话中，作者形象地表现了琵琶女内心的抑郁和哀愁。

唐宪宗元和十一年（公元816年），白居易因谏言李师道等人暗中刺杀宰相武元衡一事而触犯了权贵，随即便被贬为江州刺史，后又因遭到他人诬陷，再次遭贬为江州司马。此二句出自其《琵琶行》一诗，便是其任江州司马时所作。

一往情深

典出（南朝宋）刘义庆《世说新语》。

形容对人或事物倾注了深厚的感情，向往而不能克制。

东晋时，有一位名将叫桓伊。桓伊初任淮南太守，后迁都督豫州诸军事、西中郎将、豫州刺史。公元383年，前秦苻坚南下，桓伊与谢玄、谢琰大破前秦军于淝水，稳定了东晋的偏安局面。后迁都督江州荆州十郡、豫州四郡军事、江州刺史。他虽建有勋功，却从不居功自傲。

桓伊喜好音乐，善吹笛，当时人称其为"江左第一"。他也很喜欢听别人唱歌，每当听到优美的歌声，就情不自禁，

激动不已。当时的政治家谢安也喜爱音乐，他见桓伊对音乐
如此倾心，说："桓子野对音乐真是一往情深啊！"

怡情悦性

典出（清代）曹雪芹《红楼梦》。

使心情舒畅愉悦。悦：高兴，愉快。

大观园修造成功之后，贾珍等来请贾政，要他去园
中看看，如有不妥之处再行改造，并且好题匾额对联。贾
政听了，沉思了一会儿说："题匾额对联，论理该贵妃（指
贾元春）赐题，然贵妃未亲观其景，也难悬拟。但若等贵
妃游历之后再题，偌大景致，任是花柳山水，也断不能生
色。"跟随贾政的众清客在旁笑着说："现在可根据不同
景致拟个灯匾对联挂了，待贵妃游历时最后定夺，岂不两
全？"贾政听了道："对，我们且去看看，该题的就题，
如若不妥，还可请雨村再拟。"众人听了都笑着说："老
爷今日一拟定佳，何必又待雨村。"贾政笑了笑说："你
们不知，我自幼于花鸟山水题咏上就平平的；如今上了年
纪，且案牍劳烦，于这怡情悦性的文章更生疏了，便拟出来，
也不免迂腐，反使花柳园亭因而减色，转没意思。"众清
客道，这没有什么关系。我们看了大家都拟，拟得好的就

采用。贾政说："这话说得好，就这么办。今天天气和暖，大家去逛逛。"

知子莫若父

典出《管子·大匡》。

没有比父亲更了解自己儿子的人了。莫：没有。若：像。此句意在说明最了解子女的人就是养育他们的父母。父母与子女长期生活在一起，对子女的品德、性格、能力等方面有着全面深刻而又细致入微的了解。此言有一定的真理性，因此被广为引用。

交往篇

伯牙鼓琴

典出（战国）吕不韦《吕氏春秋》。

形容琴曲高妙，或指朋友间心意相通。

春秋时有个叫俞伯牙的人擅长弹琴，是天下闻名的高手。俞伯牙善于弹琴，而他的朋友钟子期则善于听琴。一次，俞伯牙弹起一支曲子，意在吟咏高山。钟子期听其声抑扬铿锵、刚劲有力，就说："好啊！这一曲气势雄壮，就像泰山一样巍峨峻拔。"俞伯牙又弹起另一支曲子，意在吟咏流水。钟子期听其声舒缓自如、流畅明快，就赞叹道："妙啊！这一曲浩浩荡荡，就像江河水奔流不息！"

一天，俞伯牙与钟子期到泰山之北游玩，遇上了一场暴雨，他们只好到山岩下面避雨。俞伯牙取得琴来弹奏。开始时，弹的是山风阵阵，大雨淋淋；然后表现风声更紧，暴雨如注；最后弹出山崩石裂，惊天动地……每奏一曲，钟子期便用准确的语言将乐曲的意境描绘出来。以致俞伯牙也十分感叹："你对琴声的理解力实在太奇妙了！对曲子的描绘都与我心中所想的一模一样。我无论有什么心思都逃不过你的耳朵。你真是一个难得的知音呵！"

后来，钟子期死了，俞伯牙拉断了琴弦，摔碎了琴。他说："知音都没有了，我还弹什么琴呢？"于是终生不再弹琴。

不打不相识

典出（明代）施耐庵《水浒传》。

经过交手，相互了解，能更好地结交、相处。

宋江、戴宗、李逵三人在江州浔阳楼上喝酒，宋江想喝鲜鱼汤。李逵跳起来说："我去讨两尾活鱼来给哥哥吃，船上打渔的不敢不给我。"

李逵走到江边看时，有八九十只船都系在绿杨树下。李逵喝了一声："船上活鱼拿两尾给我。"渔人应道："我们等不见渔牙主人来，不敢开舱。"李逵便跳上一只船去，把竹笆篾一拔，伸手去船板底下摸时，那里有一条鱼。原来船尾开半截大孔放江水出入，养着活鱼，却用竹笆篾拦住，李逵一拔竹笆篾把鱼都放走了。那七八十个渔人都奔上船，拿竹篙来打李逵。李逵大怒，两只手一架，早抢了五六条在手，一似扭葱般都扭断了。正热闹时，只见一个人从小路走来，赶上去大喝道："你这厮要打谁？"李逵也不回答，抢过竹篙便打。那人抢上来夺了竹篙，李逵便一把揪住那人头发，直把那人头按下去，提起铁锤般的拳头，朝那人脊梁上擂鼓似的打，那人哪里还能挣扎？幸亏宋江来劈腰抱住李逵，戴宗喝道："使不得！"那人一道烟走了。

宋江、戴宗正埋怨李逵时，只听背后有人骂道："黑杀才，今番来和你见个输赢！"回头看见那人撑着只渔船只是

骂。李逵大怒，吼了一声跳到船上，说时迟，那时快，那人把竹篙往岸边一点，双足一蹬，船便箭也似的投江心去了，那人口里说道："且不和你厮打，先教你吃些水。"两只脚一晃，船底朝天，将两个好汉都撞下江去。只见那人把李逵提将起来，又淹将下去，何止淹了数十遭。戴宗问众人："这大汉是谁？"众人道："便是本地渔牙主人，浪里白条张顺。"戴宗便叫道："张二哥不要动手，这大汉是俺们兄弟，上岸来说话。"张顺认得戴宗，便放了李逵抓上岸来。戴宗指着李逵问张顺道："你认得他吗？"张顺道："小人如何不认得李大哥？只是不曾交手。"李逵道："你也淹得我够了。"张顺道："你也打得我好了！"戴宗道："你俩今天做个至交的弟兄。常言说得好：'不打不成相识。'"

不知其人，视其友

典出（战国）荀况《荀子·性恶》。

如果不知道某个人的品质如何，只要看看他所交的朋友是怎样的人就行了。

冯唐很老了，还只当个中郎署长。一天，汉文帝偶然坐车经过该署，见到冯唐，问起才知冯唐是赵地的人。汉文帝非常钦佩原赵国大将李齐、李牧、廉颇，说："如果现在有

这样的大将，我还用担忧匈奴的入侵吗？"冯唐说："依我
看，您就是有廉颇、李牧也不能用啊！"汉文帝大怒，站起
来就走。过了一会儿，又把冯唐找去说："你为什么当众侮
辱我？就算我有错，你不会私下避开人向我说吗？"冯唐说：
"请您原谅，我不学无术，一点儿也不懂忌讳。"汉文帝问：
"你怎么知道我即使有李牧等贤将也不能用呢？"冯唐说：
"过去李牧守边防，所有收入都拿来治军、赏军人，一切处
分，国王从不干扰他，所以李牧才能不受牵制，北逐匈奴，
破东胡，灭澹林；西抗强秦；南逐韩、魏；使赵国十分强大。
现在云中太守魏尚，他也把一切收入用以治军，军队士气强

盛，匈奴不敢走近云中郡。曾经有一次和匈奴作战，杀伤敌人甚多，只因为报功时把杀死的敌人数报错了 6 个，您便削了他官职，让他坐牢，又处分他服劳役 1 年。我以为您的做法过严，赏太轻，罚太重，一个魏尚都不能用。所以我说："您即使有李牧也不能用啊！"汉文帝听了，当天就派冯唐带命令去赦免魏尚，并恢复了他云中太守的官职。升冯唐为车骑都尉。

司马迁说："谚云：'不知其人，视其友'，冯唐能够称颂魏尚，真是不偏不党的君子啊！"

陈雷胶漆

典出（南朝宋）范晔《后汉书》。

形容双方关系亲密，友谊真挚，牢不可破。

东汉时，有一个人叫陈重。他有一个好朋友叫雷义。两人少年时代同在一起读书学习，每天形影不离。

二人长大后，太守知道陈重有才德，便将他举为孝廉。但是，陈重觉得雷义的品行比他更高，应当是雷义做孝廉。于是，他写信给太守，请求把孝廉让给雷义。

太守不同意，陈重前后写了十几封书信去，态度很坚决。最后，太守也被感动了，就在第二年将雷义也举为孝廉，让

他们俩一同在郎署为官。

后来，官府又将雷义推举为茂才。这一次是雷义认为品德不如陈重，心中惭愧。

于是，雷义向刺史建议，把茂才让给陈重。然而刺史不按他的主意做。雷义十分为难，去，对不起朋友；不去，对不起刺史。无奈，他就假装得了疯病。为了装得逼真，让刺史相信，他成天披头散发，满街乱走。这样一来，刺史只好取消了对他的荐举。

陈重和雷义的故事，在当地广为流传。人们对他俩的友谊十分赞赏，说："胶与漆黏在一起，可谓非常牢固，但是，仍然比不上陈雷二人的友情。"

臭味相投

典出（战国）吕不韦《吕氏春秋》。

有 坏思想、坏作风的人在志趣、习惯等方面都相同，彼此合得来。

有一个浑身恶臭的人，他的父母、兄弟、妻妾、朋友没有一个能和他住在一块儿的，他自己感到苦恼而住到海上去了。可是海上却有喜爱他的臭气的人，日夜跟着他而离不开。

后人用"臭味相投"比喻物以类聚，人以群分。思想道

德行为腐朽不堪、为社会所不齿的人，偏偏也会有欣赏他、追逐他的人，这就叫臭味相投。

出乎尔者，反乎尔者也

典出（战国）孟子《孟子·梁惠王下》。

你怎么样对待别人，别人也会怎么样对待你。出：出去。反：返回。尔：你。

爱人者，人恒爱之，待人友善，别人也会以友善回报于你。而如果对人心怀怨恨，处处打击、排挤的话，别人心里也会对你产生反感、不满。

"出尔反尔"这个成语正是出于此处，但意思却发生了改变，指人的言行反复无常，说一套做一套。

大事化为小事，小事化为没事

典出（清代）曹雪芹《红楼梦》。

经过妥善处理，将大事化成小事，将小事变成没事。

平儿嘱咐林之孝家人时曾说过这句："大事化为小事，

小事化为没事，方是兴旺之家。"这两句可看作平儿在大观园的处事原则，即家有纠纷矛盾，就应该多方努力设法缩小矛盾，缓解矛盾，最终消除矛盾，维持家庭的和睦。

此二句也可作为现代人的处事原则，如果和人有了纠纷，产生了矛盾，应该想办法化解矛盾，化解风波，保持邻里、人与人之间的和睦，和谐的人际关系对于一个人而言是相当重要的。

"没"也作"无"，此句常作"大事化小，小事化了"，多用来形容化解纠纷。日常生活中，此句应用十分普遍。

道不同，不相为谋

典出《论语·卫灵公》。

对于主张不同的人，不必和他互相商议。

现在常用这句话表示思想观点、政治主张不同的人，不宜与他交朋友，也不便同他在一起讨论问题。现代社会，人们经常引用这一句话，表示不愿跟某些与自己思想观点不一致的人一道共事。

倒屣相迎

典出（西晋）陈寿《三国志》。

倒穿着鞋迎客人。形容迎客的急迫，或形容对来客的热情欢迎。有时也用来比喻对客人的尊贵。屣（xǐ）：鞋。

汉献帝执政期间，朝廷百官中有个叫蔡邕（yōng）的人，当着左中郎将的大官。蔡邕是当时很有学识的人，很受皇帝的器重。他家里的客人很多，常常是宾客盈门，来往的车马挤满了街巷。

一天，家人来报告蔡邕说，门前来了一位叫王粲的客人。蔡邕一听到王粲的名字，立刻丢下屋里的客人，慌忙跑出去迎接，急得他竟把鞋子穿倒了。

一会儿工夫，蔡邕将王粲请进客厅。客人们一见这位来客，不禁惊呆了。原来王粲是一个少年，身材又瘦又小。

蔡邕看到大家的惊愕神色，赶忙介绍说："这位是王粲，才能出众，我不如他呀！我家里的全部书籍和文章，都应该赠送给他。"

王粲果真是智力超群，有一次他与朋友同行，见路旁有座石碑。朋友问他："你能够把石碑上的碑文背诵下来吗？"王粲笑着说："能。"于是他从头背到尾，一字不差，那位朋友非常惊讶。

有一天，王粲看人下棋。忽然棋盘上的棋子被人碰乱了，

无法再下。王粲伸手将棋子摆好，与散乱之前一模一样，周围看棋的人都被王粲的记忆力惊呆了。下棋的一个人以为这是王粲偶然碰上了，不相信是他真的记住了棋局，于是便把棋盘盖起来，让王粲另外摆一局。结果两局棋子完全相同，大家无不信服。

王粲的文章也写得好，他曾经写下 60 多篇诗歌、辞赋。后来他做了魏国的侍中，死的时候才 41 岁。

东道主人

典出（战国）左丘明《左传》。

泛指接待或宴客的主人。

春秋时代，晋国公子重耳逃亡到郑国的时候，郑国曾把城门关起来，不让他进去。后来重耳回国做了国君，总也忘不掉这件事情，时刻想要报仇，就会同秦国出兵攻打郑国。

郑文公很害怕，派烛之武去劝说秦穆公退兵。秦国将士不准他进去，他就在城外放声大哭起来。士兵把他抓到秦穆公面前，问他为什么哭，他说："我为郑国哭，也为秦国哭。郑国在晋国的东边，秦国在郑国的西边，郑国一亡，晋国更强，秦国就显得弱了。帮人家攻打别国的土地，反而削弱自己国家的力量，聪明人是不会做的。"

秦穆公听了，吃惊起来，连声说道："对，很对！"

烛之武又说："要是秦国现在肯撤兵解围，郑国就脱离楚国，像臣子一样服侍秦国，如果让郑国作为秦国东边道上的主人，那么，也可以供应秦国人在旅行来往中所缺乏的东西，对秦国毫无害处呀！"秦穆公听到这里，十分高兴，便同郑国订盟，派将军杞子、逢孙、扬孙三人去郑国驻防，自己带着大军秘密回国。晋国见秦国背盟，不得不撤兵，郑国之围遂解。

后来，人们根据"若舍郑为东道主"，就把"东"作为主方，"西"作为客方。因而住屋的屋主叫"房东"；人们出钱请客，称主人为"东道主人"，或叫"东道主""东道"。

二人同心，其利断金；同心之言，其臭如兰

典出《周易·系辞上》。

两人同心协力，像刀那样锋利，可以切断金属；两人同心的言论，其气味就像兰草那样幽香。利：锋利。断：截断。臭：气味。

这里讲的是团结的力量。两个人同心协力，团结一致，

就会发挥出超常的力量，而两个人同心同德，发表意见，说服力就强，别人更容易接受。此句提醒人们，结交朋友一定要交那些志同道合、有共同语言之人。

风雨同舟

典出（春秋）孙武《孙子兵法·九地篇》。

在狂风暴雨中同乘一条船，一起与风雨搏斗，比喻共同经历苦难。

孙武，是春秋时期的一位军事家，著有《孙子兵法》，"九地篇"，主要论述在9种不同地区如何用兵。孙武认为，战争不外乎在散地、轻地、争地、交地、衢地、重地、圮地、围地、死地这九地进行。他从客观实际出发，既抓住地区的地理条件，又考虑了士兵的作战条件，主张在不同地区采取不同的用兵措施，适宜地利用地形，发挥士兵的战斗力。

孙武说：善于用兵的人，就像率然那样。率然是恒山（也作"常山"，此据山东临沂出土的汉简）的一种蛇。这种蛇，打它的头部，尾部就来救应，打它的尾部，头部就来救应，打它的中段，头尾部都来救应。那么，用兵能像率然那样吗？回答是肯定的。吴国人和赵国人本来是仇敌，但是当他们同乘一条船渡河，遇上大风浪的时候，就像一个人的左右手那

样互相救援……所以，善用兵的人，能使大军手拉手地像一
个人一样，这是因为形势所迫，使全军不得不如此。

感戴二天

典出（南朝宋）范晔《后汉书》。

形容那些把人从危险、艰难、疾病当中挽救出来的人。

汉代有一位叫苏章的人，他的官职做到冀州刺史。苏
章有一个朋友，是清河郡太守，清河郡又正好是冀州的属郡。

苏章有一次出外视察，到了清河郡，查到他的老友竟然
犯有贪污枉法的罪行，证据确凿。那郡守因着私人友谊的关
系，大摆筵席，准备好好地招待苏章，苏章欣然赴会。郡守
在热烈酬谢之余，满以为在这官官相护之下，经过杯酒言欢，
天大的事都可以消释于无形。他一面怀着感恩戴德的心情，
一面带着傲视旁人的神态，恭维苏章说："人人都只有一个
天，我却有两个天。"他的意思以为他自己犯了严重的贪污
案，本该处死的，只凭着老友的宽恕、包庇，便等同另有一
个天把他重新诞生出来。但是苏章公私分明地回答道："今
天喝酒，是为着私人的友谊；明天办案，是遵照国家的法令。"
最终把这个贪官治罪正法，冀州官吏的风纪一时廉洁起来。

高朋满座

典出（唐代）王勃《滕王阁序》。

尊贵的朋友坐满了席位。泛指客人很多。

唐初，有个有名的诗人叫王勃，他6岁时就会做文章，辞藻华美，后来成为初唐四杰之一。王勃的父亲福畸，因事被贬在交趾做官，王勃想念父亲，打算去看望他。

途中，王勃路过江西南昌，去拜会南昌的都督阎伯屿。这天，阎伯屿在滕王阁大宴宾客，王勃因此也参加了宴会。阎伯屿有个外甥，有点才学，想借机让他出出风头，叫他把当日聚会的情形作一篇文章。事前，阎都督先客气了一番，请来宾们执笔。王勃不明白阎都督的意思，自恃才高，毫不客气地作了一篇，落笔以后，所有宾客都很佩服，惊异他的天才。在这篇序里，有两句说："千里逢迎，高朋满座"。

割席绝交

典出（南朝宋）刘义庆《世说新语》。

割断席子，表示断绝交情，不再来往。

东汉灵帝时有三个读书人，一个叫华歆（xīn），一

个叫邴（bǐng）原，一个叫管宁，他们同在一个地方读书，又很要好。当时的人说他们三个人好比是一条龙：华歆是龙头，管宁是龙肚，邴原是龙尾。

有一次，管宁和华歆一起在菜圃里锄草，忽然发现一块金子。当时管宁仍然挥动锄头，他把金子看得和地上的砖瓦一样；而华歆就不禁动心了，立即拾起金子，放在一边。又有一次，管宁和华歆正一同坐在席子上读书，忽然有坐着轿子的官员从门前经过。管宁仍然照常读书，华歆却忍不住放下书本跑出去观看。管宁看他这样不专心读书，又羡慕做官的人，加之上次发现他见金子动心的事，于是马上坚决地割断坐着的席子，分开座位，对华歆说："你不是我的朋友。"

后来的人，凡遇朋友之间因为意气不投而感情破裂，断绝往来，就称之为"割席绝交"。

管鲍分金

典出（西汉）司马迁《史记·管晏列传》。

比喻情谊深厚，相知相悉。

春秋时期的管仲，相貌魁梧，气宇轩昂，而且博学多识，颇有雄才大略。

管仲有个好朋友叫鲍叔牙。他们俩一起做生意，管仲的

资金少，赚了钱后，管仲多拿一份利润，鲍叔牙手下的人都说管仲贪心、爱占便宜。鲍叔牙却袒护他说："话不能这么说，他家里穷困，比我缺钱，我心甘情愿多分点给他。"

他们俩一起打仗，每次出兵，管仲总是躲在后头；退兵的时候，他却跑在前头。很多人都笑他贪生怕死。

鲍叔牙又为他辩解，说："老实说，像他这么有勇气的人，天下还少有呢！只因为他母亲年迈，又缠绵病榻，他当然得好好保命来奉养她，他哪儿是真的不敢打仗呢？"管仲听了这些话，就感叹地说："唉！生我的是父母，了解我的，只有鲍叔牙啊！"于是他们便结为生死之交。

画虎画皮难画骨，知人知面不知心

典出（元代）孟汉卿《魔合罗》。

画老虎时，画虎皮容易，画出它的骨骼就十分困难；了解一个人，认识他的面貌容易，认识他的内心则十分困难。

这说明了了解人心之不易。正所谓：人心难测。人的相貌如何，看上一眼就能了解。可是一个人的内心，即便与他

相处多日，也难以尽知。人的思想感情很复杂，要了解一个人究竟如何，只有通过时间或艰苦的考验，才能看清。这两句多用来提醒人们，社会复杂，人心难测，不要轻易被别人的花言巧语所迷惑，要时时保持谨慎，对人不可少提防之心。

患难之交

典出（明代）焦竑（hóng）《玉堂丛语》。

比喻经历过灾祸、苦难、考验的交情。用来形容最亲近的朋友。

魏齐听说秦昭襄王向魏安僖王要他的脑袋，便连夜逃到赵国投奔平原君赵胜去了。魏安僖王打发人送范雎（jū）的家眷到咸阳，还送了千两黄金、一千匹绸缎给他的家眷，托他们带个话，就说"魏齐已经偷跑到赵国去了，魏国实在是没办法。"范雎把这事禀告了秦昭襄王。秦昭襄王说："秦国跟赵国向来有交情，当初在渑（miǎn）池会上又结为兄弟。我还把王孙异人送去做了人质，为的是赵国和秦国不再为难捣乱。如今赵王居然敢收留丞相的仇人，丞相的仇人就是我的仇人，这回非去征伐他不可了。"他亲自统领着20万大军，带了大将王翦（jiǎn）去攻打赵国。很快地攻下了3座城。

　　这时候，蔺相如已经辞职了，赵孝成王拜虞卿为相国，叫大将廉颇去抵挡秦兵，又打发人到齐国去请求救兵。齐国派大将田单带领着10万大军去救赵国。廉颇和田单都是出名的大将，他们联合起来，王翦未必能占上风。

　　王翦禀告秦昭襄王说："赵国重用廉颇和平原君，短期内不容易打下来，再说又加上个齐国。咱们不如暂且先退兵，以后再说吧。"秦昭襄王说："我捉不到魏齐，回去哪有脸见应侯呢？"于是打发使者去对平原君说："这回我们到贵国来，就是为了魏齐。只要贵国把他交出来，我们立刻退兵。"平原君回答说："魏齐根本就没到我这儿来，请别听外面的谣言。"

秦国的使者来回跑了三四趟，平原君说什么也不认账，弄得秦王一点儿法子也没有。要是开仗吧，又怕齐国和赵国联合在一起，秦国未必赢得了；退兵吧，魏齐就捉不到了。他前思后想地费了好几天工夫，最后想出个主意来。他给赵孝成王写了封信，说："敝国和贵国原来是兄弟，多年交好。我因为听人说魏齐住在平原君家里，才到这儿来要。如今魏齐既然真没在贵国，我何必又多这份儿心呢？这回我们打下来的3座城，照旧归还给贵国，咱们还是照旧交好吧。"赵孝成王也打发了个使者去给秦昭襄王道谢。田单听说秦国退了兵，就回齐国去了。

秦昭襄王回到函谷关就给平原君写了一封信，请他到秦国来一趟，大伙儿聚个会，交个朋友。平原君拿了那封信去给赵孝成王看。赵孝成王没有主意了。相国虞卿就拿从前楚怀王和孟尝君做例子，主张不去。大将廉颇拿当初蔺相如做例子，主张还是去好。赵孝成王岁数小，又胆小，不敢得罪秦国，最后还是打发平原君去了。

平原君到了咸阳，秦昭襄王特别亲热地招待他，天天喝酒谈心。两个人很"投缘"，交上了"朋友"。秦昭襄王给平原君斟了一杯酒说："我有件事情跟你商量。要是你肯答应的话，就请干了这杯酒。"平原君说："大王的命令，我哪敢不听从。"他就把那杯酒干了。秦昭襄王说："从前周文王得到了吕尚，尊他为太公；齐桓公得到了管仲，尊他为仲父。如今我这儿的范君就是我的太公、我的仲父。所以，

范君的仇人就是我的仇人。如今魏齐躲在你府上，请你打发个人去把他的脑袋拿来，替范君报了仇，我必定感激你这份情义！"

平原君说："酒肉朋友不足道，患难之交才可贵。魏齐是我的朋友，他如今有了难处，正是要朋友帮忙的时候。要是他真在我那儿，我也不能做出'卖友求荣'的事，何况他并不在我这儿。"

秦昭襄王翻了脸说："你要是不把他交出来，那我可就不能放你回去了！"

平原君说："全凭大王。大王叫我来喝酒，我就遵命来了。如今大王威胁我，我也不在乎。好在是非曲直，天下自有公论！"

秦王知道平原君决心不交出魏齐来，就把他软禁起来。一面又给赵孝成王写了封信去。那封信上说："平原君在敝国，我的仇人魏齐在平原君家里。请把魏齐的人头送来，我就把平原君送回去。要是贵国一定要袒护魏齐，那我只好亲自带领大军上贵国来要我的仇人。请大王原谅！"

赵孝成王接到这封信，连忙召集大臣们，对他们说："咱们为了别国的一个亡命之徒，把秦国得罪了，害得平原君扣在秦国，弄得赵国眼看就要受到兵荒马乱的祸患，这太说不过去了。"大臣们觉得这话很对，都同意派兵把平原君的家围起来。谁知平原君的门客早就偷偷地把魏齐放走了。

交浅言深

典出（西汉）刘向《战国策》。

对交情不深的人恳切地加以规劝。

战国时，赵国有个人名叫冯忌。有一次，他去见赵王，想陈述自己关于治国的意见。

当他见到赵王时却欲言又止。赵王觉得奇怪，就问他这是为什么。他回答说："听说有人给服子引荐了一个人，服子接见了那个人之后，对引荐的人说：'你有三罪：望我而笑，是态度不庄严；在言谈中不称师，是违背了常礼；交浅而言深，是乱了常理。'那人却说：'望人而笑，是态度和蔼；言不称师，是一般说法；交浅而言深，是对人忠实的表现。'我和大王初次相见，可否让我谈谈自己的意见？"

赵王说："那好，有意见就谈吧。"于是冯忌说："听说大王想买马，有此事吗？"赵王回答说："有这回事。""为什么还没有派人去买呢？"冯忌问。赵王说："没有识马的人。"

"为什么不派建信君去呢？"冯忌又问。赵王说："建信君有国事，并且他不会相马。""那为什么不派纪姬去呢？"冯忌又问。赵王说："因为她是妇人，并且也不识马。"

冯忌又故意问道："马的好坏与国家的安危有什么关系呢？"赵王说："没有什么关系。"冯忌说："既然没有什

么关系，那就希望大王以国事为重，多多考虑国家的安危与人民的疾苦。"赵王听了冯忌的话，默而不语。

解衣推食

典出（西汉）司马迁《史记·淮阴侯列传》。

形容在上位的人与下属能够同甘共苦，穿衣吃饭都能与下属相共。现在也常用来形容以至诚待人的情形。

秦朝末年，天下人纷纷起来反抗暴秦，韩信也带了一把刀去参军。最初投在项梁部下，项梁死后，在项羽部下做了个小官，很不得志。后来投到汉王刘邦麾下，由于萧何的推荐，韩信被汉王重用了。他不但替汉王攻占了很多地方，连楚国的龙且也被他杀了。项羽听到了这消息，很为震动，便派人去劝他脱离刘邦，和自己联合，反对汉王，分全国土地自立为王。

韩信对使者说："臣事项王，官不过郎中，位不过执戟，言不听，画不用，故倍楚而归汉。汉王授我上将军印，予我数万众，解衣衣我，推食食我，言听计用，故吾得以至于此。夫人深亲信我，我倍之，不祥。虽死不易！幸为信谢项王。"

意思是，"我从前在项王部下，官职不过一个郎中，言不听，计不从，所以我才投到汉王下面来。汉王授给我

上将军的印绶，拨几万军队给我指挥，还亲自脱下衣服给我穿，又将他吃的东西让给我吃。我说的话他非常信任，我订的计策他照样实行，因此我才有今天这样的成就和光荣。人家这么信任我，我宁死也不愿意背叛汉王的，请你替我答谢项王吧！"

后人将韩信所说的"解衣衣我，推食食我"演变为"解衣推食"。

金石为开

典出（西汉）刘歆《西京杂记》。

形容真挚的感情足以打动人心。

西汉名将李广善于骑马射箭，作战异常勇敢，人称"飞将军"。

有一天，李广到冥山南麓（lù）打猎，突然发现草丛中伏着一只老虎。李广赶紧张弓搭箭，用足力气射去，但老虎一动也没动。

等了一会儿，李广走近一看，原来草丛中不是老虎，而是一块形状很像老虎的大石头。李广再去看刚才射出的箭，不仅箭头深深射入石头中，而且箭尾也几乎全部射进了石头里。

李广不相信自己会有那么大的力气，往后退了几步，把弓拉得满满的又向石头射去，但一连几箭怎么也射不进去。李广走到石头前面，拾起刚射出的几支箭，只见有的箭头破碎了，有的箭杆折断了，而石头一点儿也没伤着。

为了这件事，有人去请教扬雄，扬雄回答说："诚心诚意，就是像金石那样坚硬的东西也会受到感动的。"

近朱者赤，近墨者黑

典出（唐代）虞世南《北堂书钞》。

比喻接近好人可以使人变好，接近坏人可以使人变坏。指客观环境对人有很大的影响。

晋朝的大臣傅玄是个品学兼优的人，为人正派，很受皇帝尊重，任为太子少傅。

皇太子府里属员很多，有宫女、太监以及一大批为太子办事的官吏。这些人当然百般讨太子欢喜，阿谀逢迎，陪着太子玩耍，太子要怎样便怎样。在这样的环境中，太子是很难学好的。为此，傅玄很忧虑。

有一天，傅玄给太子讲课的时候，讲道："想做一个好人，做一个好皇帝，那么，你一定要多接近正派人。譬如，什么事物常接近朱砂，就会被它染红；多接近墨，就会被它

染黑。对自己则一定要求很严，行为要端正，这样，周围的人才会跟你学，正派人才会围绕到你身边来。譬如，声音清亮，回声就一定和美；自己站得直，影子就一定正。你如果多接近正人君子，那么符合德义的话就听得多，自己的行为就会逐渐符合规范准则。但是，倘若你多接近小人、坏人呢，那就譬如进入卖鲍鱼的店一样，时间久了，你就闻不到兰花的芳香了。"

这一番话被皇帝知道了，认为非常好，就命令把它写在屏风上，放在太子的房里，让他每天读一遍。

后人用这一典故说明环境可以影响、改变人的习性。

君子之交淡若水，小人之交甘如醴

典出（战国）庄周《庄子·山木》。

君子之间的交情淡得像水一样清澈（纯洁）不含杂质，小人之间的交往甜得像甜酒一样。醴（lǐ）：甜酒。

此二句为千百年来中国人一直推崇的交友准则。这里的"淡若水"，并不是说君子之间的感情就淡得像水一样，而是指君子之间的交往，不含任何功利之心，他们的交往纯属

147

友谊，虽不显亲密，却长久而亲切。而小人之间的交往，看似亲密，却包含着浓重的功利之心，他们把友谊建立在相互利用的基础上，表面看起来"甘若醴"，可是倘若对方满足不了功利的需求时，很容易因此而绝交，他们之间存在的只是利益。

开诚布公

典出（西晋）陈寿《三国志》。

比喻发表或交换意见时态度诚恳，坦白无私，真诚坦率地说出自己的看法。

诸葛亮是三国时蜀汉的一位政治家和军事家。曹丕代汉以后，他支持刘备称帝，自任丞相。建兴元年（公元223年），刘备之子刘禅继位，诸葛亮被封为武乡侯，领益州牧。政事无论大小，都由他决定。诸葛亮当政期间，励精图治，赏罚分明，为当时和后人所称道。

陈寿在为诸葛亮做传记以后，曾写下了一段十分赞赏的评语（诸葛亮之为相国也……开诚心，布公道），说他当丞相时，爱护百姓，秉公办事，诚心待人，坦白无私。

后人把"开诚心，布公道"演变为"开诚布公"。

两友极厚

典出（明代）潘游龙《笑禅录》。

意思是平素相交极厚的朋友，遇到急难相求，竟"顾左右而言他"，所谓深厚完全是虚假的。

有两个关系极好的朋友。一天，甲得了病，乙来问候，问道："你得了什么病？需要什么？我都能帮你。"

甲说："我得了银子病，有二三钱就够了。"乙假装没听到，问道："你说的是什么？"

路遥知马力，日久见人心

典出《争报恩》。

路途遥远才能知道马的脚力好赖，日子长了才能看出人心的好坏。比喻真正的友谊或情谊是经得起时间的考验的。

浙江淳安县锦沙村有徐家三兄弟，老三徐哲早亡，留下妻颜氏和二男三女。老大徐言和老二徐召商量道："你我各只有一子女，老三倒有五个，将来男婚女嫁，分起家产来，你我岂不吃亏？不如即今三股分家为是。"他两人欺着颜氏

149

是个寡妇，私下将田产搭配停当，只拣不好的留给侄子，牛马却归了自己，却把老仆阿寄夫妻当成牛马分给颜氏。那颜氏拗不过，只是啼哭。亲友明知分得不公，哪个肯出头说话？阿寄年已50多岁，心想："原来拨我在三房，一定是认为我没用了。我偏要争口气，帮这孤儿寡母做个事业起来。"他便和颜氏商量道："老奴年纪虽大，路还走得，苦也受得，那经商道业也都明白，三娘急急收拾些本钱，待老奴去做生意，营运数年，怕不挣起个事业？"颜氏依言，变卖得十二两银子，交付阿寄去了。

阿寄就从淳安乡里收购些生漆，放船运至苏州，正遇缺漆，不到三日卖个干净，足足赚个对本对利。返程又籴（dí）六十担籼（xiān）米，运至杭州，又赚了十多两银子，如此数次往返，已赚得六七倍利息，再去收漆，已是大客人了。本大利大，一年有余，长有两千余金。于是将银两裹好，晏行早歇，非止一日，回到家中。颜氏见着许多银两，喜出望外。徐言兄弟听说阿寄归来，特来打听音讯，待见颜氏竟用一千五百两银子购下良田千亩，庄房一栋，吓得伸出了舌头，半日也缩不回去。

正是：路遥知马力，日久见人心。

颜氏得阿寄忠心经营，十年之后，家私巨万，便将家产分出一股与阿寄的儿子，两家子弟叔侄相称。

莫逆之交

典出（战国）庄周《庄子·大宗师》。

彼此情投意合，友谊深厚。莫：没有抵触，形容思想感情一致。

子祀、子舆、子犁和子来四人都主张万事万物顺应自然，认为天地间"无"是最崇高的。

有一天，这四人聚在一起，热烈地讨论着"无"的崇高和伟大。最后，四人取得一致的看法："无"就像人的头一样，起着至关重要的作用。分别时，四人互相望着笑着，认为他们心心相通，友谊将天长地久。

过了一些时候，子舆病了，子祀去探望。子舆出门迎接时，弯着腰，勾着头，高耸起两肩，背上长着5个大脓疮。由于过分地弯着腰，脸只好紧贴着小肚子，但他却坦然地牵着子祀的手。

子祀见子舆闲适平静，就随口问道："你对你的病一点儿也不忧虑吗？"子舆说："为什么要忧虑呢？人的生死，本来是上天安排好了的，所以，我只要顺应自然就行了。"

不久，子来又害了病，神情非常痛苦，眼看就要死去。子犁来看子来，见子来的妻子悲伤地啼哭。子犁大声地喝开子来的妻了，坐在床边和子来说道："唉，你的妻子真不懂事！伟大的造物主正在变化你，怎么能随便惊动呢？"

子来感激地说："假如一个铁匠正在打铁时,火炉中的一块铁突然跳了起来,那铁匠一定认为是不祥之兆。天地是一个大熔炉,阴阳是一个伟大的铁匠。我现在正在被天地铸造着,怎么会表示出痛苦呢?"子犁紧紧握着子来的手,说:"我们真是知心朋友!"

朋而不心，面朋也；友而不心，面友也

典出（西汉）扬雄《法言·学行》。

结成同党而不真诚相交，那是表面上的同党；结为朋友而不真诚相待，那是表面上的朋友。不心：不交心。

真正的朋友，推心置腹，志同道合，很多时候无须表现太多，但彼此之间的默契却是谁也无法替代的。因为表面上的朋友，可能是因为某种利益关系而在一起，交情不深，貌合神离，是无法接受时间考验的。这在告诫人们，交朋友一定要真心实意。

穷鸟入怀，仁人所悯

典出（东晋）孙盛《魏氏春秋》。

走投无路的鸟投入人的怀抱，好心的人会怜悯它。比喻处境窘困的人投靠于人，好心人会给以同情和帮助。

邴原是个行侠仗义的人，品格高尚，眼见汉末政治混乱，董卓和曹操等奸雄相继把持朝政，心中极为不满，和挚友管

宁等相约不做官，过隐居生活。这时，有个叫刘政的人得罪了权贵，连夜逃跑，被追捕得走投无路，于是求邴原掩护，说道："我就像被老鹰追得精疲力竭的小鸟，飞到你怀里躲藏，你能可怜我、保护我吗？"邴原毅然把刘政藏了起来，一藏几年，直至危险过去，才让他出来。

《颜世家训》中评论这件事说："穷鸟入怀，仁人所悯，况死士归我，当弃之乎？"意思是说走投无路的鸟儿扑入怀中来，有慈悲的人尚且怜悯它，何况遭到危难的人来求你，你能弃而不顾吗？

曲高和寡

典出（南朝梁）萧统《文选·对楚王问》。

作品或言论的格调越是高雅，越难以被人们理解和接受，或比喻知音难得。

春秋战国时代，楚国大夫宋玉文章写得深奥，许多人看不懂，所以很少人称誉他，因此楚王疑心他行为不检，就问他是不是有对不起百姓的地方。

宋玉回答说："有一个人在都市里唱歌，他起初唱的是乡下通俗的歌曲，人们容易懂，跟着他唱的有几千人；后来他唱起阳阿的挽歌来，高深了一点，跟着他唱的只有几百人；

后来他唱起比较深奥的阳春白雪来，跟着唱的只有几十人；到最后他唱的歌用了商调和羽调，还夹杂着曲中最高的徵调，懂的人更少得可怜，能够跟着他唱的，只有寥寥几个人。这完全是因为曲太高，唱和的人自然就很少的缘故。所以鸟中有凤凰，鱼中有大鲲（kūn）。凤凰可以飞上九千里，背朝着青天，飞翔在云的上面，藩篱上的小麻雀，哪里会知道天有多高呢？鲲鱼早上还在昆仑山的山脚下，晚上已经在孟诸的大泽里了，溪沟中的小鱼，哪里会知道汪洋大海的深远呢？不但只有鸟中的凤凰，鱼中的大鲲有这种情况，人也是这样的。"

人之情，心服于德，不服于力

典出（战国）文子《文子·符言》。

人之常情，从来都是服膺（yīng）于对方高尚的道德，不服对方的武力压迫。

待人以礼，以真心去对待别人，可以使得别人心悦诚服；如果用武力、威权压迫，对方纵然一时服膺，也不会是真心服从的，一有机会，对方仍然会想方设法摆脱控制。这几句话在于告诫我们，为人处世要以诚待人，不可以倚仗自身的威权强压别人屈服。

如鱼得水

典出（明代）罗贯中《三国演义》。

比喻与人相处十分融洽或环境对自己很适合；也比喻得到十分需要的、不可缺少的助手。

刘备三顾茅庐请来了孔明（诸葛亮，字孔明），就像对待师长一样，十分尊敬他。两人感情深厚，一起吃饭，一起睡觉，整天讨论天下大事。

刘备的结义兄弟关羽和张飞心里不服，对刘备说："孔明年幼，有什么才学？兄长太厚待他了！"

刘备说："我得到孔明，好像鱼儿得到水一样。你们以后不要再这样说了。"

一天，有人送牦牛尾来，刘备亲自结在帽子上。孔明进来看见，很严肃地对他说："您不再有远大的志向，只能做这种事吗？"刘备赶忙把帽子丢在地上说："我只是借它来解除我的忧虑。"孔明说："您与曹操相比如何？"刘备说："我不如他。"孔明说："您的兵众不过几千人，万一曹兵来到，用什么去迎击他呢？"刘备说："我正在忧愁这件事，还没有一条好计策。"孔明说："赶快招募民兵，我亲自教他们操练，可以待敌而战。"

不久，曹操命夏侯惇引兵十万，杀奔新野。张飞听到消息，对关羽说："现在就让孔明去迎敌吧。"正说着，刘备

召二人。

刘备问他们："夏侯惇引兵到来，如何迎敌？"张飞说："哥哥怎么不让'水'去？"刘备说："智谋要靠孔明，争斗必须靠二位兄弟，怎么可以推诿？"

刘备授以孔明剑印，让他发令。孔明一一调派完毕。

关羽问："我们都去迎敌，不知道军师做些什么？"孔明说："我只坐守县城。"张飞一听，大笑说："我们都去厮杀，你却坐在家里，好不自在！"刘备见状，说："岂不闻'运筹帷幄之中，决胜千里之外'？三弟不可违令。"张飞冷笑而去。

众将领也不知孔明的韬略，虽然听令，都怀有疑惑。

结果博望坡一战，杀得曹军尸横遍野，血流成河。孔明收军，关羽、张飞都称赞说："孔明真是一位英杰！"

势不两立

典出（西晋）陈寿《三国志》。

又见（西汉）刘向《战国策》。

敌对的双方不能同时存在，比喻矛盾不可调和。

曹操消灭了北方各大军阀势力之后，率领数十万大军进攻南方，企图一举消灭孙权和刘备的势力，统一天下。

当时，刘备退守夏口，只有两万余人的兵力。孙权的精兵也不超过三万，与曹操的兵力对比，相差悬殊，形势十分危急。

孙权召集文武大臣，商讨对付曹操的办法。张昭等大臣认为，曹操兵力强大，拥有水陆兵数十万，而且"挟天子以令诸侯"，现在又占据荆州这一长江战略要地，顺流而下，其势难挡，因此主张投降。

吴国名将、前部大都督周瑜和鲁肃等人坚决主张抵抗。周瑜指出，曹操人数虽然众多，其实并不可怕，因为他有许多弱点。曹操虽然假称汉相，其实是汉贼。曹操的后方还没有完全安定下来，马超、韩遂在关西的势力是他的后患，因此曹操很难在南方持久作战。曹操的士兵大多是北方人，他们不善于水战，不习惯南方的水土气候条件，必然生病，减弱战斗力。因此，完全可以战胜曹操，决不能投降。

孙权采纳了周瑜的意见，确立了联合刘备共同抗击曹操的方针。他激动地拔出佩剑，砍去奏案的一角，愤怒地说："我和曹操这个老贼决不能并存，有他就没有我，有我就没有他！谁再敢提出投降的主张，这个奏案就是他的下场！"

孙权、刘备联合抗击曹操的方针确定之后，周瑜率军联合刘备兵马协同作战，之后经过赤壁之战，用火攻战术，大破曹军。从此，魏、吴、蜀三国鼎立的局面形成。

守望相助

典出（战国）孟子《孟子·滕文公上》。

邻近各村落之间守护、瞭望，互相帮助，以对付来犯的敌人或其他灾患。

滕文公派他的使臣毕战去问孟子关于井田制度的问题。

孟子对毕战说："滕君选派你来问我，是对你的信任啊，你一定要好好地干。"

毕战听了十分高兴。他说："我们滕国也打算实行井田制。"

孟子高兴地说："很好，实行仁政一定从划分并整理田界开始，田界划正确了，给人民分配田地，制定官吏的俸禄都毫不费事了。"

毕战说："我们滕国太小，不用设多少官吏吧？"

孟子说："滕国虽小，也得有官吏和老百姓。没有官吏，老百姓则没有人管；没有老百姓，也就没有人养活官吏。我建议：郊野用九分抽一的贡法，城池用十分抽一的贡法。公卿以下的官吏应有供祭祀的圭（guī）田，每家五十亩；如果他家还有剩余的劳力，一个劳力可再给二十五亩。无论埋葬或搬家，都不离开乡土。同住在一井田的各家，要彼此友好和睦相处，'守望相助，疾病相扶持'。其办法是：每一方里的土地为一个井田，每一井田有九百亩，当中一百亩是

公田，以外八百亩分给八家作为私田。这八家共同来耕种公田。先把公田耕种完毕，再来料理私人的事务。"

毕战说："您说得好，我回去一定如实地转呈我的国君。"

孟子笑了笑说："我说的不过是一个大概，至于怎样去做，那就在于你的国君和你了。"

毕战听了满意地告辞而去。

水火不相容

典出（西晋）陈寿《三国志》。

比喻二者对立，绝不相容。容：容纳。

魏延是三国时期蜀国的一员大将，刘备入蜀以后，派他镇守汉川，为镇远将军、汉中太守。他十分得意，对刘备说："假如曹操举天下的兵马来攻打，我为你拒敌境外；若是十万兵马来到，我为你把他们吞下去！"

刘备听了更加高兴，又拜他为镇北将军，封他为都亭侯。几年以后，魏延打败魏国的雍州刺史郭淮，因而升迁为前军师征西大将军，进封南郑侯。

魏延屡建战功，加官晋爵，渐渐自傲起来，连诸葛亮也不放在眼里。魏延常对部下说："诸葛亮胆子太小，不敢给我兵马去打潼关。如果我领五千精兵，带粮五千石，循秦岭而东，不用 10 天可到长安。敌兵听说我到了必然会逃跑，那么不出 20 天，咸阳以西一举可定……"

人们看到魏延这般骄傲，都让他几分，故意躲开他。唯有长史杨仪不迁就他，经常争吵，魏延因此对杨仪忌恨在心，两人如水火不相容。

有一次，魏延做了一个梦，觉得有些奇怪，便问占梦人赵直："我梦见头上生出角来，是吉还是凶？"

赵直骗他说："是吉相呀，麒麟有角而不用，这是预兆

敌人不用打就会自败呀!"

魏延听了满心欢喜,自庆自贺,以为成功在望。赵直却偷偷告诉别人说:"角字上边是'刀',下边是'用',头上用刀,必有凶事,大家瞧着吧!"

这年秋天,诸葛亮病危,自料难愈,便找长史杨仪、护军姜维等人做身后安排。叫他们不要为其发丧,先撤兵回蜀,免得遭敌兵追击。不过几日,诸葛亮死去。蜀军秘不发丧,杨仪按诸葛亮临终部署叫魏延领兵断后,迅速回师。

可魏延一听,火冒三丈,大叫:"丞相死了,我自健在,你们尽可将丧还葬,我当率诸军击贼。难道一个人死了就荒废了天下大事?我魏延何人,竟听你杨仪的指挥,做断后的将军?"

魏延拒不听从诸葛亮遗命举兵击杀杨仪。杨仪早有准备,率兵迎战,最后打败魏延,将他斩首。

四海之内,皆兄弟也

典出《论语·颜渊》。

天下之大,到处都有你的好兄弟。四海:天下。

这是孔子弟子子夏劝慰司马牛的话。宋国大夫桓魋(tuí)谋反失败,几个兄弟也相继败北,司马牛作为桓魋

的弟弟，并不赞成自己兄弟们的行为，但也受到了株连，逃到了鲁国。

某日，他牢骚满腹地对子夏说："人人都有好兄弟，只有我没有。"

子夏安慰他："只要严肃认真地工作，待人处世合乎礼节，那么天下之大，到处都有好兄弟。"

这两句话通常又作"四海之内皆兄弟"，表示朋友遍天下，或可表示所有地方的人都应该互帮互助亲如兄弟。此话多为江湖中人的口头禅，用以表示广交朋友。

谈笑有鸿儒，往来无白丁

典出（唐代）刘禹锡《陋室铭》。

在这里谈笑的都是学识渊博的学者，来来往往的没有学识浅薄的人。鸿儒：有大学问和声望的人。白丁：没有功名的人。

刘禹锡是天下闻名的才子，虽然居于陋室，但依然保持高风亮节，只和知识渊博的鸿儒来往，不和粗鄙的俗人往来。此二句主要是说，与人交往要注意选择对象，要同那些有益于自身发展的人来往。

土相扶为墙，人相扶为王

典出（唐代）李百药《北齐书·蔚景传》。

如同土相帮就能垒成墙一样，人相帮就能称王称霸。北魏大臣高欢被封为文襄王，大权在握，有废除魏王、自立为帝的野心。另一大将尉景看透了他的意图，有意投靠他。尉景有一匹马，能追风逐日，神骏异常。高欢十分喜欢，便向他索取。尉景故意不给他，并且说："俗谚讲'土相扶为墙，人相扶为王'，你我应该互相扶助。我有一匹好马，你也放不过，你的心胸为何这么狭窄呢？"高欢听了，悚然变容，向他告罪，并深相结交。后来，他的次子高洋废魏王自立为北齐皇帝，得到尉景的帮助。

后人用"土相扶为墙，人相扶为王"比喻人们应该相互帮助才能成大事。

推心置腹

典出（南朝宋）范晔《后汉书》。

推出自己的赤心，放置在别人的腹中。表示把自己内心的想法毫无保留地告诉对方。比喻真诚待人。

  王莽夺取政权以后，引起了天下许多人起兵反对；并且拥立刘玄做天子，刘秀在昆阳把王莽打得大败，刘玄派他做破虏大将军。后来王莽死了，刘秀又攻破邯郸，杀掉自称天子的王郎。刘玄见刘秀接连立了大功，又封他为萧王。刘秀觉得北方还有敌人，不能安享太平，就又带兵进攻铜马军，在邬地打了一个大胜仗。正在受降的时候，高湖和重连军队从东南方前来援救铜马军，也被刘秀打败了。

  这时，刘秀把这些败军改编成自己的部队，原来带兵的将领，也都派有官职。但投降的官兵觉得从前是刘秀的敌人，恐怕将来会被刘秀消灭，心中都很不安。刘秀知道了他们有这种疑虑，就叫将领仍然各回自己的营寨照旧统率原来的部队，而自己只带着很少的随从在各营之间巡察、指挥和安排。

投降的人看到刘秀对他们一点儿不戒备，把他们当成自己人似的，不禁欢喜地互相在私底下说："萧王推赤心置人腹中，我们怎能不为他出力呢！"从此以后，投降的官兵，再没有不心悦诚服的了。

之后，人们根据这个故事里投降官兵颂扬刘秀的话，演变出成语"推心置腹"。

息壤在彼

典出（西汉）刘向《战国策》。

在息壤订立的誓约还算数。多用作信誓的代称，意在教人遵守信约，不要违背誓言。

息壤是战国时代秦国的一个邑名。那时秦武王和甘茂在息壤缔结了一个盟约，合力出兵攻打韩国。可是，他们把韩国的宜阳城围困了5个月的时间，不断地攻城，仍然没有办法把宜阳城占领。秦王见久攻不下，因此提议暂时收兵回国，等待时机。甘茂却不同意休战，他知道秦王灰心了，将会背约罢兵，便指着息壤的方向对秦王说："息壤在彼。"秦王知道甘茂这话的意思，就是提醒他不要忘了在息壤所签订的盟约。于是，他们再鼓起余勇，把国内的精兵都调到宜阳来作战，继续和甘茂合力猛烈攻城。不久，终于把宜阳攻陷了。

先择而后交，不先交而后择也

典出（东晋）葛洪《抱朴子·交际》。

交朋友应该是先选择，然后再结交；不要先结交，然后再选择。

　　一个人选择朋友，应当首先看两人是否志同道合，是否是同道中人，假如两人各方面差异太大，绝无妥协的可能，那么就应该避而远之了。选择正确的人，发展双方关系，如此对双方都有利。如果先基于某种利益的合作而成为朋友，之后因为某些理念不合，与朋友绝交的话，这样于人于己都只有伤害。此句提醒人们，交友要谨慎，不可太过随意。

行己莫如恭，自贵莫如厚

典出（唐代）李翱《答朱载言书》。

人处世一定要恭敬，要求自己一定要严格。

　　在社会生活中，待人接物，要热情、恭敬，只有尊重别人，才会赢得别人的尊重。如果倨（jù）傲不恭、态度嚣张，别人就会远离你，最终伤害了自己。对待自己要严格，每天

反思自己有没有做得不好的地方，有则改之，无则加勉。假如放纵自己，任意妄为，必会招致人们的不满。

言必先行，行必中正

典出（西汉）戴圣《礼记》。

说话一定要内心诚实无欺，行动一定要正直无邪。

在社会生活中，与人交往时，要内心坦荡，诚实无欺，不可以耍手段或者谎话连篇，欺骗他人。做事情时，要走正道，保持正直无邪的秉性，不可以步入歧途，做出有损于道义德行之事。

一饭千金

典出（西汉）司马迁《史记·淮阴侯列传》。

比喻重重地报答对自己有恩的人。

大将韩信在未得志时境况很是困苦。那时候，他时常去城下钓鱼，希望碰着好运气，便可以维持生活。但是，这毕竟不是可靠的办法，因此，时常要饿肚子。

幸而在他钓鱼的地方，有很多清洗衣物的老婆婆，其中有一位，很同情他的遭遇，不断地救济他，给他饭吃。韩信在艰难困苦中，得到那位仅能以双手勉强糊口的老婆婆的恩惠，很是感激她，便对她说，将来必定要重重地报答她。那老婆婆听了韩信的话，很不高兴，表示并不希望韩信将来报答她。

后来，韩信替刘邦立下不少功劳，被封为楚王。他想起从前曾受过老婆婆的恩惠，便命从人送酒菜给她吃，更送给她黄金一千两答谢。

一语为重百金轻

典出（北宋）王安石《商鞅》。

严守自己的诺言比百两黄金还要珍重。指信守诺言的可贵。

商鞅是战国时期的一位政治家，卫国人，公孙氏，名鞅所以也叫卫鞅。他先为魏相公叔痤的家臣，后来来到秦国。

秦孝公六年（公元前356年，一说秦孝公三年），他被任为左庶长，开始了历史上著名的商鞅变法。新法公布后，为了让人们相信制定的革新措施，商鞅下令在国都南门外立了一根三丈高的木柱，声言谁能将此柱搬到北门，赏十金。

起初，人们感到疑惑和奇怪，没人敢搬。后来，商鞅又宣布，能将此柱搬到北门的，赏五十金。有个人抱着试试看的态度将木柱搬到了北门，商鞅果然赏给他五十金。这件事轰动了国都，广大群众都相信商鞅的话，认为他推行新法，说话算数。

170

宋代的王安石也是一位力主革新的政治家。他针对当时一些人非难和指责商鞅的行为写下了这首诗，对商鞅表示了高度的赞扬。全诗的大意是：自古以来管治、驱使百姓在于信诚，应说话算数；商鞅就是言行一致，以实现诺言为重，以百金为轻。今天的一伙人，不要非难、指责商鞅了，商鞅不畏权势，不怕险阻，能使自己制定的政策法令通行无阻。

后人用"一语为重百金轻"比喻言行一致，言必信，行必果。

衣莫若新，人莫若故

典出《晏子春秋》。

衣服旧的不如新的好，而人却没有比彼此了解的老朋友更好的了。莫若：不如。故：故人，老朋友。

此二句为齐国名相晏子告诫齐景公的话。而齐景公却认为："衣之新也，信善矣，人之故，相知情。"不听晏子的劝告。晏子见齐景公执意如此，于是辞官而去。齐景公就自己治理政事，结果政事混乱不堪，百姓大乱，齐景公不得不重新召回晏子理政，不久，天下平定，齐国欣欣向荣。

这两句话告诫人们，一定要有怀旧之心，不可轻易抛弃老的朋友。

义不容辞

典出（明代）罗贯中《三国演义》。

道义上不允许推托和拒绝。

东汉末年，曹操、刘备、孙权三股割据势力形成了三足鼎立的局面。由于曹操势力较大，又"挟天子以令诸侯"，所以刘备采纳了诸葛亮的建议，联孙抗曹，并将计就计，娶孙权的妹妹孙尚香为妻，加强了刘孙联盟。建安十三年（公元 208 年），刘孙联军在赤壁大败曹军，孙权地位更加巩固，刘备也占据了荆州大部分地区。

赤壁之战以后，曹操经过了一段时间的休整，决定再次亲率大军南征，遂发兵 30 万，直取江南。孙权得到消息后，急忙召集文臣武将商量对策。

谋士张昭说："刘备曾受恩于鲁肃，可以派人到鲁肃那里，让他赶快发信到荆州，请刘备出兵共同抗曹。刘备是我们东吴的女婿，让他出兵助吴，对他来说是义不容辞的。如果刘备前来援助，江南便无祸患了。"

孙权同意了张昭的建议，让鲁肃写信给刘备。刘备接到鲁肃的信以后，马上派人请来诸葛亮进行商量，并回信鲁肃，让他转告孙权，不用害怕，刘备自有退兵之计。

友非人而过益滋

典出（北宋）黄晞（xī）《聱（áo）隅（yú）子》。

与不适合当朋友的人交往就会增加自己行动上的失误。过益滋：更增加错误。

这是告诫我们要善于选择益友，不要盲目地同人交往。与好的朋友相处，可以激励我们行善的意愿；与坏的朋友相处，将会助长我们为恶的念头。所以说，如果不是好的朋友，就不要同他交往。

有朋自远方来，不亦乐乎

典出《论语·学而》。

有老同学从远方来看望，不也是件很快乐的事吗？朋：原文指同学。古时"朋"和"友"有所区别。同门为朋，同志为友。同门即出自同一老师门下。

老同学许久不见，如今远道前来探望，共同追忆往昔在一起相处的往事，畅叙别后互相之间的思念之情，这自然是人生一大乐事。这两句以反问句式道出，更增加了感情色彩，欣喜之情，溢于言表。后世常引用这两句表现故友重逢的快

乐，至今运用仍然十分普遍。

与人方便，自己方便

典出（明代）吴承恩《西游记》。

给他人便利，他人也会给自己便利。方便：便利。人在世上，难免都会遇到困难。此时，如果你能够积极地向困境中的人伸出援手，对方不但会乐于接受，而且还会心怀感激，以后自己倘若遇到了什么困难，对方也会乐意提供帮助。很多人做事斤斤计较，既怕自己吃亏，更怕别人得到了便宜，这种人注定难以走得长远。此话运用极广，提醒人们要有"人人为我，我为人人"的精神，如此办事才能左右逢源。

与人为善

典出（战国）孟子《孟子·公孙丑上》。

表示与别人一道做好事。现指批评他人时要采取善意的态度，帮助他进步。

174

　　子路是孔子的学生，孟子很赞赏他。孟子说子路很好，别人指出他的错误，他就高兴。不过孟子认为子路还是不及禹、舜。他说："禹听了好话，就给别人敬礼；舜就更不得了了，常常抛弃自己的不是，学习别人的优点以为善事。他种庄稼、做陶器，从当渔夫一直到天子，没有哪个优点不是从别人那儿学来的。吸取别人的优点来弥补自己的不足，然后去做好事，这就等于偕同别人一道行善。所以君子的最高德行，就是偕同别人一道做好事。"

愿车马，衣轻裘，与朋友共，敝之而无憾

典出《论语·公冶长》。

希望坐车骑马，穿皮大衣，和朋友一起共享荣华富贵，即便把它们用坏了，也不后悔。裘：皮衣。敝：用破。

颜渊、子路侍奉孔子，孔子问两人的志向。这句话是子路对自己志向的描述。从这几句话中可以看出子路是一个重视朋友的人，有了好东西（如车马、衣裘等）愿意与朋友共享，而不斤斤计较于一己之得失。

少年学典故

三 成败得失皆学问

安然 主编

江西美术出版社
全国百佳出版单位

图书在版编目（CIP）数据

少年学典故. 成败得失皆学问 / 安然主编. -- 南昌：
江西美术出版社, 2021.2

ISBN 978-7-5480-7861-6

Ⅰ. ①少… Ⅱ. ①安… Ⅲ. ①汉语—典故—少年读物
Ⅳ. ①H136.3-49

中国版本图书馆CIP数据核字（2020）第224146号

出 品 人：周建森
企　　划：北京江美长风文化传播有限公司
责任编辑：楚天顺　朱鲁巍　　策划编辑：朱鲁巍
责任印制：谭　勋　　　　　　封面设计：韩　立

少年学典故：成败得失皆学问

SHAONIAN XUE DIANGU：CHENGBAI DESHI JIE XUEWEN

主　　编：安　然
插图绘制：陈来彦　陈福平
出　　版：江西美术出版社
地　　址：江西省南昌市子安路66号
网　　址：www.jxfinearts.com
电子信箱：jxms163@163.com
电　　话：010-82093785　　　0791-86566274
发　　行：010-58815874
邮　　编：330025
经　　销：全国新华书店
印　　刷：三河市华成印务有限公司
版　　次：2021年2月第1版
印　　次：2021年2月第1次印刷
开　　本：880mm×1230mm　1/32
总 印 张：24
ISBN 978-7-5480-7861-6
定　　价：118.00元（全4册）

目录

·境遇篇·

· 世态篇 ·

·智谋篇·

·哲理篇·

境遇篇

霸陵呵夜

典出（西汉）司马迁《史记·李将军列传》。

形容失势后受到欺凌冷遇，也用来抒写失势后的郁闷心情。

西汉名将李广与匈奴打过70多次仗，屡立奇功，声名显赫。匈奴人很怕他，称他为"汉朝的飞将军"。

有一次，李广作战失败，被匈奴人抓去当了俘虏。他虽想办法逃了回来，但按当时的法律是犯了大罪，应该被杀头。皇帝念他功劳大，只是罢了他的官，贬为平民。李广闲居在蓝田南山中，一去数年。

一天晚上，李广带了一个随从出去射猎，又和别人喝了不少酒，夜深了才往回走。归途中路过霸陵亭，遇上了霸陵县尉。县尉也喝了酒，醉醺醺的。当时的规定是夜晚不准在外行走，县尉就呵斥李广，不准他再往前走。李广的随从很不服气，就对县尉说："你知道这是谁吗？这是原来的李将军啊！"县尉却不买账，大声叫道："就算是现任的李将军，也不能违反规定夜间行路，更何况是原来的李将军呢。"

在一个小小的县尉面前，名满天下的李广没有办法，只好与随从在霸陵亭住了一夜，第二天才返回家中。

败军之将

典出（东汉）赵晔《吴越春秋·勾践入臣外传》。
又见（西汉）司马迁《史记·淮阴侯列传》。

比喻打了败仗的将军。后常用以讽刺失败的人。

楚汉相争时，汉将韩信用背水之阵击败了赵军并俘虏了赵国的广武君李左车。韩信知道李左车是个人才，便向他请教攻燕伐齐的策略。

李左车开始不愿说，他对韩信说："我听说打了败仗的将军，没有资格谈论自己的勇敢；亡了国的臣子，不能希望保存自己的生命。"后来，李左车见韩信诚心求教，才阐述了自己的见解并被韩信采纳。

别无长物

典出（唐代）房玄龄等《晋书·王恭传》。

形容此外再也没有多余的东西了，空无所有。长物：指多余的东西。

东晋时，有一个叫王恭的人，他做过大官，担任过丹阳尹、中书令、太子詹事等职。王恭生活非常简朴、清廉，为官正直、敢言。

有一次，王恭随父亲光禄大夫王蕴，从盛产竹子的会稽（今浙江绍兴）到了东晋都城建康（今江苏南京），他的同族王忱（chén）去看望他。两人坐在一张六尺长的竹席上，亲密地交谈。王忱很喜欢这张竹席，他心想，王恭从盛产竹子的会稽来到这里，一定带了不少这样的席子。于是，王忱便开口向王恭要这张竹席。王恭爽快地答应了，派人把竹席送给了王忱。由于王恭只有这一张竹席，所以从那以后他只好在草席上读书、吃饭。

王忱知道这个情况以后，非常吃惊，感到很过意不去。他找到王恭，非常抱歉地对他说："我原来以为你有好几张竹席，所以才开口向你要了一张，实在没有想到你只有这一

张。"王恭回答说:"你不太了解我,我王恭在生活上没有什么追求,从来就没有什么多余的东西。"王忱听后,对王恭更加敬佩。

成语"别无长物"即由以上的故事演化而来。"别无长物"也称"一无长物""身无长物"。

病入膏肓

典出(战国)左丘明《左传》。

病情非常严重,没有办法医治。或者指事态非常严重,已经无法挽救了。膏肓(huāng):中医学中人体部位的名称,膏指心下部分,肓指心脏至隔膜之间。旧说膏与肓之间是药力达不到的地方。

春秋时期,晋景公有一次生病,十分严重,国内所有的名医都没有办法医治,只好向邻国请求名医。那时秦国有一位很高明的医生,姓秦名缓,又称扁鹊先生。于是,晋景公派使者去请他。使者到了秦国,和秦伯商量,秦晋两国因为有联姻,所以秦伯让扁鹊缓去医治晋景公。

扁鹊还没有到达晋国之前,晋景公做了一个梦,梦见他的病变化成为两个童子。其中一个童子对另一个童子说:"扁鹊是秦国的良医,如果他到来,恐怕会伤害我们,我看

我们还是逃吧。"另一位童子回答说："怕什么呢？我和你待在肓之上、膏之下，他就没有办法奈何我们了。"

晋景公醒来以后，觉得非常奇怪。

扁鹊到了晋国，替晋景公诊视了一番后，对晋景公说："你的病已经很重了，没有办法医治了，因为你所患的毛病在肓的上面、膏的下面，这是药方所达不到的，所以没有办法了。"晋景公听了，恰恰和梦中两个童子所说的话一样，不禁赞叹道："唉！你真是一位好医生呀！"于是叫人送了很厚的礼物给扁鹊，送他回去。

不入虎穴，不得虎子

典出（南朝宋）范晔《后汉书》。

不进入老虎窝当中，就不能得到小老虎。比喻不深入艰苦和危险的环境当中，就不能够取得成功。

东汉前期，班超出使西域来到鄯（shàn）善国，开始国王甚是礼遇，没几天便冷淡下来。

班超一打听才知道，匈奴派了一百多人的使节团来到鄯善。班超决定奇袭匈奴使团，可自己的汉使团只有三十六个人。班超激励将士们说："不入虎穴，不得虎子。"众人感奋，夜袭匈奴使团，全歼敌军。鄯善王见此，只得归附汉廷。

这是告诫我们，在完成某些任务的过程中，要具有一定的勇敢和牺牲精神，不要因为艰苦或者危险的环境而退缩。

此处不留人，自有留人处

典出（南朝陈）陈叔宝《戏赠沈后》。

这个地方不留我，自有别的地方留我。

人生在世，总有许多的不如意，身在某地，可能会因为环境、习俗、习惯或者人为地驱赶，而无法在一个地方再待下去，此时无须因此而悲观失望，需知天下之大，总会有你的容身之处。这两句话带着一种幽默的乐观情怀，故此运用十分普遍，多用来表示无法待在某地,将要离去的态度。

大器晚成

典出（西晋）陈寿《三国志》。

原义为大才需经过长期磨炼方能成就，现指成名较晚的人。

东汉末年，有个名叫崔琰（yǎn）的人，剑法很好。他

特别喜欢交朋友。可是，有些人却认为他不学无术，除了舞刀弄棒，学问上一窍不通。

　　一次，崔琰去拜访一个很有学问的人，主人让管家出来告诉他说："主人正在潜心读书，无暇闲谈。"崔琰知道人家是嫌他没知识，感到无比羞愧，暗自下了决心，一定要好好读书，成为一个能文能武的人。从此，崔琰虚心拜师求学，学问逐渐增加，当时独霸北方的袁绍就把他招为谋士。

　　袁绍被曹操打败后，曹操久闻崔琰才干，劝崔琰归顺自己。在曹营中，崔琰出了不少主意，很受曹操器重。

　　有一次，曹操和崔琰商量，想立小儿子曹植为太子。崔琰说："自古以来，都是立长子为太子。您立曹植，曹丕心里不服，大臣们也不服，这就种下了祸根。纵观古今，因为废长子立次子引起的骨肉相残还少吗？请主公三思而行！"曹操十分佩服崔琰的公正。

　　崔琰有个堂弟叫崔林，崔林年轻时一事无成，亲友们都看不起他。可是崔琰却很器重他，他凭自己的经历常对人说："才能大的人需要长时间才能成器（大器晚成），崔林将来一定会成器的。"后来，崔林果然成才当上了大官。

得其所哉

典出（战国）孟子《孟子·万章上》。

指得到适宜的处所。也用来指安排得当，称心满意。

　　春秋时，郑国的子产是一位有德有能的政治家。他从郑简公时开始执政，经过定公、献公到声公，前后20多年，把郑国治理得相当不错。

　　有一次，有人送了一条大鱼给子产。子产舍不得杀了吃。于是，他把管池子的人叫了来，命他把大鱼放到池子

里去。管池人觉得把鱼放掉太可惜，就偷偷将它煮来吃了。然后，他还编了一大套很生动的谎话去回报于子产。他说："我已经遵照您的吩咐把鱼放到池子里去了。刚把它放进池里时，它昏沉沉地不大活动；过了一会儿，它摇摇尾巴，慢慢游动起来；又过了一会儿，它变得十分灵活，一溜烟地游走了。"子产听了管池人的话，十分满意，连连说道："得其所哉！得其所哉！"管池人心中好笑，出来后悄悄对别人说："人人都说子产是聪明人，我看不怎么样。我已经将那条鱼煮来吃了，他还高兴地直说：'得其所哉！得其所哉！'"

孟子曾把这个故事讲述给别人听，他还说那个管池子的人编造的谎话实在太形象，十分合乎情理，以至于连聪明过人的子产也上当受骗了。

后人用"得其所哉"形容一个人的境遇符合自己的心愿。

方寸已乱

典出（西晋）陈寿《三国志》。

形容心中非常紧张，六神无主，再没有心思来办事了。
"方寸"，指心脏。

三国时有一个叫徐庶的人，年轻时爱击剑，行侠仗义，

好打不平。后来一心一意在学问上下功夫，很有成就，机智谋略，为当时的人所称道。刘备知道了徐庶是个有谋略的人，便请他在自己手下做事。然而曹操把徐庶的母亲扣在曹营，他只得向刘备辞别，并指着自己的心对刘备说："我本来想和将军及诸位一起共同努力，建立王的事业，因为我心里一向钦佩你；现在我的老母被俘了，我的心混乱得很，对你们的事业没有帮助，我在这里向你告别了。"离别时，徐庶特别推荐诸葛亮给刘备以代替自己，刘备才三顾茅庐将诸葛亮请出来做军师，创了一番事业。

后人便将徐庶所说的话，演变为成语"方寸已乱"。

飞将数奇

典出（西汉）司马迁《史记·李将军列传》。

意思是命运不好。比喻有才能的人遭遇不佳。

李广是汉代的名将，在抵抗匈奴的战争中屡建奇功。他擅长骑射，勇敢果断，以少胜多，出奇制胜，曾打败过多次匈奴的入侵。匈奴的将士对李广又惧怕、又敬佩，称他为飞将军。

有一年，匈奴入侵上郡，皇帝派朝廷内官跟随李广出兵抵抗。几十名内官骑兵发现3个匈奴骑兵，就向他们进攻。

3 个匈奴兵用箭射他们，把几十匹马全射倒了，还伤了一个内官。余下的人都跑来找李广。李广知道这 3 个匈奴人必是神箭手，便亲自率领百骑去追赶。李广张弓放箭，射中二人，活捉一人。这时李广士卒发现迎面山上有匈奴的几千骑兵，正在观察动静。汉兵见敌人那么多，自己才 100 多人，十分惧怕，纷纷主张逃走。

李广制止说："谁也不许动！我们离营地几十里路，假如现在撤回去，匈奴骑兵追赶我们，我们就全完了。我们不动，匈奴会以为我们是诱兵之计，必不敢贸然来追。"李广命令下马解鞍，就地歇息。匈奴果然没敢来追。

半夜时分，匈奴害怕汉军设有伏兵，就偷偷把骑兵带走了。李广及众将士平安地回到了营地。

还有一次，李广出雁门关迎战匈奴，因敌兵太多，汉军败退，李广被匈奴俘虏。匈奴首领单于知道李广是汉朝名将，下令说："要李广活着来见我！"匈奴骑兵用两匹战马拉成一个网袋，托着李广。李广当时有伤在身，无法行动，匈奴兵看守也很放心。

李广在两马之间的网袋上躺着，一动不动地装死。行至十几里时，李广突然跳起，推倒身旁马主的看守，跃上马背，往南飞驰。匈奴 100 多个骑兵急忙追赶，李广举弓射杀，终于逃回汉营。

李广待人和气，对部下和士卒都很友爱，每次得了封赏，都分给士卒享用，所以大家愿意跟他去作战。

李广为汉朝抗击匈奴，作战几十次，建立大小功劳无数次。可是却得不到朝廷的重视，升官加爵都没有他的份儿。李广的堂兄弟李蔡，能力不如李广，声望更在李广之下，开始是和李广一样做着小官。可后来却官位升到丞相。李广对这些很烦恼，常与朋友说："我李广不比别人差呀，为什么以功封邑都没我的份儿呢？还是我的命运不佳呀！"后来，李广60多岁时出征匈奴，因为受到排挤和挫折，他自杀而死。

《史记》上在列举了李广的功绩后，评论李广说："可惜天下无双的名将啊，由于命运不好，得不到封赏呀！"

14

分争者不胜其祸，辞让者不失其福

典出《晏子春秋》。

争执不休的人将承受不住袭来的祸害，谦逊辞让的人不会失去自己的福气。分争：纷争，争执纠纷。胜：承受。

人与人之间发生冲突、产生矛盾，都源于利益的纷争，为了小利互不相让，为了鸡毛蒜皮之事而斤斤计较，如此必然会生出祸端。所以，人们应该注重推辞谦让，要有容人的胸怀，要懂得迁就别人，如此才能相安无事。人际关系和谐了，自然不失其福分。俗话说"忍一时风平浪静，退一步海阔天空"，即是这个道理。这两句话告诫人们，不要为了小事和人起纷争，要学会谦让，与人和睦相处。

风中残烛

典出《古乐府》。

比喻在风中烧残的蜡烛，容易熄灭。形容老年人精力衰竭，在世不久。

刘因，元时初年睿城（今河北省容城县）人。他非常聪敏，并且肯下苦功读书。著作有《静修集》《四书集羲精要》等。

他在很小的时候就死了父亲，一向对母亲很孝顺。他成人以后，曾在朝廷任右赞痒大夫。后来他因为母亲生病，就辞去了官职，回家侍奉母亲。

不久，朝廷又叫他去做官，他却不愿意再去。有人问他为什么放弃做官的机会，他回答说："我母亲已经90岁了，好比是'风中残烛'，我怎么可以远去贪图一时的富贵呢？"

"风中残烛"也叫"风前之烛"。年老病弱、朝不保夕时又可说成"风烛残年"。

福近易知，祸远难见

典出（清代）李汝珍《镜花缘》。

福分离人太近，容易知晓；祸患距离太远，难以察见。这其实是说，当幸福来临的时候，人们可以切实地感受到，因此觉得很近。而灾祸往往隐藏在一些不易发现的地方，或者需要过了很久才可以露出端倪，故此人们会觉得祸患距离很远。这两句话在于警示人们，在处世的过程中，要多多注意预防灾祸。

福无双至，祸不单行

典出（明代）施耐庵《水浒传》。

幸运事不会连续到来，祸事却会接踵而至。

世事变化莫测，福祸的来临很难说是"单行"，还是"双至"，之所以这样说，在于强调个人走霉运，幸运的事很少碰到，灾祸却接连而至。表达了一种对灾祸接二连三降临的感慨和无奈。

高枕而卧

典出（西汉）刘向《战国策》。

把枕头塞得高高的安安心心地睡觉。比喻思想解除武装，放松对敌人的警惕。

战国时期，张仪为了使齐、楚、燕、赵、韩、魏六国事秦，便去游说魏王。张仪到了魏国，魏王接见了他。他对魏王说："贵国地方不过千里，士卒不过30万；既无山川之险，又无丰富的产物。况且魏国地处楚国之北、赵国之南、韩国之东、齐国之西。因此，你亲近其中任何一国，其他三国都可能联合起来向你进攻；你反对其中任何一国，

则其他三国也可能联合起来反对你。可见你们的处境十分困难、十分危险。"

魏王皱了皱眉头说："那么先生有什么办法改变我国的处境呢？"

张仪沉思良久才说："为大王计，莫如事秦；事强大之秦国，则楚、韩两国不敢妄动；无楚、韩之患，则大王高枕而卧，国必无忧矣。"

魏王听说"事秦"，心中十分不悦，但又不好形之于色，只好婉谢道："先生的意见很好，可惜寡人有些愚蠢，还不敢立刻做出决断，等我和臣子们商量之后，再向先生请教。"

张仪听后，便辞魏王而去。

苟延残喘

典出（明代）马中锡《东田文集》。

勉强拖延一口没断的气。比喻暂时勉强维持生存。

战国时期，赵简子在中山这个地方打猎，有一只狼被射中了。这只受了伤的狼拼命地逃命，跑着跑着，碰见了一位东郭先生。

狼苦苦哀求东郭先生救它一命。它见东郭先生背着一个大口袋，便说："今天这种情形，你何不让我赶快钻进袋中，

苟延残喘以保性命？"东郭先生经不住狼的哀求，把狼装入了袋中。

等到赵简子追来询问狼的下落时，东郭先生推说不知道，骗走了赵简子。可是，狼从袋子里出来以后，竟要吃掉东郭先生。幸亏这时来了一个老农，才设计打死了这只恶狼。

管窥蠡测

典出（东汉）班固《汉书》。

从竹管里看天，用贝壳做的瓢测量海水。比喻所见有限，目光短浅。窥：从小孔或缝隙里看。蠡（lí）：用贝壳做的瓢。

东方朔是西汉的文学家。他性情滑稽诙谐，善于辞赋。

东方朔虽然很有才能，但是没有得到汉武帝的重用，为此他写了一篇名为《答客难》的文章，以此抒发他怀才不遇的心情。他在文章中先假借客人的口气发表意见，提出苏秦、张仪都能当上大官，而东方朔的才能要比他们还高，又忠诚肯干，怎么到现在仅仅做了一个侍从郎官呢？

东方朔在文章中回答说，苏秦、张仪生在诸侯互相征伐的春秋时代，因此他们的才能可以施展，计策能被采纳，就得到了高官厚禄。现在天下统一、政权稳固，有才能的人无

处施展。假如苏秦、张仪处在这个时代，也很难得到发展，他们怎么敢希望当一个侍从郎官呢？

东方朔又说，尽管这样，有才能的人还是要注重修身，培养高尚的品性。他最后说，用竹管观察天，用蠡测量海，用竹枝撞钟，怎么能够了解整个天空、考察大海动荡的波纹、激发起大钟的鸣响呢？

成语"管窥蠡测"即由此简化而成。

祸福无不自己求之者

典出（战国）孟子《孟子·公孙丑上》。

祸福无不是由自己引起的。

这其实是告诉人们，一个人的福祸的生成，并不是上天赐予的，也不是他人带给的，而是由自己引起的。一个人多做好事，多做善事，人们就会支持他，热爱他，那么在别人的眼里，他就是一个有福气的人，因为他受到众人拥戴，可以从人们那里获得帮助。反之，如果一个人经常与人结仇怨，那么在他遇到危险的时候，也许没有人愿意帮助他，这样一件芝麻绿豆的小事或许会逐渐变成一件祸事了。

祸患常积于忽微

典出（北宋）欧阳修《伶官传序》。

祸患常常是由极细小的事情积累而成的。忽微：细小之事。

事物的发展是一个从量变到质变的过程，灾祸的形成，也必然是一步步经过萌芽、发展的形成过程的。而灾祸的萌芽，常隐蔽在这些极细小的事情之中，人们如果疏忽大意，不注重细节，灾祸就会由小到大，久而久之，终于酿成大祸。本句话可用于告诫人们，警惕隐藏着灾祸的极细小的事情，及早加以防范。

祸兮，福之所倚；福兮，祸之所伏

典出（春秋）老子《老子》。

灾祸，是福存在的根本理由；福运，则总是隐藏在祸患之中。倚：依靠。伏：隐藏。

意思是说祸与福互相依存，可以互相转化。比喻坏事可

以引出好的结果，好事也可以引出坏的结果。祸与福，在人们的认知范围内通常是两个对立的概念，但在一定的条件下是可以互相转化的。

此语体现了老子的朴素辩证思想，提醒人们世事变化无常，好的事情也会变坏，有的时候坏的事情也会出现好的方面。福祸、利弊总在不断转化着。这警示人们，在人生路上，偶尔失意不必颓废，也不要失去信心，而一时得志也不要得意忘形。

祸与福同门，利与害为邻

典出（西汉）刘安《淮南子》。

灾祸与福分出自一家，利益与危害互为邻居。正所谓"福祸相依，利害相随"，一个人的祸灾和福气、利益和危害，往往是相依相随的，二者互为因果，可以互相转化。

在幸福与利益到来时，往往已潜伏着灾祸和危害，而在灾祸和危害到来时，只要处置得当，说不定就可以因祸得福，转危为安。

我们常讲的"好事也可以变成坏事，坏事也可以变成好事"，说的正是这个道理。

23

这两句话在于告诫人们，当幸福与利益到来时，不可得意忘形，要预防灾祸和危害；当灾祸和危害加身时，也不必过于悲观，要积极努力，寻求妥善的方法，促使其向好的方面转化。

人们常用这两句话劝勉别人或者警示自己。

祸之所由生也，生自纤纤也

典出（战国）荀况《荀子·大略》。

灾祸的产生，是由细微的萌芽状态开始，逐渐发展起来的。纤纤：形容很小的样子。

这两句话告诫人们，对灾祸要注意防微杜渐。任何事情都有一个发展过程，起初总是处于细微阶段，而后慢慢变大，最终或许会发生质的变化。灾祸的发生同样不是猝然而至的，而是有一个萌芽、发展、形成的过程。灾祸的根源，往往都来自那些细微的地方，所以对于任何可能导致灾祸的苗头，都不可掉以轻心，应当及时地将之扼杀于襁（qiǎng）褓（bǎo）之中。

寄人篱下

典出（唐代）李延寿《南史·张融传》。

寄 居在人家的篱笆底下生活。比喻依附别人生活。

南北朝时的齐国，有一个叫张融的人，此人长得体短貌丑，但精神清澈，思维敏捷。他家境虽贫，但能勤奋自学，其记忆力和理解能力都很好，而且滑稽多辩。齐高帝萧道成对他很厚爱，常说："此人不可无一，不可有二。"

有一次，齐高帝赐给张融一件衣服，张融前去向齐高帝请安。短短的一段路，张融走了很长时间。

齐高帝问何故，张融说："我是从地下升到天上来，按理是不能快走的。"

张融擅草书，并常常为此自我欣赏。齐高帝曾说："你的书法很有骨力，但无二王（指东晋书法家王羲之、王献之父子）的笔法。"张融说："二王还不具备我的笔法呢！"

齐武帝继位以后，有一次张融请假东游。齐武帝问他住在何处。

张融说："我住的地方说是在陆上，但没有屋子；说是在船中，但船下又无水。"

后来，齐武帝问张融的哥哥张绪。张绪说："他住在一条泊在岸上的小船里。"齐武帝听罢哈哈大笑。

永明（齐武帝的年号）中叶，张融染病时作门律，并自

作序言。序言中，他阐述了自己从事文章著述的情况。文中说：大丈夫应当删诗书，制礼乐，文章著述自成一体，不能寄人篱下地因袭别人。

空空如也

典出《论语·子罕》。

原 形容诚恳、虚心的样子。现形容一无所有。

有个人对孔子十分崇拜，一次他碰见孔子，便十分热情地打招呼，并极为恭敬地说："您知识渊博，真了不起啊！"

孔子听后，有些惭愧地说："我有知识吗？没有。"

那人连忙说："您何必客气呢？"

孔子说："我不是客气，而是确实知识贫乏。比如，有一次我到乡下去，但见碧野千里，一派繁忙景象。有的人在采桑，有的人在种地，他们驾轻就熟，干得很有条理。当我走近一群种地的农夫时，他们停下锄头，笑嘻嘻地和我打招呼。他们以为我很有学问，便七嘴八舌地谈开了。有个农夫问我一个问题，我却一点儿也不知道（有鄙夫问于我，空空如也）。"

孔子停了一下，接着说："他那个问题，我反复思考了

很久，从正反两个方面加以推究，才有所领悟，然后才尽量地告诉了他。"

那个人听了孔子的这番话，很诚恳而有礼貌地说："您这种谦逊的美德很值得我们学习！"

困兽犹斗

典出（战国）左丘明《左传》。

被围困住的野兽还要做最后的挣扎。比喻陷入绝境时还要挣扎顽抗。

春秋时，有一年楚国和晋国作战，因晋国的几位将军不服从元帅荀林父的命令，结果大败而回。

荀林父自己请求判死罪，晋景公准备答应，大夫士贞子劝阻说："这是不相宜的。从前城濮之战，楚国败了，晋兵吃了楚军3天的粮食，晋文公脸上还带着愁容，左右的人问他道：'应当欢喜的事反而忧愁，难道应该忧愁的事反而欢喜吗？'晋文公说：'得臣（城濮之战时的楚军元帅）还在，不能就此放心呀！一头野兽被困住了还要挣扎，何况一国执政的人呢？'后来楚国杀了得臣，晋文公方才露出欢喜的笑容，说：'再没有人害我了，现在算是晋国又胜一次，楚国又败了一次了。'因为这样，楚国两代都兴不起来……荀林

父正是国家的柱石，怎么可以杀死他呢？……"

晋景公觉得士贞子的话很有道理，就免了荀林父丧权辱国的死罪，还将他原来的官职恢复。

后来的人，便将晋文公所说的比喻，引为"困兽犹斗"，用来形容即使处在最困难的情况下，也还是要尽力挣扎，起来抵抗。另外也形容那些坏人或坏的集团，在被压制得将要溃灭时，还要做无谓的顽抗。

狼狈不堪

典出（明代）黄道周《博物典汇》。
又见（西晋）李密《陈情表》。

困顿、窘迫得不能忍受。形容处境非常窘迫的样子。狼，前足长，后足短；狈（bèi），后足长，前足短，所以必须同行同止。

李密的品德、文才都高，很有名气。晋武帝司马炎仰慕他的品行才学，几次三番去召请他做官，都被拒绝。

原来李密6个月大时，父亲就去世了。4岁时，母亲又被舅舅逼迫改嫁了。所以李密全靠祖母刘氏抚养长大。他家境并不好，刘氏经过千辛万苦，才把他养大，供给他读书，

到李密成年时，他的祖母已经很老了。李密为了服侍他，不忍出去做官。

晋武帝不断下诏书去叫他，他写了一封很恳切的信给晋武帝，信里有这样几句话："……祖母刘氏，看我可怜，亲自抚养我长大，我家里既没有兄弟，又没有叔伯，孤苦伶仃……我当时要是没有祖母刘氏，不会活到今天。祖母刘氏今天要是没有了我，靠谁去服侍她的残年呢？所以我如果不出去做官的话，又违背了你的旨意，我今日的处境实在狼狈不堪呀……"

临祸忘忧，忧必及之

典出（战国）左丘明《左传》。

临近灾祸，却将忧患抛之于脑后，那么忧患就一定会降临。

这告诫人们要有忧患意识。世事千变万化，难以捉摸，今天是晴空万里，也许明天就会是阴霾（mái）满布。人如果没有忧患意识，丧失警惕性，那是很危险的。

宁戚叩牛

典出（西汉）刘安《淮南子》。

比喻有才之人沦落而做低贱之事。

公元前680年，齐国的国君齐桓公派相国管仲带着一队人马去接陈国和曹国的军队，准备联合起来讨伐宋国。

管仲到了一座山下，看见一个放牛的人，骑着牛，用手敲叩着牛背，唱着山歌。管仲一听，这个放牛人唱的歌竟是骂齐桓公的，就把他叫了过来。管仲问他叫什么名字，为什么骂齐桓公。那人回答说："我叫宁戚，是卫国人。听说齐国的相国管仲是个了不起的人，我很想在他那里干一番事业。可是苦于没有人引见，因此只好为人放牛。"宁戚又讲了自己骂齐桓公的道理。

管仲对宁戚说："我就是管仲，我给你写一封信，你拿着去见齐桓公，他的大队人马就在后面，他一定会重用你的。"

管仲走后，宁戚在那儿等了3天，果然齐桓公带着大队人马到了。宁戚若无其事地手摇着草帽，轻轻叩敲着牛背，又唱起了讽刺齐桓公的歌来：

沧浪水，白洋洋，

大鲤鱼，尺半长。

恨尧舜，碰不上，

肚中饥，身上凉。

路难行，暗摸索，

哪天呀，天才亮？

齐桓公听到了，立即把宁戚抓来审问："你是什么人？胆敢讽刺朝廷？"

宁戚不慌不忙地说："我叫宁戚，是个看牛的，唱唱歌又犯什么法呢？"

齐桓公说："上有天王治理天下，下有我会合诸侯，大伙团结，百姓安定。你怎么胆敢说'恨尧舜，碰不上'，还说'哪天呀，天才亮'？难道说我们治理天下是黑暗统治吗？"

宁戚理直气壮地说："我问你，你会合诸侯在北杏开会的时候，为什么宋国的君臣要半夜偷着跑了？你在柯地会盟的时候，为什么鲁国的大将曹沫要杀你？尧舜时代会有这种事吗？你年年发动战争，打了东边又打西边，闹得老百姓妻离子散、家破人亡，这叫安定团结吗？这样的统治能算是光明的吗？"

齐桓公听后大怒，立即叫人绑了宁戚，要杀他的头。可宁戚却哈哈大笑了起来："桀王杀了关龙逄（páng），纣王杀了比干，今天你又杀了我，我成了第三条好汉啦！"

齐桓公想了想，松了宁戚的绑，说道："我只是为了试试你的胆量呀！"这时，宁戚才拿出管仲的信。齐桓公看完信，仔细回想了一下宁戚唱的歌和刚才的一番话，觉得宁戚确实是个有胆有识、不可多得的人才，于是笑着问："你为什么不把管仲的信早拿出来呢？"

宁戚笑着说："国君挑人才要试试他的胆量，我也得帮国君试试他的肚量啊！"齐桓公听罢哈哈大笑，连夜在烛光下拜宁戚为大夫。后来，宁戚果然为齐国立下了不少战功。

披星戴月

典出（战国）吕不韦《吕氏春秋》。

身披星星，头顶月亮。形容早出晚归或连夜奔波，极其辛劳。

春秋时，鲁国有一个人姓宓名不齐，字子贱，他是孔子的弟子。宓子贱在单文做县官时，他坐在公堂上，一面弹着琴，一面吩咐他的僚属办理公事，自己从来不出衙门，却能把单文治理得很好。

后来，宓子贱离职了，巫马子期接任单文的县官，巫马子期很勤劳，工作非常认真。经常天还没有亮披着星星出门，一直到月亮很高才回来。无论什么事情，不分日夜，都要亲自去办理，所以也把单文治理得很好。

巫马子期觉得自己治理单文，费了许多劳力和精神才能治理好，宓子贱整天只是坐在堂上弹弹琴，也能把单文治好，有点不明白其中的道理，于是跑去见宓子贱，问道："你每天只弹弹琴就能治理单文，为什么呢？"

宓子贱回答他说："我是任用能干的人，你是亲自去费精力的；任用能干的人替我办事，我自然就安逸了，你样样事情都要亲自去做，那自然就辛苦了。"

巫马子期说："噢！我的施政方法实在还不够啊！"

由这个故事，后人把巫马子期早上披着星出去，晚上载着月回来，引为成语"披星戴月"。

千载难逢

典出（唐代）韩愈《韩昌黎全集》。

千年也难遇到一次。形容机遇十分难得。

唐宪宗信奉佛教，听说一所寺院里有一块佛骨——释迦牟尼的遗骨，便打算隆重地把它迎进宫里礼拜。刑部侍郎韩愈认为这样做很不妥当，便上了一篇奏章《谏迎佛骨表》加以反对。

唐宪宗十分恼怒，要将韩愈处死。幸亏宰相为韩愈说情，才改为贬职，让他到潮州去任刺史。

唐宪宗后来改革了前朝的一些恶政，中央政权的统治有所加强。于是韩愈写了《潮州刺史谢上表》，恭维唐宪宗是扭转乾坤的中兴之主，并且建议唐宪宗到泰山去"封禅"。封禅，是一种祭祀天地的大典。秦始皇和汉武帝都举行过这

种大典，韩愈提出这个建议，是把唐宪宗作为有杰出贡献的帝王来看的。在这道表中，韩愈还隐约地表示，希望唐宪宗让他也参加封禅盛会，并说如果他不能参加这千年难逢的盛会，将会引为终身的遗憾。

后来，唐宪宗把韩愈调回京都，让他担任吏部侍郎。

忍辱负重

典出（西晋）陈寿《三国志》。

能忍受屈辱，担负重任。

公元 221 年，蜀主刘备为了从孙权手里夺回战略要地

荆州，为结拜兄弟关羽报仇，亲自率领部队攻打东吴。

战争一开始，蜀军接连取得胜利，深入吴境达五六百里，一直打到夷陵（今湖北省宜昌市东），连营数百里，声势十分浩大。吴主孙权任命年轻有为的陆逊为大都督，带领 5 万人马，前往迎战。陆逊在吴将中资历较浅，归他指挥的诸将如朱然、潘璋、宋谦、韩当、徐盛、鲜于丹、孙恒等，有的是跟随孙氏征战多年的老将，有的是皇亲贵戚。他们都很傲慢，对年轻的书生陆逊当上大都督很不服气，甚至不肯服从陆逊的命令，陆逊十分着急。

有一次，陆逊召集众将，他手中紧握宝剑，高声说道："刘备天下知名，连曹操都有些怕他。现在他率大军进攻吴地，是我们的强敌，决不可以轻视他。希望众位将军以大局为重，同心协力，共同消灭来犯之敌。我虽然是个书生，但主上任命我为大都督，你们只好服从。主上之所以委屈诸位将军，使你们屈尊于我，就是因为我还有一点微薄的能力，能够忍受屈辱，挑起重担。今后，希望你们各负其责，不容推辞，军令如山，违者必按军法处置。"经陆逊这么一说，诸将心中虽有不服，但行动上再也不敢违抗。

陆逊指挥军队坚守七八个月之久，一直不与刘备决战。后来，蜀军疲惫，骄傲轻敌，陆逊乘机利用顺风进行火攻，大破蜀军，歼敌万余人，取得夷陵之战的重大胜利。刘备败退白帝城，不久病死。从此，东吴诸将十分佩服陆逊的才能。

成语"忍辱负重"即由此而来。

日暮途穷

典出（西汉）司马迁《史记·伍子胥列传》。

比喻人处在穷困的境地之中，没有一点儿解救的办法。

战国时期，楚平王的太子建有两个先生：一个叫伍奢，一个叫费无忌。费无忌替太子到秦国去接秦女来结婚，待接来之后，因为秦女长得很美丽，费无忌怂恿平王收做了妃子。费无忌虽因这件事取得了平王的宠信，但怕将来平王死了，太子建继任国君对他不利，就常在平王面前说太子的不是，平王听信谣言，把太子调到边境城父去。后来又把伍奢监禁起来，并派奋扬去杀太子。幸亏奋扬秘密通知太子，使他逃到宋国去了。

可是费无忌心还不甘，还要杀害伍奢的两个儿子（伍尚和伍员）。于是费无忌派人骗伍奢的两个儿子说，只要他们到都城去，便可饶伍奢不死，否则便要杀害伍奢。伍尚明知有杀身之祸，还是去了；伍员（伍子胥）却毅然出走，忍受了不少屈辱，克服了不少困难，逃到了吴国。过了十多年，伍子胥帮吴王阖闾打到楚国都城郢。这时楚平王已死，伍子胥为报父兄之仇，掘坟开棺，拖出楚平王的尸体，亲自用鞭子狠狠地打了三百下。

伍子胥的朋友申包胥知道了这事，叫人送信去责备他报仇报得过分了。伍子胥对那个送信的人说："你替我告诉申

包胥，就说我仿佛是一个行路的人，天已经晚了，而路途还很遥远，不得不颠颠倒倒地走路，违背通常的情理做事（吾日暮途远，吾故倒行而逆施之）"。

后人将"日暮途远"演变为"日暮途穷"。

如鸟兽散

典出（东汉）班固《汉书》。

像受惊的鸟兽那样四处逃散。形容溃败逃散。

李陵是汉代著名的"飞将军"李广的孙子，善于骑射，礼贤下士，深得将士喜爱。汉武帝刘彻也很赏识他，经常夸他有李广的风度。

有一年，汉武帝派他去讨伐匈奴，他自愿带领5000步卒深入浚稽（今阿尔泰山脉中段），直捣匈奴老巢。

李陵的部队到达浚稽山，与匈奴单于的部队相遇。单于用3万骑兵围住李陵，李陵命汉军在营外列阵，前排执戟、盾，后排持弓弩。单于看汉军兵少，便直奔汉营。李陵命将士击鼓开战，千弓俱发，喊声四起，匈奴兵应弦而倒，死伤无数。单于见势不妙，命令部将一齐向汉军攻击。李陵寡不敌众，且战且退，退到一个狭谷里。汉军受伤的人很多，受轻伤的士兵仍然坚持作战。

这时候，汉军中一个叫管敢的人因为受了长官的大骂，一气之下投降了单于，并且报告了汉军的机密：

"李陵没有后援，箭快用完了，就剩下李陵和成安侯部下还有些箭，他们一共才800多人，走在前边，打着白色旗和黄色旗，你们可以派骑兵打败他！"

单于果然派了精兵，将李陵堵在山谷中，大叫："李陵快来受降！"

因为李陵的部队处在谷底，单于在山上，形势很不利。单于用石头、木棒袭击汉军，汉军死伤惨重，已经无法前进。

天黑以后，李陵数一数人数，活着的人不多了，便悲痛地与他们说："我们注定失败了，这样下去谁也活不成了，

你们别跟我走了，有勇气的去和单于拼吧……"

汉军的将官劝他说："将军，别悲伤，你的大名威震匈奴，天命不会让你死的，你以后还可以设法回汉。从前不是也有过汉将被俘以后重新回到家乡的吗？皇帝也是以礼相待的。"

"不，我不死在战场就不是壮士！"

李陵下令放倒军旗，把珍宝埋入地下，然后对将士们说："现在还剩下几十支箭，完全可以逃脱的，不要等待天亮以后被他们俘虏去。你们像鸟兽那样各自散去逃命吧，能有几人回去报告皇帝也是好的。"

李陵给每个军士带上两升粮食、一块冰。半夜之后，他让兵士们各自走开，他自己上马驰出山谷，单于用几千骑兵追赶他，成安侯韩延年中箭落马，李陵被俘。

成语"如鸟兽散"便是由此而来。

塞翁失马，安知非福

典出（西汉）刘安《淮南子》。

边塞的一个老头丢了一匹马，怎么知道这不是好事呢？比喻一时虽然受到损失，也许反而因此能得到好处。

边塞有一个老头丢了一匹马，人们都来安慰他。他却说：

"怎么会知道不因此而得福呢？"过了几个月，那匹马竟然带了一匹胡地的骏马回来了。

这两句话含有在一定条件下坏事可以变成好事之意。后人常引用这两句话，表达福祸相依、互相转化的原理。

上无片瓦，下无插针之地

典出（北宋）道元《景德传灯录》。

形容人穷得头上无一片瓦（无住房），脚下连插针的地方（耕地）也没有。

时间已经是深夜了，寺内的讲经堂内还灯火通明。几个老和尚坐在讲经堂内讲经说法。

夹山和尚问："什么样的人才算有了道呢？"

船山和尚顺口笑道："有道的人，他心中一无所有；他头上连瓦也没有一片，脚下连插锥子那样小的地方也没有（上无片瓦，下无卓锥）。"

另一个和尚点点头说："我们出家人就是这样，要想学道，就必须什么都不想，只能一心想着成佛。"

后人把"上无片瓦，下无卓锥"说成"上无片瓦，下无立锥之地"或"上无片瓦，下无插针之地"。

身在曹营心在汉

典出（明代）罗贯中《三国演义》。

身子虽然在对立的一方，但心里想着自己原来所在的一方。

关羽和刘备在战场上失散后，关羽在曹操营中暂时存身。

曹操对关羽十分优待。三天一小宴，五天一大宴，又送金银，又送绫罗绸缎。但是，关羽却把这些东西全都送给了两位嫂嫂。于是，曹操又让手下挑选了十位美女给关羽。但是，关羽竟然把这些美女全都送给了两位嫂嫂当侍女。曹操知道后，对关羽的人品更是敬佩不已。

有一天，曹操发现关羽的袍子坏了，便特意让裁缝给关羽做了一身新袍子，赠给了关羽。关羽把新袍接过以后，将新袍子穿在了里面，外面还穿着那身旧袍子。曹操感到十分迷惑。于是，曹操就笑问关羽道："云长（关羽字云长）为何如此节俭呢？"关羽说："不是我节俭，而是这件旧袍子是我大哥送的，我穿在身上就像他在我身边一样。"曹操不禁由衷赞叹："云长真是义气之人啊！"当然，曹操内心是非常不高兴的。

一次宴请之后，曹操出来给关羽送行，看见了关羽的马说："将军此马为何如此瘦小？"随即，就叫手下送过来一匹高头大马给了关羽。关羽定睛一看，此马毛色发亮，非常

雄健，不禁脱口而出："这难道是吕布骑过的赤兔马？"曹操说道："正是此马。"关羽听后大喜，立刻给曹操拜了三拜。曹操感到非常奇怪："我以前给将军送过好多值钱的东西，也没有看见将军如此喜悦，为何今天仅是一匹战马却让将军如此喜悦呢？"关羽说："因为这匹马可以日行千里。一旦有了它，我就可以很快找到我的大哥了！"曹操听罢，拂袖而去。

曹操问手下的大将张辽说："为何我对关羽如此厚待，但他却还有离去之心呢？"张辽说："我去问问他。"

随后，张辽面见了关羽，说道："丞相对你不薄，你为什么还想远走高飞呢？"

关羽说："你有所不知，我这是身在曹营心在汉。尽管我不能与刘皇叔同年同月同日生，但求和刘皇叔能同年同月同日死。"

于是，张辽说："如果刘备此时已死，你又去何处找他？"

关羽说："如果那样的话，我也就不活了。但是，丞相对我不薄，我必将在为他立下功劳之后再走。"张辽听罢，一时无语。

张辽回到丞相府后，就把关羽的话原原本本地告诉了曹操，曹操听完没有生气，反而赞叹道："关羽一心不忘旧主，实在是一位难得的义士。"

室如悬磬

典出《国语》。

屋里就像挂着石磬一样。形容贫穷到了极点。悬：挂。磬（qìng）：古代打击乐器，中空。

齐孝公是战国时实力比较强大的诸侯，有一次，他出兵去征伐鲁国，鲁国国君想派人用言语去说服齐国，制止齐国的侵略，但想不出用什么话去说服，便去问展禽。

展禽说："我曾经听别人说过，处在大国的地位，才可以教导小国，处在小国的地位，只能服侍大国，这样才能消除战争，没有听说用言辞去止战乱的。假如做了小国，还很自大的话，那只有惹起大国的恼怒，增加乱事，现在乱事已经开始，不是言辞所能收到效果的。"

于是展禽派乙喜拿膏沐去犒（kào）劳齐军，并说道："我们的君主没有才干，不能妥善管理边界上的事情，使你们动怒，劳累你们的军队露宿在我们的境地上，所以命令我来犒劳贵国的兵士。"

齐孝公说："你们鲁国现在才恐慌吗？"

乙喜答道："小人是很恐慌了，君子却并不恐慌。"

齐孝公说："你们室如悬磬，田野里连青草都没有生长，怎么还说不恐慌呢？"

死灰复燃

典出（西汉）司马迁《史记·韩长孺列传》。

已经熄灭的火灰又燃烧起来。原比喻失势的人重新得势。现比喻已经消失了的恶势力又重新活动起来（含贬义）。

西汉时，有个人叫韩安国，他在梁孝王前做中大夫。当汉景帝因霜事不满孝王时，他跑去见汉景帝的姐姐，诉说梁孝王对汉景帝和窦太后的忠心和怀念，使梁孝王重获汉景帝和窦太后的宠信。

有一个名叫田甲的狱吏侮辱他，他十分气愤地说："死灰独不复燃乎？"意思是说，失败了就不能振作起来吗？可是田甲却斩钉截铁地回答他："如果你复燃，我就撒一泡尿浇灭它！"不久，梁地内史官的位置空出来了，朝廷便让韩安国充任，而且薪俸很高。田甲知道了这件事，非常害怕，偷偷地跑了。韩安国严厉地对人表示，如果田甲还不赶快回来，一定杀掉他的全家。田甲得到了这个信息，就脱去外衣，裸露上身，学着古人负荆请罪的样子，向韩安国求饶。韩安国不但没有惩罚田甲，而且后来还对田甲很好。

后人就根据韩安国所说的"死灰不复燃乎"这句话，演变出"死灰复燃"这一成语。

四面楚歌

典出（西汉）司马迁《史记·项羽本纪》。

形容穷途受困，四面受敌，处境孤危。

项羽和刘邦原来约定以鸿沟（在今河南荥阳）东西两

边为界限，互不侵犯。后来刘邦听从张良和陈平的规劝，觉得应该趁项羽衰弱的时候消灭他，就又和韩信、彭越、刘贾会合兵力追击正在向东开往彭城（即今江苏徐州）的项羽部队。

公元前 202 年十二月，汉王刘邦率领汉军，将项羽的楚军重重包围在垓下（今安徽灵璧东南）。楚军长期被困，粮食吃尽，几次突围，都未奏效。

一天夜里，包围在四周的汉军阵地上，传来了阵阵歌声。项羽侧耳一听，大吃一惊！原来汉军唱的尽是楚地民歌。项羽号称西楚霸王，不仅楚地是他的大后方，而且楚军中最精锐的 8000 名江东子弟兵，也都是楚地人。楚霸王听到这四面楚歌，暗想："汉军难道完全占领了楚地？他们哪来的这么多的楚人？！"

其实，这四面楚歌，是刘邦的谋士张良为了涣散楚军的军心，故意叫士兵们学唱的。

楚军士兵听到四面楚歌，也都以为家乡被汉军占领了。有的为乡音感动，引起共鸣，也哼唱起楚歌；有的思念父老乡亲、妻子儿女，竟然泣不成声。楚军经不起这四面楚歌的攻心战，逃的逃，降的降，最后突围时，跟随在楚霸王后面的只有 800 来人。到了乌江，仅剩 20 余名骑兵，而追赶的汉军却有好几千人。楚霸王终于在乌江边自杀了。

泰山崩于前而色不变

典出（北宋）苏洵《心术》。

即使是泰山在自己面前崩塌下来，脸色也不变。色：脸上的表情。

这句话原是讲"为将之道"。战场形势瞬息万变，这就需要三军将领要有良好的心态和应变能力。在面对险境的时候，将领一定要镇静，装出一副若无其事、成竹在胸的样子，万不可惊慌失措，以免影响军心。后来，人们将此句内涵进一步拓展，今多指那些胆大气壮、冷静沉着的人在遇到突发状况，或者面临什么危险的时候，都能够镇定自若，保持平常心。

天有不测风云，人有旦夕祸福

典出（元代）无名氏《合同文字》。

天空有无法预料的风云，人生也会有突然降临的祸福。不测：无法预料。旦夕：早晚，意为很短的时间。

这两句话以风云变幻之难测，比喻人生祸福之难料，这个形容既恰当又自然。人们经常引用这两句话表达人生

祸福难料的感叹，或者用来提醒别人，平安时也要预防灾祸。

望尘莫及

典出（唐代）李延寿《南史·孝义传》。

远远望着前面人马行走时扬起来的尘土而追赶不上。比喻在某方面远远赶不上别人，远远地落后。

吴庆之，南朝宋时濮阳（今安徽灵璧）人。王义恭在扬州做太守的时候，曾请他担任类似现在秘书的职务。后来王义恭因事被皇帝杀了，吴庆之觉得自己没有辅佐的能力，从此就不再出来做官。

不久，王琨（kūn）就任吴兴（今浙江吴兴）太守，打算请吴庆之做功曹。

吴庆之对王琨说："我一向不懂得什么事情，只因为从前的太守很看得起我，所以才奔走了一些时候。假如你还要我做官，那简直是把鱼食放在树边，把鸟放在水里。"

吴庆之说完这些话，也不告辞，拔腿就走。王琨连忙跟在他后面追赶，但只见前面扬起的灰尘，已经赶不上他了。

危如累卵

典出（唐代）张守节《史记正义》。

如同堆起来的蛋，随时都有塌下打碎的可能。比喻形势非常危险。

春秋时期，晋灵公为了个人的享受，强拉了大批的老百姓，耗用了大量的钱财，建造九层的高台。他怕臣子们劝说阻止，就预先下了不许规劝的命令。

荀息知道了这件事，跑去见他。晋灵公知道了，便拿出弓，举起箭，等着他来，准备只要他一开口规劝，就把他射死。

荀息明知形势很紧张，但装作轻松愉快的样子说："我不敢规劝什么，我只是来表演一个小技艺：我能够把12颗棋子堆起来，上面加9个鸡蛋。"晋灵公觉得很有趣，马上撤了弓箭。

荀息定了定心神，严肃认真地先把12颗棋子堆起来，然后又把鸡蛋一个个加上去。旁边在看的人担心会掉下来，都屏住了呼吸；晋灵公也惊慌得紧促地叫："危险！危险！"荀息却慢条斯理地说："这有什么了不起的危险，还有比这更危险的哩！"晋灵公说："我也愿意看一看。"这时，荀息不再做什么别的表演，而是立定身子沉痛地说："为了建造9层的高台，3年没有成功。国内已经没有男人耕地，没

有女人织布了。同时，国库也已空虚，临近的国家将要侵略我们。国家总有一天要灭亡的，你还打算怎么样呢？"晋灵公这才醒悟，立即下令停止造台工程。

在古代，由于皇帝的专制，臣子们都不敢直言规劝，所以常常用譬喻的方法，来使皇帝醒悟。这些譬喻不但恰到好处，而且内容丰富，表现了谋臣的出色智谋。后人根据荀息累积鸡蛋的惊险技艺这件事，演变出"危如累卵"这个成语。

无可奈何

典出（西汉）司马迁《史记·范雎列传》。

表示虽心中不乐意，但也没有办法。

范雎当上了秦国的宰相，当年曾经救助过他的王稽官职原封未动，因此王稽有些不大满意。

有一天，王稽去找范雎说："我以为人世间的事情，不可知道的有三件：一是皇帝不知哪天忽然驾崩；二是你不知什么时候离开人世；三是我自己不知哪天死在山沟里。人世间还有无可奈何的事情三件：皇帝死了，他虽然恨臣子也无可奈何了；你离开人世，君恨于臣也无可奈何；我死在山沟里，君恨于臣也是无可奈何了……"

范雎听了王稽的话，心里很不是滋味，便到秦昭王那里去说：

"陛下，王稽是有大功劳的臣子呀，若不是他的庇护，我来不到秦国；若不是您的圣贤，我也不会当上宰相。今天我做了宰相，而王稽却不见提升官职，我心里过意不去呀……"

"好吧，那就提王稽为河东郡守吧！"秦昭王满足了范雎的要求。

一败涂地

典出（西汉）司马迁《史记·高祖本纪》。

形容失败到不可收拾的地步。

秦朝时，沛县县令叫泗水亭长刘邦押送一批老百姓到骊山做苦工。不料走到半路上，接二连三地逃走了很多人，刘邦索性把没有逃跑的都释放了，自己和一些不想走的人躲在芒、阳二县交界的山泽中。

秦二世元年（公元前 209 年），陈涉在大泽乡起兵反秦，自称楚王。

沛县县令想归附，部属萧何和曹参建议说："你是秦朝县令，现在背叛秦朝，恐有些人不服，最好把刘邦召回来，挟制那些不服的人，那就好办了。"县令立即叫樊哙（kuài）

去请刘邦。

可是当刘邦回来时，县令见他领有近百人，怕他不服从自己的指挥，又懊悔起来。于是下令紧关城门，不让刘邦进城。

刘邦在城外写了一封信，绑在箭上射给城里的百姓，叫沛县百姓齐心杀了县令，共同抗秦，以保全身家。百姓果真杀掉了县令，打开城门，迎接刘邦进沛县，并请他做县令。刘邦谦虚地说："天下形势很紧张，假若县令的人选安排不当，就会'一败涂地'。请你们另外选择别人吧！"但最后，刘邦还是当了县令。

一筹莫展

典出（元代）脱脱等《宋史·蔡幼学传》。

根算筹也摆布不开。比喻一点儿办法也没有。

南宋时温州瑞安有个蔡幼学，他是当时著名学者陈傅良的学生。由于他勤奋努力，进步很快，一般人都说他的文章比他老师写得好。

宋光宗时，他曾任校书郎。宋宁宗继位后，为了广开言路，便征求君臣的意见，并要求他们直言不讳。蔡幼学上书说："要想当好皇帝，必须做好三件重要的事：一事亲，二任贤，三宽民。要办好这三件重要的事，最重要的就在于讲学。近年来，一些坏人制造和平言辞来排斥好人，因此，大臣们想有所作为又怕别人说他故意多事；忠心之人想尽力做一些有益的事，又怕违背了圣旨而遭到不幸。这样就使您一人孤立在上，而把君臣抛在一边，其结果是有志之士充满了朝廷，而朝廷却一点儿办法也拿不出来（九重深拱而群臣尽废，多士盈庭而一筹不吐）。"

后人把"一筹不吐"演变为"一筹莫展"。

一发千钧

典出《与孟尚书书》。

危 险得好像千钧重量吊在一根头发上，比喻情况万分危急。钧：古代的重量单位，合三十斤。

韩愈上表劝谏，得罪了唐宪宗，被贬到潮州去当刺史。他在潮州结识了一个老和尚，由于很谈得来，所以两人往来比较密切，而外间的人都传说韩愈也相信佛教了。

他的朋友孟郊当时做尚书，是最不信奉佛教的，因此得罪唐宪宗被贬谪到吉州。到了吉州后，孟郊也听到人们传说韩愈已经信起佛来，于是特地写信去问韩愈。

韩愈接到孟郊的信后，知道因他与和尚往来，才引起别人的误会，马上回信向孟郊解释，并对当时在朝的一班大臣们信奉佛教、不守儒道、一味拿迷信来迷惑皇帝大加抨击。他对皇帝疏远贤人，使儒道堕落，颇为愤慨。信中有这样的话："百孔千疮，随乱随失，其危如一发引千钧……"

后来，"一发千钧"也作"千钧一发"，现在人们凡是遇到最危险的事情，往往就拿这句话来形容。

一寒如此

典出（西汉）司马迁《史记·范雎蔡泽列传》。

竟然穷困到这样的地步。形容贫困潦倒到极点。一：竟然。寒：贫寒。

范雎是春秋时期魏国人。开始在中大夫须贾手下做事。有一次，范雎跟随须贾出使齐国，齐襄王很赏识范雎的才干，赠送给范雎很多东西，范雎百般推辞不敢接受。谁知须贾一口咬定范雎泄露了魏国的机密，才获得了齐王的信任。回到魏国后，范雎遭到无辜迫害，被打断了肋骨。范雎只得装死，随后逃到了秦国。几年后，范雎当上了秦国的丞相，秦昭王给他取名为张禄。

一次，魏国听说秦国将要攻打魏国，派须贾去秦国打探消息。范雎得悉须贾来到秦国，便穿上破旧的衣服去见须贾。须贾见了大吃一惊，问："范叔是否为秦国来做说客的？""没有，我是逃到这里来避祸的，怎么还敢到处游说呢？"

须贾听说他靠做小买卖为生，很同情范雎的遭遇，便留下范雎喝酒。几杯酒下肚，须贾长叹一声："想不到范叔竟然一寒如此！"就取了一件绸袍送给范雎。须贾向范雎打听秦国丞相张禄的情况，并表示要见张禄。范雎答应了。

后来，须贾认出张禄就是范雎时，吓得急忙磕头谢罪。范雎因须贾有赠袍之谊，于是放须贾返回了魏国。

羽毛未丰

典出（西汉）刘向《战国策》。

比喻年轻人没有经验，缺乏本领自立。也指职位低微的人，拥护他的人还不多，势力薄弱，一切还要依赖他人，不能够独自奋飞。

战国的游士张仪很有才干，他用连横的策略去游说秦惠王，对秦惠王说："大王的国家，西边有蜀和汉中的富饶；北有胡地的皮革和代地的良马；南边有巫山和函谷的要塞，而且土地肥沃，人民富有，兵多将广，地广物博，积蓄丰富，地势又利于攻守，可以说得上是天然的宝库，天下的雄国了。加以大王这样贤能，士民这样众多，如果能够善于运用，把兵士训练起来，一定可以兼并诸侯，吞灭天下，自己称帝的，我诚心地把这些好处向您说明，请大王留意。"

秦惠王说："我听别人说过：'羽毛未丰，不可以高飞；法令未成，不可以诛罚；道德没有博大的，不能叫百姓去战争；政教不顺民情的，不可以烦劳大将。'现在你很有诚意不远千里而来，辛苦地来指教我，我很感激你，但你所说的，让我慢慢再考虑吧！"

做一日和尚撞一日钟

典出（明代）吴承恩《西游记》。

做好一天的和尚，就要撞一天的钟。比喻消极地应付工作，得过且过。同时，此句也有无可奈何、勉强从事的意思。

齐天大圣孙悟空保护唐僧西天取经，路过黑风山观音禅院，孙悟空性顽劣，撞起钟来，惊动了寺院中的一干和尚。此句话正是孙悟空撞钟后的戏谑之言。和尚撞钟是本职之事，所以当了一天的和尚，就应该完成"撞钟"这项工作。此话告诫人们，无论对自己的本职工作多么不满意，但是只要一天在职，都应该尽心尽力，认真对待。

世态篇

白云苍狗

典出（唐代）杜甫《可叹》。

天上浮云的形状像白衣裳，顷刻又变得像灰色的狗。比喻世事变幻无常。

唐代诗人杜甫为诗人王季友写过一首诗《可叹》。这王季友，好学，家贫，人穷志不穷，作风很正派。可是他的妻子却嫌弃他，终于和他离了婚。有些人不了解内情，议论纷纷，把王季友丑化了。杜甫在诗中针对那些不公正的议论而

发出感叹。它不叹王季友好夫没好妻，也不叹他好人没好运，叹的是：这样一个作风正派的人物，被说得那样卑劣，可叹！作者在诗中就这样表示感慨：

> 天上浮云似白衣，
>
> 斯须变幻为苍狗。
>
> 古往今来共一时，
>
> 人生万事无不有！

此诗用兴比起句，说：天上的浮云分明像件清白干净的衣服，一会儿却变成一只灰毛狗的样子了；从古到今都是这样，人生道路上形形色色的事儿哪样没有呢！

由于杜甫的这首诗，后人就借"白衣苍狗"来感叹人事和世态的变迁迅速、出人意料。但一般都说成"白云苍狗"。

彼一时，此一时

典出（战国）孟子《孟子·公孙丑下》。

形容时势不同，情况也随之发生变化。彼：那。此：这。

春秋时，燕国为了王位之争，发生大乱。

齐王召集群臣，说："北边的燕国大乱，我决定起兵北上，望诸卿有力出力，有谋献谋，助我成功。"

文武大臣都主张出兵，孟子也主张出兵燕国，但是他认为出兵的目的不是贪图邻国的土地财富，也不是让燕国给齐王上尊号。

孟子说："天下动乱已有500多年，百姓期望出个圣主。上天给大王一个当圣主的机会，圣主是拯救民众于水火。出兵帮助邻国平定内乱，土地财物，一无所取，齐国在诸侯中带了个头——推行仁义，各国效法，那么三皇五帝之治就会重现。"

齐王垂涎邻国的财宝不止一天了，孟子的话哪里听得进去。齐军攻入燕国大肆烧杀掳掠，最后燕人反击，齐国大败。

孟子见自己的政见不被采纳，便辞官离开了齐国。

孟子准备在齐国推行以仁义平天下的主张受到挫折后，难免心里不好过。学生充虞说："老师像是很不愉快，以前我听您教导大家说：'君子不怨天，不尤人。'现在怎么了？"

孟子说："彼一时，此一时也。前些日子我可能真的不太愉快，可是现在我想到，500年之间，必定会出现行仁义的王者，其间还必定会有协助王者的人士。从周朝开国以来，已有700多年了，照500年的期限，现在正是有所作为的时候。除非天意不想平治天下，如果要平治天下，当今世上，除了我还有谁能够担当这个重任呢？现在我为什么还会不高兴呢！"

不识时务

典出（南朝宋）范晔《后汉书》。

不认识当前重要的事态和时代的潮流。现也指待人接物不知趣。时务：当前的形势和潮流。

东汉献帝时，因政权完全操纵在大臣们手里，汉室已面临覆亡的危险，刘备是皇室的子孙，很想找机会挽救汉朝的危机，但是东奔西走，总是没有好的根据地。

有一天，刘备特地去拜访隐士司马徽。司马徽是当时很有才学的人，他对刘备说："我很久之前就听说你的大名了，你为什么总是东奔西走的没有一个好的根据地呢？"刘备说："这也许是我的运气不好，八字生得不巧呀！"司马徽道："不是的，是没有好的人才扶助你的缘故。"刘备说："我自己虽然没有才能，但是我的左右都是能干的人，文有糜竺和简雍，武有关羽和张飞，不能说没有人才。"司马徽说："糜、简二人只能算是普通的文人，没有多大帮助。关羽和张飞虽然有万夫不当之勇，毕竟是武将之流，不是通权达变的人才。至于糜竺、简雍二人，他们对你没有多大帮助，因为他们都是白面书生，是不识时务的人。识时务的人，才可以称得起是俊杰，你要找到识时务的人来辅助你，才能成大功立大业。"

不以一眚掩大德

典出（战国）左丘明《左传》。

不 因为一个人一次小过错就否定其大功绩。以：因。眚（shěng）：过失，错误。

春秋时，秦穆公不听蹇（jiǎn）叔的劝告，于公元前627年派孟明视、西乞术、白乙丙率师伐郑。在回师经过崤山（今河南陕县东）时，被晋军袭击，兵败被俘。后来，在晋襄公的母后文嬴（yíng）的请求下，晋军释放了这三员大将。

孟明视等人回到秦国时，秦穆公身穿素服到郊外迎接。孟明视等人跪在地上，请求治罪。秦穆公赶忙把他们扶起来，说："我不听蹇叔的劝告，害得你们吃了败仗，受了侮辱，这个责任应当由我来负，怎么能怪罪你们呢！再说，你们过去都立有战功，我不能因为你们一时的过失就抹杀了过去的功绩啊。"于是，秦穆公继续重用这些将军。

后来，经过准备，孟明视等人又两次率师伐晋，终于战胜了晋军，报了崤山之仇。

差强人意

典出（南朝宋）范晔《后汉书》。

本指尚可振奋人心。现指大体上尚能令人勉强满意。差：稍微，大致。强：振奋。

东汉光武帝刘秀的时候，外乱为患，汉兵讨伐，节节失利。当时许多将官见到这种情形，都惊慌失措。光武帝看见他们这样都着了慌，心里也有点动摇了。光武帝沉思良久，忽然想起了名将吴汉，觉得他颇有胆略，于是派人去看看吴汉的情况是怎样的。

不久，派去的人回来向光武帝回报道："大司马吴汉现在正督率部下修理战具武器呢！"光武帝细细一想，毕竟这

个人跟那帮酒囊饭袋不同，所以赞叹着说："吴公还是可以振奋人心的，有他就算有一国了！（吴公差强人意，隐若一敌国矣！）"

大巧若拙

比喻正直灵巧的人不自炫耀，表面上好像很笨拙。

春秋时期的老子著有《老子》一书，共八十一章。此书用"道"来说明宇宙万物的演变，包括一些朴素的辩证法，内容涉及政治、军事及日常生活。

老子运用朴素的辩证观点指出：有道德修养的人，其言行的实质和表现出的现象并不是一致的。

大成若缺，其用不弊。大盈若冲，其用不穷。大直若屈，大巧若拙，大辩若讷。躁胜寒，静胜热。清静为天下正。

他说：大的成就好像亏缺，但它的用处是不会失败的。大的充实好像空虚，但它的用处是不会穷尽的。大的正直好像弯曲。大的灵巧好像笨拙。大的辩才好像语言迟钝。大的得利好像亏本。在生活方面，活动可以战胜寒冷，静止可战胜炎热。在政治方面，清而无欲，静而无为，可以做天下的君长。

得过且过

典出（元代）陶宗仪《南村辍耕录》。

过 一天算一天，不做长远打算。现在也指工作、学习中只求过得去即可。

从前，五台山有一种奇特的小鸟，名叫寒号虫。寒号虫有四只脚，两只肉翅，不会飞行。盛夏季节是寒号虫最快乐的日子，它全身长着绚丽丰满的羽毛，鲜艳夺目，使百鸟十分惊羡。这时，寒号虫得意扬扬，整天走来走去，到处找别的鸟比美。它一边走一边唱道："凤凰不如我！凤凰不如我！"

夏去秋来，有些鸟飞向遥远的南方，到那里去过冬；留下的鸟整天辛勤劳碌，积粮造窝，准备过冬。只有寒号虫仍然游游逛逛，到处炫耀它那身五光十色的羽毛。

秋去冬来，寒风呼啸，雪花飘舞。别的鸟在秋季都换上了一身又厚又密的羽毛，迎接寒冬的到来。寒号虫却与众不同，到了冬天，它那身漂亮的羽毛脱得光光的，一根毛也没剩下，就好像还没有长毛的鸟崽（zǎi）。夜晚，全身光秃秃的寒号虫，躲藏在石缝里，凛冽的寒风不断袭来，冻得它浑身直打哆嗦。它不断地咕噜道："好冷啊，好冷啊，明天就做窝，明天就做窝。"可是，当寒夜过去，太阳从东方升起，温暖的阳光照耀大地，寒号虫却忘记了前夜的寒冷，忘

记了要做窝的决心，它又说做："得过且过！得过且过！"

寒号虫始终也没有做窝，就这样一天天地混日子。最后，它被冻死在五台山的岩石缝里。

发蒙振落

典出（西汉）司马迁《史记·汲郑列传》。

把蒙在物体上的东西揭掉，把将要落的树叶摘下来。比喻事情很容易做到。

西汉武帝时，有一个叫汲黯的人，他对汉武帝常常直言劝谏。汉武帝既尊敬他，又有点怕他。汉武帝可以和大将军卫青蹲在床边上聊天，可以不戴帽子和丞相公孙弘说话，但不戴帽子就不敢和汲黯相见。

有一次，汲黯有事来见汉武帝，汉武帝刚巧没戴帽子，于是连忙躲在帐幕后面，叫别人传话去接受汲黯的意见。

由于汲黯为人耿直，对皇帝也敢直言进谏，所以好多大臣甚至一些诸侯王都惧怕他。当时的丞相公孙弘的为人和汲黯不一样，他对人宽厚，与人无争，所以虽身居相位，一些大臣和诸侯王都不把他放在眼里。

淮南王刘安阴谋反叛，但惧怕汲黯。他说："汲黯这个人，好直言进谏，对朝廷忠贞不贰，恐怕难以迷惑他。至于丞相

公孙弘，要迷惑他是十分容易的，就像揭掉一件蒙罩物，振动将要掉落的叶子一样（至如说丞相弘，如发蒙振落耳）。"

既往不咎

典出《论语·八佾》。

又见（后晋）刘昫等《旧唐书》。

原指已经做完或做过的事就不必再责怪了；现指对以往的过错不再责备。

春秋时期，鲁国的君主鲁哀公问孔子的弟子宰我，土地神的神主应该用什么树木制作。宰我回答说："夏朝用松木，殷代用柏木，周代用栗木。栗木意思是使人民害怕得战战栗栗。"孔子听到宰我的回答，大为不满，他责备宰我说："已经做过的事不用再解释了，已经完成的事不要再规劝了，已经过去的事不用再追究了。"

另外，在《旧唐书》中也有"既往不咎"的故事：公元619年，唐高祖李渊派大将李靖到夔州进攻梁国。部队推进至硖（xiá）州，被梁国部队阻击，无法继续前进。李渊以为李靖留恋硖州，不肯前进，于是下令将李靖斩首。都督许绍极力替李靖说情，李靖方才免于一死。

后来，冉肇（zhào）则出兵袭扰夔州，李靖带领800士

兵迅速攻占冉肇则的营地，杀死冉肇则，俘虏5000人，取得很大胜利。李渊听到这个消息，非常高兴，他嘉奖李靖时说："过去的错误不再追究，那些旧事我早已忘记了。"以后李渊任命李靖为行军总管。公元621年，李靖率军从夔州顺流而下，围攻江陵，梁国萧铣投降。

口蜜腹剑

典出（北宋）司马光《资治通鉴》。

比 喻口头说话好听，肚里却满是暗害人的主意。口蜜：说话甜蜜好听。腹剑：肚里藏着利剑。

　　唐玄宗时，宰相李林甫善于谄（chǎn）媚逢迎，看皇帝眼色行事，并对唐玄宗喜爱的心腹宦官和宠妃，也想方设法讨好卖乖，取得他们的欢心。他就是依靠这种本领，高居宰相之位达 19 年之久。

　　平时李林甫和同僚接触，总是装出一副态度恭谦、平易近人的模样，实际上却非常阴险狡猾，手段毒辣。他专门同有权有势的人结交，结成帮派，壮大自己的势力。凡是有才学有见识的人，他都非常妒忌。如果哪位官员功业超过他，被皇帝重用，地位威胁到他，他一定要想方设法把这个人除掉。

　　为了掌握唐玄宗的一言一行，李林甫用金钱玉帛买通了宦官和皇帝的嫔妃，因此唐玄宗那儿有什么消息，他马上就能知道。

　　有一次，他听说唐玄宗要重用兵部侍郎卢绚，便立即把卢绚调到外地，不久又把卢绚降职，却对唐玄宗说卢绚有病，不能重用。

　　又有一次，他打听到唐玄宗想重用严挺之，就把严挺之请到京城来看病，然后告诉唐玄宗，说严挺之年老体衰，正在治病。

　　他就这样玩弄两面三刀的手腕，妒贤嫉能，陷害了很多比他才能高的人。因此，大家都说他口蜜腹剑，对他十分痛恨。

梁上君子

典出（南朝宋）范晔《后汉书》。

比喻上不着天、下不沾地，脱离实际的人。窃贼行窃时，往往躲在屋梁上，故名梁上君子。

汉桓帝时，陈寔（shí）曾任太丘长。他出身低微，很能体谅劳动人民的疾苦。他为人正直，无论做什么事都严格要求自己，成为乡里人的榜样。

当时年成不好，人民的生活十分困难，乡里有些人由于日子实在过不下去了，就铤而走险干起了偷鸡摸狗的勾当。

有一天晚上，一个小偷钻进了陈寔的家，躲在房梁上，以便相机行事。陈寔偶然间发现了梁上的小偷，但他不动声色，起床把儿子、孙子都叫了进来，严肃地教训他们说："作为一个人，一定要时时刻刻地勉励自己，才能有出息。有一些做坏事的人，他们的本质并不坏，只因为染上了坏习惯，而自己又不知道克制自己，只一味地任其发展，养成了做坏事的习惯，最终成为坏人。你们抬起头来，看看这位梁上君子吧，他就是这样的人。"

梁上的小偷听后，感到非常惭愧，连忙爬下来，向陈寔叩头认罪。陈寔说道："我看你模样并不像一个坏人。你要记住我刚才所说的话，从此学好，别再当小偷了。"

陈寔又送给小偷两匹绢，并派家人把他送回家。这件事

传出后，乡里人非常敬佩他。一些做坏事的人，在陈寔的教诲下，也纷纷改过自新。

面 从

典出《新唐书》。

指一个人对某事明明不赞同，却口是心非，表面上表示同意。

唐初政治家魏徵，隋末曾参加瓦岗军起义，失败后降唐，后来做了谏议大夫。魏徵敢于直言不讳地提意见，很多建议得到采纳，成为唐太宗非常信任的重臣之一。

贞观六年（公元 632 年），一天，唐太宗在丹霞殿设宴招待他的几位亲近臣子。谈话中，唐太宗说："魏徵尽心为朝廷效力，所以我重用他。但有时他的建议不被我采纳，我向他问话，他也不回答我。是什么原因呢？"魏徵说："我认为有些事不对，所以提出劝谏。陛下不接受我的意见，我就不便开口说话。如果开了口，就是附和了您，事情就会得以施行，所以我不回答您。"唐太宗说："你何必那么死板呢？暂时答应我，然后又找机会再次劝谏，又有何不可呢？"

魏徵很严肃地说："古时贤君舜帝曾告诫群臣，议事时不应当面说好，背后又说三道四。我如果心里知道不对，却

口头上同意，就是面从。这样一来，不是违背了古代贤君立下的规矩吗？"唐太宗听了大笑说："别人说魏徵举止傲慢，对人不讲情面，我却认为很对心思，这就是他敢于直言的原因呀！"魏徵说："正因为陛下开明，能接受意见，不然，我哪里敢多次冲撞您呢？"

扑朔迷离

典出《木兰诗》。

形容事物错综复杂，不容易看清真相。

古时候，流传着一个木兰替父从军的故事。木兰是一个善良勤劳的农家姑娘，整天忙着纺线织布。有一年北方边境上发生战事，皇帝下诏书征兵参战。征兵的名册上卷卷都有木兰父亲的名字。可是父亲年老体弱，怎么能上战场去打仗呢？弟弟年纪还小，也不能替父亲去从军。这可怎么办呀？木兰忧愁得吃不下饭，睡不好觉，整天长吁短叹。一天，她忽然想道：我替父亲去应征，女扮男装，不就解决了难题吗？木兰是个坚强果断的姑娘，说到做到。她跑到市场上买来骏马，又购置了鞍鞯、辔头、马鞭，跟着同村的男子们一块儿出征了。

木兰这一去就是10年，风餐露宿，爬山过河，出生入死，

转战千里。将士和同伴们许多死在疆场，木兰侥幸地活着回来了。军队打了胜仗，天子犒赏凯旋的功臣。

天子问木兰："你立了功劳，你想要什么，只管说吧！"

木兰回答说："我多大的官也不想做，多么值钱的宝贝也不想要，我唯一的请求是骑上千里马，让我早点回到家乡去！"

皇帝答应了木兰的请求，木兰很快就回到了自己的家乡。家里人看到久别重逢的木兰，心情非常激动。年迈的父母互相搀扶着到城外迎接她；姐姐梳洗打扮像迎接贵宾一样；小弟弟磨刀杀猪宰羊给她吃。

木兰终于回来了。她重新走进十年前自己居住的屋子，打开窗户，坐在木床上，心情真是畅快呀！她脱下战袍，找来旧衣服换上。倚在窗台上梳理头发，把头发理成女人的样式。又对着镜子在额头上贴花黄，变得和乡里的姊妹一样漂亮。

这时候，一同在疆场上拼杀的伙伴们来探望木兰。木兰穿着女人的衣裳，梳着女人的云鬓，戴着女人的饰品，款款走出房门。同伴们一看，全惊呆了："我们一起行军打仗十年，竟然不知道你是个女的！"

是啊，雄兔四腿跳跃、眼睛动；雌兔眼睛动、四腿跳跃。两只兔子在地上一块儿跑，你怎么能辨别哪个是雄兔，哪个是雌兔呢？

秦琼的撒手锏

典出《说唐》。

比 喻稀有、珍贵，或秘诀、绝招。

秦琼的父亲名叫秦彝（yí），是隋末齐国武部大将军，镇守济南，为周国行军都总管杨林所杀。秦彝留下祖传的一件兵器，叫金紫锏（jiǎn）。这是两条一百三十斤镀金铜锏。秦家锏法，共有56路，天下无双，尤其"撒手锏"，是个绝招，无人能敌。

秦琼继承父业，练就家传的绝招"撒手锏"。后来，秦琼因不愿当杀父仇人杨林的义子，反出潼（tóng）关，前往

金堤关，遇见程咬金正被金堤守将华公义打伤败退。秦琼与华公义接战三十余回合，不分胜负。他见华公义戟法高强，不能取胜，只得虚闪一枪，回马便走。华公义后面赶来，秦琼把枪左手横拿，右手扯出铜来，执在胸前。华公义马头相撞秦琼的马尾，只见他举戟往秦琼后心便刺，秦琼左手把枪反在背后，往上一架，扭回身右手一铜打去，霎时华公义便毙命了。

穷涸自负

典出《韩昌黎文集》。

那些自命不凡、孤芳自赏、脱离实际、脱离群众的人。

传说在大海之滨，江河岸畔有个怪物。这个怪物绝非普通的水族之类可比。它置身水中，兴风作浪，飞腾天际，不费吹灰之力；一旦离开了水，活动也不过寸尺之间而已。即使没有高山、丘陵、远路、绝壁、关隘阻挡，它窘于干涸，无法自己到达水中，十有八九会被那些小小的水獭（tǎ）所嘲笑。

如果有力气的人怜悯它的困窘，把它送到水中，只需抬一下手、动一下腿就行了。然而这个怪物自负与众不同，说什么："烂死在泥沙，我心甘情愿。如果去俯首帖耳，摇尾乞怜，我坚决不干。"所以，有力气的人遇到它，熟视无睹，不加理睬。

这个怪物是死是活，就很难预料了。

三千珠履

典出（西汉）司马迁《史记·春申君列传》。

形容门客多而且豪侈。履（lǚ）：鞋。

春申君名叫黄歇，原是楚国的大臣。有一年秦昭王命白起为将，联合韩国和魏国共同讨伐楚国，企图一举灭掉楚国。黄歇听说这个消息后，马上写信给秦昭王，说服他不要攻打楚国，并愿意作为人质到秦国去，以求两国议和。秦昭王答应了黄歇的请求，将白起的军队撤回，两国订立了盟约。黄歇和楚太子完到秦国当了人质。

几年之后，楚国的顷襄王病得很严重，黄歇打算让太子完回楚国去继承王位，但秦王不准。黄歇找到秦相应侯说："现在楚王恐怕活不长了，如果让太子完回国继承王位，将来他势必侍奉秦国。如果不叫他回国，他在你们这里不过是咸阳的一个布衣。楚国一旦立了别人为国君，就不一定与秦国和好了。请你同秦王说一下，放太子完回楚国去吧！"

秦相应侯对秦昭王讲了，可秦昭王只允许黄歇回国看看，但不让太子完离开秦国。黄歇想了一条计策，叫太子完换了一身衣服，化装成楚国使者，便出了城。秦昭王发觉后，太子完早已走远。他气得火冒三丈，想杀死黄歇，但被秦相应侯劝住了。应侯说："黄歇是位人臣，当然要为他主子效命，杀了他又有何用？不如放他回国，以后还会亲善我们的。"秦昭王只好放了黄歇。

楚国的顷襄王不久病死了，太子完做了国君，称为考烈王。黄歇做了相国，并被封为春申君，受赐淮北十二县为封地。

当时齐国的孟尝君、赵国的平原君、魏国的信陵君，都广招天下贤士为门客，辅国持权，门客的待遇都相当优厚。有一年，赵国的平原君派自己的门客为使者，去拜见春申君。春申君盛情接待，让赵国使者住漂亮的房子，乘豪华的马车……

平原君的门客想在春申君三千门客面前炫耀一番。他拿出用玳（dài）瑁（mào）制作的头簪（zān）和饰有珠玉的剑鞘给他们看，以为他们必定会感到惊奇。然而赵国的使者想错了，春申君的门客没有一点儿羡慕的神色，有的甚至还不屑一顾。赵国使者迷惑不解："他们为什么不对这些上好的珠玉动心呢？"他往春申君门客的脚上一看，顿时明白了：好多门客的脚上竟然穿着用珠玉装饰的鞋子！他自愧弗如，赶忙收拾起头簪和宝剑，躲进屋里去了。

舍旧谋新

典出（战国）左丘明《左传》。

比喻抛弃从前的旧东西，重新规定和建立新的东西。

春秋时，晋献公的儿子重耳被迫流亡在外，他先到了卫、齐、曹、宋、郑等国，都未被收留。后来，重耳到了楚国，楚王收留了他，并问他："你将来如能再回晋国，怎么

报答我？"重耳说："我若能回晋国当上国君，假若晋楚两国发生战争，我将退避三舍，以作报答。"

重耳在外流亡了19年，由秦国送回晋国继了位，就是晋文公。公元前633年，晋楚两国发生了战争。起初，晋文公为了实现他流亡楚国时说的话，果然退军九十里。楚将子玉依仗大国强兵，坚决要和晋军决战。要不要迎战？晋文公仍有些犹豫。这时，晋军中对此事议论纷纷，有的说："一国之君要避让一国之臣（指子玉），太丢人了。"一些知道晋文公和楚国前情的人则说："晋君现在像原田之草，美丽茂盛，可以舍旧谋新了，不应陷在和楚国的旧日情怀中。"晋文公听到这些话，终于下了迎战的决心。城濮一战，晋文公大败楚军。从此，成了一位霸主。

时无英雄，使竖子成名

典出（唐代）房玄龄等《晋书·阮籍传》。

形容由于时势的关系，使某人成了名，但并非这个人才能出众。

魏晋之际有个著名文学家、哲学家叫阮籍，他与当时的名士嵇（jī）康等七人并称为"竹林七贤"。

阮籍容貌英俊，性格狂傲，志气宏大，学识渊博。他读

了许多书，最喜欢的是《老子》《庄子》，在生活中也按老庄的哲学思想处世，顺其自然，不拘小节。他有时在家关起门来看书，可以一连几个月不出来；有时外出游山玩水，又可以多日不归。他不仅诗歌文章写得好，还善于弹琴唱歌，又酷爱饮酒。有时他读书或弹琴到兴致浓时，高兴到了极点，连自身的存在也忘记了。

阮籍对当时朝政的腐败黑暗深为不满，常与嵇康等人在竹林下一边饮酒，一边评论朝政。他看不起专权的司马氏集团，也看不起曹氏傀（kuǐ）儡（lěi）皇帝。朝廷曾召他去当参军，他推辞不去。

有一次，阮籍登上广武城，观看当年楚霸王项羽与汉高祖刘邦交战的遗址。他很蔑视刘邦的人品和才能，感慨地叹息说："当年是世上没有真正的英雄人物，才让刘邦这种小人成名（时无英雄，使竖子成名）。"

仕数不遇

典出（东汉）王充《论衡》。

多次求官都没有得到君主的赏识。比喻仕途不顺，命运多舛（chuǎn）。

从前，周朝有一个人几次想当官都没有碰到机会，后来

年纪大了，头发也白了，在路上痛哭流涕。

有人问他说："你为什么哭呀？"

他回答说："我数次想当官都没有得到机会，自己哀伤年岁老了，失掉年华了，所以才在这里哭啊。"

那人又问他："做官为什么碰不到一次机会呢？"

他回答说："我年轻的时候学习礼乐制度。等到礼乐教化获得成就，开始想担任官职了，可是君上却喜欢任用老成人。好用老成人的君王死去了，后主又偏爱武勇兵法，我便改习武勇兵法。等到武术兵法学习成功了，偏爱兵法武勇的君主又死去了。少主刚刚登基，又喜好任用少年，但我年岁却老了。所以一生不曾遇到一次当官的机会。"

天翻地覆

典出（唐代）刘商《胡笳（jiā）十八拍》。

比喻变化很大。

天翻地覆谁得知，如今正南看北斗。

这是描写蔡文姬嫁到匈奴后的遭遇和心情的两句诗。据《后汉书》记载：文姬博学多才，妙于音律。东汉末年，天下大乱，匈奴入侵。公元196年，文姬被匈奴人虏获，做了南匈奴左贤王的王后，生了两个孩子，直到公元208年才被

曹操派人接回。蔡文姬在匈奴 12 年，饱尝各种辛酸。她怀念祖国、思念亲人并怀着这种沉痛的心情作了《胡笳十八拍》来抒发自己的感情。

刘商拟作的《胡笳十八拍》中这两句诗的意思是说，蔡文姬到了匈奴以后感到起了很大的变化，天地都倒了个个儿，连北斗星都转到南方去了。

唾手可得

典出《新唐书》。

指动手就可以取得。比喻非常容易得到。唾（tuò）手：往手上吐唾沫。

唐朝初年，朝鲜半岛上有 3 个国家：北部是高句丽，西南部是百济，东南部是新罗。唐高祖李渊曾和高句丽国交换本国流亡人，高句丽送还唐朝流亡人将近 1 万人，可见高句丽对唐朝的态度还是友好的。唐太宗李世民继位后，特别是灭突厥后，自恃国大兵强。

贞观十四年（公元 640 年），高句丽西部酋长泉盖苏文杀高句丽大臣百余人，又杀国王高建武，立高藏为国王。泉盖苏文专擅国政，用严刑立威望，高句丽内部不能相安。唐太宗觉得有机可乘，于贞观十六年（公元 642 年）决定亲自

率兵往攻。为此，群臣多上书劝阻。褚遂良建议说："陛下不必亲征，派一两名猛将，带领10万兵马，便唾手可得。"唐太宗不听劝告，亲自率兵前往，结果失败。

五十步笑百步

典出（战国）孟子《孟子·梁惠王上》。

逃跑五十步的士兵讥笑逃跑一百步的，其本质其实一样。后用来比喻自己跟别人有同样性质的问题，却自以为优越而嘲笑或反对别人。

一次，梁惠王对孟子说："我对国家真是尽心尽力了，如果河内地方遇到饥荒，我把那儿的居民迁到河东去，又把河东的粮食调到河内；河东出现同样的灾情，我也照样这样做。你说有哪个国家的君主能像我这样替百姓办事呀？可我们魏国的百姓还是不能增多，邻国百姓也不见减少，这是什么道理呀！"

孟子说："我先说个故事您听听：一次两国交战，一方的将士刚听到鼓点一响，就抛下盔甲、拖着兵器向后逃跑。有的士卒跑得快，一口气跑了一百步远；有的士卒跑了五十步就停住了。这时候那些只跑了五十步的士卒嘲笑跑了一百步的人说：'你们真是胆小鬼，跑得那么快！'您说他们骂

得有理吗？"

梁惠王说："跑五十步也是逃跑，干吗耻笑跑一百步的！"

孟子说："您明白这个道理，就知道魏国也不比别国强多少了。如果您在农忙季节，春种、秋收时不去征兵、征工，那魏国的粮食就多得吃不完；如果禁止用网眼过小的渔网去河里捕鱼，那鱼总会生生不绝；树木砍伐假如加以限制，木

材也会使用不尽。有了这些条件，老百姓能不拥护您吗？您再下令多植桑树，多养猪狗鸡，让大家能穿上丝绵吃上鸡肉，那天下的百姓能不归附于您吗？然而现在却不是这样。大王如果认真改革朝政，那魏国是会强盛起来的……"梁惠王点头称是。

智谋篇

变则新，不变则腐；变则活，不变则板

典出（清代）李渔《闲情偶寄》。

变通活用就能创新，不变则会迂腐；变通活用就能鲜活，不变则会呆板。

社会是不断向前发展的，一些古旧的观念未必就适应于现时的社会。当过去的某些观念或者规则长期地沿袭下来，扎根在人们的头脑里，如果不加以改变、革新，就有可能会成为一种迂腐的观念，从而阻碍人们的进步。个人思想的进步对于社会发展来说，是十分重要的。所以，任何一个人如果想要掌握自己的生活，就需要灵活变通，不要怕做古旧思想的"叛逆者"，应该勇于做时代的先锋，做先进思想、先进文化的"弄潮儿"。很多时候，只有稍稍地突破思维定势，事情就会前进一大步，不要惧怕尝试，因为有尝试就会有进步。

这几句话告诫人们，要懂得变通活用，不可拘泥守旧，这对于今人仍然有积极意义。

成事在理不在势，服人以诚不以言

典出（北宋）苏轼《拟进士对御试策》。

事情办成功是由于符合公理，而不在于有强大的权势；要用诚意来使人心服，不要用空话来使人佩服。理：公理。势：权势。

这两句话在于警示人们，做事情要按公理办事，不可依仗权势横行；要以德服人，不可以巧言令色。符合公理的事，

能够得到大多数人的赞同和支持，因而易于成功；不符合公理的事，虽然依仗强势，但因为受到多数人的反对，也难以成功，所以苏轼说"成事在理不在势"。诚心实意，以诚待人，能够得到别人的好感，别人也愿意听你的道理，因此可以使得别人心悦诚服。如果夸夸其谈，光说空话，便难以得到别人的认同，甚至会招致他人的反感，因而是难以服人的。

乘虚直入

典出（北宋）司马光《资治通鉴》。

趁着某些虚弱的地方或疏漏的时候侵入或进攻。

唐代安史之乱以后，唐王朝的统治大大削弱，各地藩镇兴起，他们各自为政。当时淮西节度使吴元济盘踞蔡州，为非作歹，烧杀抢掠，无所不为，闹得民众困苦不堪。唐王朝虽曾派兵征讨，但却无法平息。唐宪宗元和十年（公元816年）十二月又派李愬（sù）前往讨伐。

李愬到蔡州后，故意放出风声说："我是来安抚蔡州军民的，不是来打仗的。"以此麻痹乱军，使其放松警惕。同时，李愬积极前往慰问降兵降将，了解吴元济军中情况。

有一天，李愬和降将李祐一起聊天，谈到吴元济军中情况时，李祐对李愬说："蔡州精兵全在洄（huí）曲及四境

驻守，守蔡州城的都是些老弱残兵；可乘虚直抵其城，径直攻打蔡州。"李愬听了，觉得此计可行，十分高兴。之后，李愬做好了进攻的准备，选了个大雪纷飞的夜晚，带领人马，飞奔蔡州。李愬军进入城内，竟没有人觉察。凌晨时分，李愬潜入吴元济宅外，吴元济还在熟睡之中。李愬命令下属攻打牙城，夺取武库，烧其南门，百姓争先恐后负薪相助。全面进攻一开始，城头上飞箭如雨，杀声震天，到了申时，吴元济自知无力抵抗，便上城请降。

"可乘虚直抵其城"后被简化成"乘虚直入"或"乘虚而入"。

出奇制胜

典出（西汉）司马迁《史记·田单列传》。

使出神奇的策略，取得胜利。

战国时，齐湣（mǐn）王骄傲自大，奢靡腐化，不问国事。临近的燕国趁着这个机会，派大将乐毅带领了 50 万精兵，又联合了秦、赵、魏、韩四国兵马，共同进攻齐国，把齐兵打得落花流水，占领了齐国 70 座城，只剩下莒（jǔ）城和即墨两个小城没被攻破。齐湣王在逃亡中被人杀死了。

齐国百姓当初恨透了齐湣王，大家无心抗敌，但后来他

们看到燕兵烧杀抢掠，都感到国破家亡的痛苦，于是纷纷逃往莒城和即墨，誓死守城抗敌。不久，即墨大夫死了，大家推举田单为守城领袖。

田单是齐王的远族，很有智谋，又懂得兵法，他带领全城军民奋力守城。乐毅围城 3 年，都没法攻下这座小城。一天，田单知道燕昭王死了，燕惠王继位，他便派人到燕京去散布流言，造成燕王和乐毅之间的猜疑，燕王便派骑劫代替了乐毅。

骑劫是个残暴而又愚蠢的人，他到了齐国，虐待士兵，弄得全军士气低落，人无斗志。田单便趁这一时机，突然发动反攻，趁黑夜用火牛车大破燕兵，不到几个月光景，便完全收复了失地。因而齐人称田单为"齐国之父"。司马迁在《史记·田单列传》中赞扬他说："兵以正合，以奇胜，善之者，出奇无穷，奇正还相生，如环之无端。"

后人由此演变出"出奇制胜"这个成语。

聪者听于无声，明者见于无形

典出（东汉）班固《汉书》。

听力好的人，在声音未发出之前就预感先觉；视力好的人，在事物未出现之前就预见先知。聪者：听力好，

95

指聪慧的人。明者：视力好，指明智的人。

聪慧明智、思虑通达的人，善于观察、思考、细究，掌握事物的发展规律和发展方向，做出正确的判断，故能洞察事物的未来，于无声处听有声，于无形处见有形，有先见之明。

大行不顾细谨，大礼不辞小让

典出（西汉）司马迁《史记·项羽本纪》。

做大事的人不拘泥于小节，有大礼节的人不责备小的过错。大行：大的作为。细谨：小的谨慎。不辞：不怕。让：责备。

刘邦、项羽相会于鸿门。鸿门宴上，项庄舞剑，刘邦情势危急。后来刘邦借着如厕之名，出了大帐，樊哙（kuài）也跟着出帐。樊哙、张良等人建议刘邦赶紧趁着这个机会离开，但是刘邦认为自己不可以不告而别。

樊哙劝谏刘邦说："大行不顾细谨，大礼不辞小让，如今人方为刀俎（zǔ），我为鱼肉，何辞为。"意思是说，形势危急，事关生死，又何必拘泥于小节呢。

当局称迷，傍观见审

典出（后晋）刘昫等《旧唐书》。

当局的人总是感觉很迷惑，旁观的人却可以分辨得一清二楚。审：明察。

下棋的人常常纠缠于某一个局部，而对全局缺乏一个清楚的认识，因而总是感到很迷惑，有时候纵然费尽心机仍然漏洞百出。而观棋者却可以将整个棋局看得一清二楚，对于下棋人的失误一眼就能够看出来。但是下棋者与观棋者互换

一下角度，原来下棋的人同样可以将整个棋局把握得清清楚楚，而原来观棋的人则会陷入迷惑当中。这就启示我们，在工作或生活中遇到困惑的时候，不妨先跳出局外来，对整个问题进行全面的认识，然后才能找出解决问题的正确方法。

凡事豫则立，不豫则废

典出（西汉）戴圣《礼记》。

凡做事情，都应该事先做好准备工作，这样就能够成功，不做准备就会失败。豫：准备。

这两句话告诫人们，不要做无准备的事，不要打无准备的仗。在社会生活中，人们做事情不可能是一帆风顺的，总会遇到一些这样的、那样的突发状况。如果预先对事情发展过程中可能出现的一些变化有所估计，做好各种准备，事情自然会取得成功；即使遇到突发状况，也会因为早有准备，而不至于事到临头手忙脚乱，仓促应付了，这样也就能够在很大程度上确保事情的成功。

工欲善其事，必先利其器

典出《论语·卫灵公》。

一个人要想把工作做好，首先应该把需要的工具准备好。人非常善于使用各种工具。在开展工作之前，工具不仅要准备齐全，还要保证能用、好用，这样才能顺利地完成工作任务。准备工具不仅仅是准备好已有的工具，还包括创造比现有的工具更实用、更先进、更高效的工具。这两句话因其丰富的内涵，被后人广为引用。

鸿门宴

典出（西汉）司马迁《史记·项羽本纪》。

比喻不怀好意的宴会。

楚上将军项羽，降服了秦将军章邯（hán），指挥大军进取咸阳。殊不知沛公刘邦已兼程改道，进入关中，先项羽而占领咸阳了，并驻重兵于函谷关，阻项羽军队前进。项羽大怒，奋力攻关，刘邦守关将士抵挡不住，弃关而逃。项羽指挥大军一路追到新丰，在鸿门设下大营。

项羽的谋士范增说："刘邦本为无志之徒，进入咸阳以

后，他的行为有些改变，不如趁他羽翼未丰的时候，一鼓作气把他消灭。如果听任他发展壮大，将来后悔也来不及了。"

项羽接受了这个建议，准备以奇兵袭击刘邦。但被项羽的叔父项伯知道了。项伯与刘邦的谋士张良私交甚厚，他知道项军要消灭刘邦，张良在刘军，必被连带毁灭。因此，他来到了刘军驻地灞（bà）上，叫张良迅速至项羽军中避祸。

张良获得这个消息，连忙告诉了刘邦。刘邦吓得目瞪口呆，连说："怎么办？怎么办？"

张良说："是谁为你出谋划策，闭关不让项羽军队进来？"

"是鲰（zōu）生，他说守住函谷关，关中之地就尽归我所有了。"刘邦情急而惶恐地说。

张良说："你现有的军队能战胜项羽吗？"刘邦说："不能！但事已至此，又该怎么办呢？"

"为今之计，只有请项伯帮忙了，请他向项羽解释，就说你不敢背叛上将军而自立，外面的谣言请上将军不要轻信。"

刘邦依言办理，设盛宴，把项伯请入席中，恭谨地说："我自进关以来，连一根草也没敢动，秦国的府库，我封存起来；秦国的官吏，我登记起来，等候上将军进关处理。至于在函谷关驻守了军队，那是怕其他零散部队骚扰关中，这是一种非常措施，绝非阻止上将军进关。我在灞上，日夜盼望上将军来，好有个交代。我怎敢谋反称王，拒抗大军呢？

请你代我转告，我生生世世，也忘不了你的恩德。"

项伯以为刘邦说的是真话，就允诺转告项羽，并叫刘邦亲自到鸿门，向项羽谢罪。刘邦当然遵命办理。

项伯回到鸿门，把刘邦的话复述了一遍，并说："刘沛公是个好人，人家先进关，替你在前面铺好了路，让你不费气力进来，有大功不赏，还要打人家，情理如何说得过去？他明天就来拜见你。他如果真想造反，他敢来吗？你应该备好酒宴，好好款待人家。"

项羽依范增之计，在鸿门设宴，准备趁机将刘邦杀害。

刘邦怀着一颗忐忑的心，带领谋士张良、勇士樊哙赴鸿门宴。虽然这是一个危机四伏的宴会，但终因张良之谋、樊哙之勇，得以脱险归去。

借箸代筹

典出（西汉）司马迁《史记·留侯世家》。

本义是借筷子来指画当前的形势，后比喻从旁为人出主意，计划事情。箸（zhù）：筷子。

秦朝末年，项羽把刘邦包围在荥阳，刘邦忧心忡忡，与谋臣郦（lì）食（yì）其（jī）谋划对付项羽的办法。郦食其说："从前汤武讨伐夏朝的桀，分封其后代在杞；周武王讨伐商

代的纣，分封其后代在宋。后来秦国背信弃义，侵略诸侯，灭了六国，他们的后代失去了生存的地方。假如陛下恢复六国，送去大印，他们一定会感恩戴德，为陛下效劳。这样，项羽就会势单力薄。"刘邦说："此计果然不错。你立刻负责刻印，然后送往六国。"

这时张良从外面进来。刘邦正在吃饭，招呼张良说："你来得正好，刚才有人建议分封六国的后代，你看怎么样？"张良听了，叹息一声说："谁出的主意？陛下的大事完了！"刘邦惊奇地说："为什么呢？"张良说："请陛下把前面这根筷子借给我一下。"张良接过筷子后，一边画来画去，一边说："从前汤武、周武王分封灭亡国家的后代，是他们能

将敌国置之死地，现在陛下能将项羽置之死地吗？"刘邦摇头说："我被项羽包围，怎么能置他于死地呢？"张良接着说："汤武、周武王的分封都是在消灭敌人、销毁兵器、战马放归、天下平安以后才进行的，现在跟随陛下的将士，都来自六国，他们抛妻别子，血洒疆场，无非是希望有朝一日获得一块土地。如果恢复六国他们将离去，谁给陛下打天下呢？所以我说陛下的大事完了。"

后人用"借箸"或"借箸代筹"表示代人策划。

救弊之术，莫大乎通变

典出（北宋）李觏《易论》。

纠正时弊的方法，莫过于顺应当前的情势，而采取适合实际需要的灵活方法。

社会是不断发展变化的，某些处事的标准会因为社会环境的不同而显现出陈腐、滞后的特征，此时如果不对这些弊端加以纠正，必然会影响到个人乃至整个社会的发展。因时制宜，顺应当前的情势，制订相应的对策，如此便能永葆活力，不断发展。

君子坦荡荡，小人长戚戚

典出《论语·述而》。

君子胸怀坦荡宽广，小人心胸狭窄，常常忧愁。荡荡：宽广。长：常。戚戚：指面容、神情悒（yì）郁悲凄。

这两句话阐述了不同的人、不同的品格，遇事的表现也会不一样。德行高尚的谦谦君子，胸怀坦荡，做事光明磊落，对人对事无私无畏，所以总是显得无忧无虑，泰然自若。而小人德行卑劣，心胸狭窄，有太多的私心杂念，所以总显得愁眉苦脸，哀哀戚戚。这提醒我们，做人做事要坦坦荡荡，无愧于天地良心。也告诉我们，在识人的时候要看他遇事的表现。

明者远见于未萌，而智者避危于未形

典出（西汉）司马相如《谏猎书》。

明理的人在事物还没有发生之前就预见到了事情的发生，聪明的人在危险出现之前就已经安排好了避免危险的方法。

很多时候，发生祸害的原因大多隐藏在十分微小的地方，并且经常是在人们忽视的地方发生。所以，人们在处理问题时，要谨慎行事，根据事情微小的变化，结合实际情况，分析其原因，制订相应的对策，做到防患于未然。

谋先事者昌，事先谋者亡

典出（西汉）刘向《说苑》。

先谋划好了再去行动，事业就繁荣昌盛；先有行动然后再去进行谋划，事业就会失败。谋：谋划。先：先于。

这告诫人们，做事时要经过周密的计划，万不可以临阵才应对。做任何事情，事先如果没有周密的计划，待行动之后才慢吞吞地谋划，是难以取得成功的。

明者因时而变，知者随事而制

典出（西汉）桓宽《盐铁论》。

聪明的人会随着时代的改变而改变自己；有智慧的人会根据事情的发展变化而随时改变策略。知：通"智"，

智慧。

这告诫人们应该懂得顺应时势，改变自己，因应施策。一切的事物都是向前发展的，不可能是一成不变的，新的变化往往伴随着新的挑战，人们如果不能够适时地调整策略，顺应变化，是要在新的挑战下吃大亏的。

七纵七擒

典出（西晋）陈寿《三国志》。

正确使用攻心战使对方心悦诚服。

三国鼎立时，蜀汉丞相诸葛亮为了巩固后方，于公元225年率军南征。正当大功告成准备撤兵的时候，南方少数民族的首领孟获又纠集了被打败的散兵来袭击蜀军。

诸葛亮得知，孟获不但作战勇敢，意志坚强，而且待人忠厚，在族中极得人心，因此决定把他争取过来。

孟获虽然勇敢，但不善于用兵。第一次上阵，见蜀兵败退下去，就以为蜀兵不敌，于是不顾一切地追上去，结果闯进埋伏圈被擒。

孟获认定自己要被诸葛亮处死，不料诸葛亮亲自给他松绑，好言劝他归顺。

孟获不服失败，傲慢地加以拒绝。诸葛亮就放他回去。

这样一连捉了 7 次又放了 7 次。孟获终于心服口服，为了让各部族都归顺蜀国，他把各部族首领请来，带着他们一起上阵。结果又被蜀兵引进埋伏圈。蜀营里传出话来，让孟获等回去，不少部族首领请孟获做主，究竟怎么办。孟获流着眼泪说："作战中七纵七擒，自古以来没有听说过，丞相对我们仁至义尽，我没有脸再回去了。"

就这样，孟获等终于归顺了蜀汉。

七纵七擒，一般也说"七擒七纵"。

前车覆，后车诫

典出（西汉）戴德《大戴礼记》。

前面翻的车子，可以引起后面车辆的警戒。覆：翻车。诫：警戒。

这里以生动的比喻告诫人们，过去失败的教训可以引人警惕，成为后人的经验，因此无须灰心丧气。车队行驶之时，道路坎坷不平，前面车辆的安稳与否，可以作为后面车辆的参照。如果前面车辆倾覆，后面的车辆就应该注意了，不要重蹈前车之覆辙。这里以行车的小道理，来说明历史发展的大道理。

巧者善度，知者善豫

典出（西汉）刘安《淮南子》。

机巧的人善于计划，聪明的人善于预见和预防。度：计划。豫：预见，准备。

有些人做事，一味地求急求快，不经过周密的计划和部署，就盲目躁进，这种做法显然是不可取的。事物处于不断地发展变化之中，我们只有随时把握其发展的脉络，预测到一切可能发生的状况，并且因应对策，这样我们才能取得胜利。

事有便宜，而不拘常制；谋有奇诡，而不徇众情

典出（后晋）刘昫等《旧唐书》。

处置一件事，应采取最有利的方式，而不要拘泥于某种固定的程式；计谋应具有出人意料、变化难测的特点，不应迎合屈从一般人的见解。便宜：适宜的，方便的。徇：屈从，迁就。

大多数人的意见虽然重要，可以作为参考，但绝对不能成为左右自己决定的必然因素，处事的原则是采取最为有利的方式。这其实在于告诉人们，在社会生活中，在处理某些事情时，应有主见，不可人云亦云。

时则动，不时则静

典出《管子·宙合》。

时机成熟了，就要行动；时机尚不成熟，就应该保持静默，蛰伏待机。时：合乎时机。

一个成功的人，必然是一个善于把握时机的人。当时机

到来时，他能够紧紧抓住，制订对策，果断出击，为自身的成功创造条件。当时机还没有成熟的时候，他能够保持清醒的头脑，不受外界因素所影响，冷静地分析问题，寻找解决问题的方案，绝不是不顾客观实际，盲目出击。

上楼去梯

典出（西晋）陈寿《三国志》。

比喻极端秘密的策划，也用来比喻诱人上前而断其退路。

东汉末年，山阳高平（今山东邹城）有一个皇族姓刘名表。初平元年（公元190年），刘表任荆州刺史，取得豪族蒯（kuǎi）良、蒯越等人的支持，据有今湖南、湖北两地，后为荆州牧。官渡之战后，曾一度依附袁绍的刘备投靠了刘表。

当时，刘表很宠爱蔡夫人生的小儿子刘琮（cóng），不喜欢大儿子刘琦（qí），刘琦因此很苦闷。刘备和诸葛亮来到荆州后，刘琦曾多次找到诸葛亮，请他为自己想个自全之策。诸葛亮怕招惹是非，没有答应。有一天，刘琦约诸葛亮到后花园游玩，一同登上高楼饮酒。欢宴之际，刘琦令人把楼梯抽去（古时楼房，楼梯为木制，可以搬动），然后对诸葛亮说："现在上不着天，下不着地，你说我听，没有外人，

请先生赐教。"诸葛亮见刘琦处境确实危险，便示意说："春秋时，晋国公子申生在国内而遭害，公子重耳弃国出走而保全。"刘琦听了，顿时醒悟。正好当时江夏太守黄祖死了，刘琦便乘机请求出任江夏太守。

天下智谋之士，所见略同

典出（西晋）陈寿《三国志》，裴松之注引《江表传》。

天下聪慧博学而有远见的人，对待同样的事情，其看法是基本相同的。

对待同一件事情，有的人看到了其中的利益，有的人看到了其中潜藏的危机，有的人看到了眼前的蓬勃生机，有的人预见到了将来的颓废情景……对于同样一件事情，本来就是仁者见仁，智者见智，人们都可以有自己独特的看法，自由地发表自己的观点。因为人们的志趣不同，智谋高低不同，认识事物的方法不同，因而对事物的看法则是千差万别的。但是同样是有智谋的人，他们的志趣相同，认识方法相同，智谋水平接近，因而对于同样一件事情就能够得出大体一致的观点。

未雨绸缪

典出《诗经·豳风·鸱鸮》。

做任何事情都应事先准备，以免临时手忙脚乱。

"鸱鸮"是一种体小、嘴尖、性驯的小鸟。这首诗的作者通过一只失去小鸟，但仍努力营筑巢室的母鸟的哀怨口吻，写出它自己的辛勤劳瘁（cuì）。

"迨天之未阴雨，彻彼桑土，绸缪牖（yǒu）户。"意思是：趁着天还没有下雨，用桑根的皮把巢室的空隙之处缠缚紧了，只有巢室坚固，才能免去人的侵害。

后人把这几句诗演变为"未雨绸缪"。

胸有成竹

典出（北宋）苏轼《文与可画筼筜谷偃竹记》。

原指画竹子要在心里有竹子的形象。后比喻做事已经有成熟的计划。

宋朝有一个读书人，姓文名同，字与可，擅长写生。他生平很爱竹，就在自己的寓所前栽植了许多青竹，并耐心地培育这些心爱的东西。从早春到隆冬，从晴天到阴雨，从早

霜到晚雾,他凭窗仔细观察,品评竹叶和竹枝在每一个季节、每一种气候里的变化和不同的姿态。时间过得久了,他对竹的各种变化和姿态便十分熟悉,甚至能瞑(míng)目成形,把竹叶和它的枝干细致地默绘出来,而且每幅作品都很动人且富有生气。

有一天,他的一位知己晁(cháo)补之来找他,看到了这种情况,便赋了一首诗,诗中写道:"与可画竹时,胸中有成竹。"意思是说:文与可下笔画竹之前,心中早已孕育了竹的形象。

须要博古通今,达权知变

典出(明代)冯梦龙《醒世恒言》。

一定要博知古代和通晓今世,必须要晓达权衡之法和深知变通之术。

此二句强调了一个人如要立身处世,需要有渊博的知识和知时识务的变通之术。古往今来,世事变化莫测,人们处世立身如果循规蹈矩,拘泥于旧制形式,是难以有所进步的,必须顺应变化,才能够在社会上立足,有所成就。首句告诉人们,要知识渊博,这是因为一个具备渊博学识的人,对待某些事物的变化发展,能够做出准确的判断、认识,故而也

能够恰如其分地调整策略。后一句则强调变通，告诫人们，在工作和学习中，唯有善于运用自己的聪明才智，懂得变通，才不至于阻滞自身的发展。

扬汤止沸

把烧开的水舀出来再倒回去，使它稍冷，暂不沸腾。比喻暂时缓解急难之意。

刘廙（yì），东汉末期南阳郡（今属河南省）人。他的哥哥刘望之被荆州刺史刘表所杀，于是他投奔曹操。当时，有个名叫魏讽的人阴谋袭击曹操，被人告发后，曹操就把魏讽处死了。刘廙的弟弟刘伟是魏讽的同党，因此同被诛杀。按当时的法律，刘廙因弟弟牵连也当获罪，并应全家被抄斩。可曹操爱惜人才，同时也了解刘廙的为人，所以曹操没有对刘廙判罪。

刘廙很感激曹操，恭恭敬敬地写了一封信给曹操，大意是说：我的罪，理应灭绝祖宗和家族，幸而遇到天大的好运，蒙您扬汤止沸，救了我的命，真好比使冷灰重新冒起烟来，使枯树重新开出花来一样，这样的大恩，等于天地缔造万物、父母养育子女，永远也报答不了，今后我只有拼死为您效劳，

在这封信里，实在写不尽我的感激心情。

以拙养巧，以讷养辩

典出（北宋）苏辙《上刘长安书》。

以笨拙来培养自己的聪明才智，以言语木讷（nè）来训练自己的滔滔辩才。

这其实体现的是作者自我保护的心理。如果一个人辩才出众，锋芒过盛，容易招致别人的嫉妒。一些好事之徒、心胸狭隘之辈，总会想方设法打倒对方，以证明自身的实力。所以，某些时候，以笨拙、木讷来掩饰自己，不失为一种独善保身的妙招。

欲取先予

典出（西汉）刘向《战国策》。

比喻要想从对方那里得到什么，必须先给对方一点甜头。

春秋末期，晋国的一个当权贵族知伯向另一个贵族魏桓子强要土地，魏桓子拒绝了。任章劝魏桓子还是把土地割

让给知伯。他说："你把土地割给他，知伯必然骄傲轻敌，而邻国必然惧怕他而互相团结起来。以互相团结的诸国之兵，来对付骄傲而轻敌的晋国，那么知伯的命就不会长了。《周书》上说得好，要想打败对方，必须暂时扶植他；要想从对方那里得到什么，必须先给他一点东西（将欲取之，必故予之）。"后来，魏桓子照任章的话做了，知伯果然因为骄横、贪得无厌而丧了命。

"将欲取之，必先予之"后来演变出"欲取先予"。

斩草除根

典出（战国）左丘明《左传》。

除草时要连根除掉，使草不能再长。比喻除去祸根，以免后患。

春秋时期，有一次卫国与陈国联合去讨伐郑国。郑国的郑庄公请求陈国的陈桓公，希望讲和。陈桓公不答应，他的弟弟陈五父劝他说："与善人亲近，与邻国和睦相处，是最宝贵的东西。我看还是与郑国讲和吧！"

听了弟弟的话，陈桓公很生气，说："宋国和卫国是强大的国家，我害怕他们为难我；可郑国是一个小国，我去攻打它，它难道还能把我怎么样吗？"于是继续攻打郑国。

两年以后，郑国强大起来，派兵侵袭陈国，把陈国打得大败。邻国眼看着陈国吃了败仗，然而却坐视不救。人们议论说：这是陈国自找苦吃，长期做恶事不知改悔。古书有言，做恶事容易，这犹如燎原烈火一样，无法扑灭，最后必然将大祸引到自己头上。周朝的大夫周任讲过这样的道理：

"作为国家的国君，对待恶事应像农夫对杂草一样，将它们铲除，连根挖掉，不让它们再生长出来，这样做的结果，善事才能伸张起来。"

"斩草除根"这句成语就是从这里演变来的，"斩草除根"也称"剪草除根"。

知己者，智之端也，可推以知人也

典出（北宋）王安石《荀卿》。

个人能够了解自己，有自知之明，这就是智慧的开端，可以推导看清别人。

一般来说，准确地认识自己比认识别人更难，对于别人，我们习惯用自己所有的自我标准去衡量、评价他人，虽然片面，客观真实性还是存在的，但认识自己由于带有较强的

118

主观情绪，很容易给自身的不足之处寻找借口，故此自我评价往往不够客观，有失偏颇。我们只有客观地承认自己的优点，勇敢地正视自己的缺点，才能够在人生的道路上不断取得进步。

知欲圆，而行欲方

典出（西汉）刘安《淮南子》。

智谋是灵活变通的，而行为必须方正不苟。

人生于世，处世的智慧可以圆通、灵活一些，如此人生之途也会更为坦荡一些。而做事必须恪守原则，不做违背道义、触犯礼法的事情。这是为人处世的方圆智慧，我们应深入体会。

智而能愚，则天下之智莫加焉

典出（明代）刘基《郁离子》。

聪明的人不自以为是，能够以愚自视，那就是天底下最大的聪明了。

刘基著此文时，正当壮年，仕途不顺，四起四落。"智而能愚，则天下之智莫加焉"，这句话反映的是刘基大智若愚的一种入仕态度。有些时候，才能出众在某些人的眼里也会变成一种"罪过"，会遭受旁人嫉恨的眼光，或者种种有意的、无意的刁难，所以在这样的情况之下，最好能够暂时收敛锋芒，装装糊涂。

智者顺时而谋，愚者逆理而动

典出（东汉）朱叔元《为幽州牧与彭宠书》。

聪明的人善于根据时势谋划，愚蠢的人逆着合理的时机行动。

此二句以"智者"和"愚者"作比较，突出"顺时""逆理"的重要性，告诫人们，要懂得顺应时势，懂得变通。任何事物都不可能是一成不变的。聪明的人能够准确地掌握各方面的资料，预测发展趋势，然后采取相应的措施，如此就能够顺应时势的发展，取得成功。而愚蠢的人，不管这些，只着眼于眼前，不注意时机的应用，不懂得变通，结果自然是失败。

哲理篇

白往黑归

典出（战国）韩非《韩非子》。

比喻只看表面现象而不注重本质，或首尾不一。

战国时期，杨朱有个弟弟，叫杨布，家里养了一只活蹦乱跳的小白狗，杨布很喜欢它。他对杨朱说："我这只小白狗真讨人喜欢，一见到我，就摇头摆尾，亲热极了。"

杨朱反驳说："这并不表明什么，你经常喂它，所以它才对你亲热，这样可以骗得更多的食物。"杨布听了，心中很不愉快。

杨布平时爱穿白衣服，一天外出，淋了一身雨，就把外面的白衣换成黑衣。回到家里，那小白狗竟朝他"汪汪汪"地吠叫起来。杨布非常愤怒，随手拾起一根棍子就要打。

杨朱立刻劝住了他，并说："何必呢？它把你认成了另一个人，所以要吠叫。现在不妨换个角度，你的小白狗外出，回来时变成了一只小黑狗，你难道不感到奇怪吗？你会认为是别人的狗，而别人的狗，不会对你摇头摆尾地表示亲热。"

杨布知道杨朱在讽刺他，但细细一想，果然有一些道理。

杯水车薪

典出（战国）孟子《孟子·告子上》。

用一杯水去救一车柴烧起的火。比喻力量太小，解决不了问题。

有一家药店挂牌开张，一串串鞭炮闪着火光，噼里啪啦地响。

突然，一串鞭炮落在干草堆上，顷刻间，浓烟腾起，亮起火光，风助火势，烈焰冲天。

药店里账房先生听见"救火"的喊声，也探出头来，看见火堆就在眼前，他二话没说，端起一杯水，拨开众人，冲出门外，对准火焰正旺的地方浇下去，大声说："没事了，大家自己忙去吧。"

可是，只听见"哧"的一声，水没了，而火照样旺盛，而且越烧越猛。

账房先生呆住了。看了一会儿，他愤愤不平地斥责道："这火真不像话，竟然用水都灭不了，真是岂有此理！"转念又想，莫非天道已变，水已不能胜火了？如果真这样，那就不是人力所能做到的。

他后退了几步，对大火观望起来。不久，火焰渐渐熄灭，草堆被烧成红红的一堆灰烬。

扁鹊说病

典出（战国）韩非《韩非子》。

意思是，如果自以为是，拒绝别人的善意批评，错误就会越犯越严重，甚至会发展到不可救药的地步。

扁鹊去谒（yè）见蔡桓公，在旁边站了一会儿。

扁鹊说："君王有病在皮肤里，如果不医治恐怕要加重。"

蔡桓公说："我没有什么病。"

扁鹊走出去了，蔡桓公说道："医生爱医治没有病的人，借以显示他的医术高明。"

过了10天，扁鹊又去谒见蔡桓公，说："君王的病已经发展到肌肉里了，再不医治便会越发厉害。"蔡桓公没有理睬。扁鹊走出去了，蔡桓公又很不高兴。

再过了10天，扁鹊又去谒见蔡桓公，说："君王的病已经蔓延到肠胃里去了，再不医治将会越发严重！"蔡桓公仍是没有理睬。扁鹊走出去了，蔡桓公又很不高兴。

又隔了10天，扁鹊一看见蔡桓公，扭头便走掉了。蔡桓公特意找人去问他是什么缘故。

扁鹊说："人的病要是在皮肤，用汤药洗或者用热敷，药力都是可达到的；病在肌肉里，扎针的功效是可以达到的；病在肠胃里，服草药汤剂的力量也是能够达到的；病在

骨髓里，那便属于掌管生死大权的神明的事情了。如今君王的病，已经深入骨髓，所以我便不再要求给他治疗了。"

过了5天，蔡桓公浑身疼痛，叫人到处去找扁鹊，扁鹊已经逃往秦国去了。于是蔡桓公便死了。

一切事物都有其发生、发展的过程，如果能够寻见了它发生的根源，把握了它发展的趋势，就可以从开始时给它施加影响，引导它朝着有利的方向发展。看来是难事也必定作于易，大事也必定作于细，要"早从事焉"。早从事的关键是依照客观规律办事。韩非的这种观点和方法，是符合唯物主义原则的，对我们仍有启发性。

后人用"扁鹊治病"这个典故告诫人们：有了错误，必须认真检讨，及时纠正，慎易避难，防微杜渐。

不可同日而语

典出（西汉）刘向《战国策》。

不能放在同一时间谈论。形容不能相提并论，不能相比。

战国时期，苏秦是主张"合纵"的，他建议燕、赵、韩、魏、齐、楚六国联合起来，共同对付秦国。

为了说服赵国的君主采纳他的意见，他从燕国来到赵国。赵王比较年轻，做君王的时间不长，很想听他的主张，便热

情地接待了他。

苏秦婉转地对赵王说：

"现今贵国疆域有两千多里，军队有几十万人，战车千部，战马几万匹，粮食够吃十年。就地形而论，西有常山，南有漳，河东有清河，北邻燕国。目前秦国虎视眈（dān）眈，想把赵国吞掉，然而迟迟不敢举兵来征伐，是担心韩国和魏国打它的主意。所以说韩、魏两国也是贵国的屏障。可是秦国一旦占了韩、魏，那么赵国就大祸临头了。这就是我为大王忧虑的问题呀！想当年，尧没有什么地盘，舜也无一点土地，却能占有天下。禹不足一百个部属，却成为诸侯的领袖。成汤和周武王也不过三千士卒，三百战车，也做了天子。这是什么缘故呢？因为他们都具有远见卓识。圣明的君主能够了解敌国的强弱，清楚自己士兵的数目、将士的优劣，不必等到战场上厮杀，对于胜负、存亡就已经心中有数了。哪有光听议论，糊涂地决定国家大事的呢？我计算过各国的版图，六国的土地比秦国大5倍；六国的军队比秦国多10倍。如果六国合成一体，共同讨伐秦国，那秦国必定失败。可是你们现在不做长远打算，盘算着屈服秦国，情愿做人家的臣子。可你们应该知道呀，打败敌国和被敌国打败，别人当自己的臣子和自己当别人的臣子，这两种境遇可是不能够放在一起相比着说的呀！我的意见请大王深思啊（夫破人与破于人也，臣人之与臣于人也，岂可同日而言之哉）！"

赵王对苏秦的主张很感兴趣，决定封他为武安君，给他一百辆车子，二万两黄金，一百双白璧和许多绸缎、衣物，让他去劝说其他几个国家。

后人便从中演变出"不可同日而语"一句，用来说明两种情况完全相反或差别很大。

不以规矩，不能成方圆

典出（战国）孟子《孟子·离娄上》。

不使用圆规和直尺这些工具，就不能制作出标准的方形或者圆形的器物。以：用，比喻做事要遵循一定的法则。

从事手工制作必须借助于一定的标准器具，这样才能减小或消除误差，使制作出的产品合乎标准。当然，即便是借助于这些器具，误差也难免存在，但是只要能将误差控制在非常微小的范围内，也就达到了标准的要求。后来引申为生活处处需要规则，人们都遵守规则，生活才会有秩序；否则，将会出现大问题。

唇齿相依

典出（西晋）陈寿《三国志》。

嘴唇和牙齿互相依靠。比喻双方关系密切，相互依存。

鲍勋，在魏文帝时任御史中丞。魏文帝想攻打吴国，鲍勋面见魏文帝说："大王的军队曾几次远征都没有取胜，究其原因，首先是吴国和蜀国地势相连，有如嘴唇和牙齿的关系一样，他们相互支援；其次是路途太远，山水相阻，行军困难，故要战胜吴国是很困难的。"魏文帝不但不考虑有益的意见，反而十分愤怒，把鲍勋从御史中丞降为治书执法。

蹈水之道

典出（战国）庄周《庄子·达生》。

说明做任何事情只有按照客观规律行动，才能完全驾驭它。

孔子在吕梁观赏瀑布的景色，那水流从三十仞的高处直泻而下，江面水珠飞溅，直到四十里之远，鼋（yuán）鼍（tuó）、鱼鳖都不能在这里浮游。孔子忽见一个男子游在江中，以为是有什么痛苦而自寻短见的，便让他的学生沿河往下游去救他。却见这人游到数百步外便从水中出来，披散着头发，在堤岸下悠游自在地边走边唱起来。

孔子赶忙跟上去问他，说："请问，你游水有秘诀吗？"

那人回答说："没有，我并没有什么秘诀。我凭着人类的本能开始了我的生活，又依靠人类的适应性而成长，顺乎自然而成功。同漩流一起潜入水底，随涌流一同浮出水面，完全顺从水性而不凭主观意志从事。这就是我能驾驭汹涌的急流的缘故。"

孔子问："什么叫作凭本能开始生活，靠适应性而成长，顺乎自然而成功呢？"

那人回答说："我生在陆地而安于陆地，这就是本能；长在水上而安于水，这就是适应性；不知道我为什么会这样而结果是这样，这就是顺乎自然。"

富贵本无根，尽从勤里来

典出（明代）冯梦龙《醒世恒言》。

富贵本来就没有根，不是固定地专属于某些人的，富贵都是从勤苦努力、艰苦奋斗中得来的。

古往今来，荣华富贵并不是凭空而生的，而是源自辛勤的付出。但富贵不是你想得到就能得到的，必须经过辛勤的努力才能得到。此句多用来劝勉人们靠自己的勤奋努力发家致富。

苟日新，日日新，又日新

典出（西汉）戴圣《礼记》。

如果能每天除旧更新，就要天天除旧更新，不间断地更新又更新。苟：如果。新：指修旧更新。

这几句话强调的是人应该有自强不息的精神。此句名言，已经流传了几千年了，据说是商朝开国的贤君商汤刻在盘子上的铭文，称为"汤盘铭"。铭文之所以要刻在盘子上，是因为这样每次洗涤的时候，就可以看到，能够起警告、提醒、

勉励的作用，旨在激励自己不断创新，每天都有所作为。商汤为商朝的开国圣君，定居于亳（bó）（今河南商丘东南），而后由于夏桀残暴不仁，乃顺天应人，带领臣民推翻夏朝，一统天下。商汤的成功除了与其自身的雄才大略、贤明有关系外，还与他能够自强不息，时时转变观念有关。此句在现在多用来提醒人们，要让自己的道德修养、思想观念与时俱进，永葆生机。

瓜田不纳履，李下不整冠

典出（三国魏）曹植《君子行》。

走过瓜田，不要弯下身子提鞋；经过李树下面，不要举起手来整理帽子。履：鞋子。李：李树。冠：帽子。

此二句是说做人处世宜避嫌疑。人在瓜田里，弯腰系鞋带、提鞋子，会让人误会这个人是在偷瓜。在李树下，如果有人伸手去整理帽子，很容易让人误会这个人是在偷摘李子。这两句比喻形象，描写生动，有力地告诫人们为人处世要懂得规避嫌疑。

过犹不及

典出《论语·先进》。

事情做过了头就如同没有完成任务一样，是同样应该受到指责的。

子张和子夏是孔子的学生。子张的行为常常超过周礼的要求，而子夏的行为则常常达不到周礼的要求。对此，孔子评价说："过犹不及。"就是说子张的所作所为和子夏一样，都不能令人满意。由此可知，我们在做任何事情都应该把握一定的分寸，不要做过了头，否则就会收到适得其反的效果。任何事情、任何行为都不能过了头，要注意把握好分寸，不能走向极端。

机不可失，时不再来

典出（北宋）欧阳修《新五代史》。

好的时机不可错过，一旦失去了就难再来。

五代时期，河东节度使石敬瑭雄踞太原，起兵称帝，安重荣被授为成德军节度使。石敬瑭为了巩固帝位，有意交好契丹，割让燕云十六州给契丹，以求得到对方的支持。安

重荣对此引为奇耻大辱。他见契丹刚刚得到燕云地区，统治基础很不牢固，汉人多不愿受契丹人统治，遂向石敬瑭上表，请求攻打契丹。在这则表里，他称："天道人心，难以违拒，机不可失，时不再来。"认为契丹占据燕云，不得人心，此时攻打契丹，正是千载难逢的好时机。

此二句语言通俗，意蕴深刻，至今仍然时时为人们使用，用来劝解人们机会难得，不可放过。

既来之，则安之

典出《论语·季氏》。

既然使他们来了，就要使他们安心。来之：使之来，使他们来。安之：使之安，使他们安心。

春秋时期，鲁国季康子准备发兵攻打颛（zhuān）臾（yú），孔子对此持反对态度，责备两名弟子没有劝阻执政者。冉有辩白，认为颛臾城墙坚固，又靠近鲁国，如果现在不攻打它，将来必定会成为子孙的后患。孔子批评了冉有，认为只要一个国家做到财富平均，社会安定，文教德化完善，别人自然就会归服。而对于归服之人应该持有"既来之，则安之"的态度，意思是说，投奔过来后，让他们安心居住。

后来，人们多用此语表示：既然来了（多指不受欢迎的

135

事物，如疾病、灾祸或者身处险恶之地），就安下心来，从容对待。

解铃还须系铃人

典出（明代）瞿汝稷《指月录》。

比喻谁惹出来的问题，仍应由谁去解决。系(xì)：拴，绑。金陵清凉山法灯禅师还是一个普通的小和尚的时候，聪明机智，性格豪迈，并不一天到晚念经拜佛。因此，大小和尚都瞧不起他，只有主持方丈法眼禅师特别器重他，认为他对佛学造诣领悟最深。

一天，众和尚聚会听法眼禅师讲经。

法眼禅师突然向大家问道："虎项金铃，是谁解得？"

半天，没一个人答得出来。

恰值这时，法灯从外面进来，法眼禅师又把这个问题问他，法灯不假思索地答道："是谁把铃子系到虎颈上去的，谁就能解下来。"

法眼禅师非常赞赏他的回答，向大家说道："听见没有？你们轻视他不得呢！他将来的成就必定高于你们。"后来，法灯果然成为一代名僧。

镌金石者难为功，摧枯朽者易为力

典出（东汉）班固《汉书》。

在金石上雕刻，难以显示其功力；摧枯拉朽，容易显示其力量。镌（juān）：凿，刻。摧：摧毁。枯朽：枯草朽木。

形容追求超越常人的成就需要付出艰辛的努力，而不费吹灰之力所获得成功往往并无价值。这两句话以形象的比喻告诫人们，要努力奋斗去追求有价值有意义的事业，而不要得意于轻而易举的小成功。

临大事而不乱

典出（北宋）苏轼《策略》。

面临大事而不慌乱。

很多人在做事的时候，遇到小事，尚可从容不迫，很有条理，可是一旦大事来临的时候，就惊慌失措，感到无所适从。这其实仍然是个人能力、经验的不足。有能力的人遇

事镇定沉着，举措得当，应付自如，最终会安然地解决这件事。这句话告诫人们，在做任何事情时，都应该保持沉着冷静，从容应对。

路曼曼其修远兮，吾将上下而求索

典出（战国）屈原《离骚》。

尽管道路漫长而遥远，我还是要为追求真理而上天入地去探求。曼曼：通"漫漫"。

屈原是战国时期楚国著名的爱国诗人和政治家，他热爱自己的国家，力主政治改革，革除旧弊，联齐抗秦，收复故土，然而他的理想不符合守旧贵族的利益，故而遭到嫉恨，多番被人谗言诋毁，屈原也因此两度被放逐。他的诗作《离骚》正是作于被放逐的这一段时期内，诗中抒发了屈原这种去国离乡的忧愤愁思。此句为《离骚》中的名句，表达了诗人孜孜以求、永不倦怠的精神。这种"上下而求索"的精神，鼓励了无数的仁人志士为了理想、信念或者学术上的研究而努力奋斗、拼搏钻研，这种精神直到现在也是值得提倡的。

路遥知马力，日久见人心

典出《争报恩》。

路程遥远，才能考验出马的脚力大小；日子久了，才能看出一个人的心地好坏。

一匹马是优是劣，从表面是完全看不出来的，需要通过它的脚程来加以分辨。而人的思想是很复杂的，要真正了解一个人的内心、判断一个人的好坏，不能根据一时一事的表现，只有经过时间的考验才能真正地了解一个人。

盲人摸象，各执一见

典出（北宋）释道原《景德传灯录》。

比喻不见整体者必执偏见。

古时候，有个皇帝召集了一批盲人，让他们各摸大象的一个部分。等他们摸完了，然后逐个问他们："大象是什么样子的？"摸象牙的人说："大象像一个长萝卜。"摸象耳的人说："它像一只簸箕。"摸象头的人说："它简直是一块大石头。"摸象鼻子的人说："不，它像一根木杵。"摸象背的人说："它像一张大床。"摸象肚子的人说："怎

140

么我觉得它像一只大瓮呢？"摸象尾的人说："你们说的都不对，大象像一根绳子。"他们根据自己的触觉各执一见，争论不休，其实谁也未见整体，都说错了。

谋无主则困，事无备则废

典出《管子·霸言》。

谋划事情如果没有主见就会陷入困境之中，做事情假如没有做好准备就无法取得成功。

常言道"当断不断，反受其乱"，在谋划一件事情时，决策人如果没有主见，迟疑不定，难以及时地拟定对策，说不定会丧失稍纵即逝的机遇，这样反而会使得己方陷入窘境。如果事先没有准备，对敌我强弱之势、有利不利的因素不加以了解，做事就会陷入被动，如此就会导致失败。此句提醒人们做事要果断，还要准备全面。

其父善游

典出（战国）吕不韦《吕氏春秋》。

说明做事不能不切实际，要正确地处理各种事情。

有个人从江边经过，看见一个人正拉着一个孩子要把他投到江里去，孩子吓得大哭。这个人就问那个人是什么缘故。那个人说："这个孩子的爸爸善于游水。"

爸爸善于游水，他的孩子难道就应该善于游水吗？

这篇寓言对那些惯于机械推理，抱有历史成见或血统论观点的人都是有力的讽刺。因为本领的获得要靠自己，而不能靠先天的遗传。另外，处理事情要从实际出发，对象改变了，相对应的处理方法也要有所改变。

骑马顶包

典出《嘻谈续录》。

认识事物一定要认识事物之间的依从关系，不能把彼此关联的事物孤立起来。

一个人头顶着背包，骑在马上赶路，晃晃悠悠，十分吃力。有人见他这副狼狈样，奇怪地问："为什么要顶着背包，而不把它搭在马背上呢？"那人回答说："我怕马的负担太重，顶在头上，可以省些马的力气。"

弃璧负婴

典出（战国）庄周《庄子·山木》。

在患难时，宁愿丢弃玉璧，也要把孩子背在身上，因为玉璧是身外之物，而孩子却是亲生骨肉。指重视内在的自然的连属关系。负：背负。

春秋时，孔子为了实现自己的政治理想，带着弟子周游列国，向各国诸侯进行游说，但成果不佳。孔子无奈，回到鲁国，有些朋友见他一事无成，日益同他疏远，他的不少弟子也先后离开了他。孔子心中非常难过，便去向隐士子桑

143

雩（hù）请教。

孔子说："我平时对待朋友和弟子都很注重礼仪，讲学也十分尽心，为什么在我艰难困顿的时候，我的朋友疏远了我，我的弟子离开了我呢？"

子桑雩听了，就讲了一个林回弃璧负婴的故事给他听：

林回是假国人。有一次，强大的晋国向弱小的假国发动进攻，城中的百姓纷纷逃出都城。林回身怀玉璧，背着自己刚满周岁的儿子随着人流逃难。不一会儿，他便累得气喘吁吁。他果断地把身上的玉璧扔掉，而背着孩子继续逃难。

有人问他："对于一个逃难的人来说，财宝是最为重要的，不然你逃出去后将无法生活；另外，拖累要越少越好，这孩子既不值钱，背在身上又是很大的累赘，可是你却宁愿把价值千金的玉璧丢掉，而背着孩子逃难，这是为什么呢？"

林回回答说："我和玉璧只是利益的结合，而这孩子却是我的亲生骨肉，我和他血肉相连，有着天然的联系。这种父子之情，是任何珍贵的财宝所无法代替的。"

子桑雩讲完故事，继续说道："如果人与人之间的关系只是以利益相结合的，那么遇到艰难困苦就会互相抛弃。你的朋友和一些弟子都是为了利才来亲近你的，那么你现在艰苦困顿，无利可图了，他们离开了你，又有什么奇怪呢？你只有和你的弟子以及朋友建立深厚的感情，待他们像亲骨肉一样，他们才不会离开你！"

孔子听了，恍然大悟。

于是，孔子回去后，便抛开经书，不再进行严肃的说教，也不要弟子们对他行揖拜的礼节，而是努力培养师徒间的真诚感情。从此，弟子们对他的敬爱与日俱增，再也没有人离开他了。

千里始足下，高山起微尘

典出（唐代）白居易《续座右铭》。

千里之远是由一步一步走出来的，高山之大是从微尘中积累起来的。

做任何的事情不要奢望一蹴（cù）而就，应该打好基础，从一点一滴做起。面对一个宏伟的目标，想要一步登天是不现实的，必须一步一个脚印，坚持不懈，不断努力，如此就能够取得成功。

此二句提醒人们，做事要稳扎稳打，不断努力才能取得成功。

强中更有强中手，莫向人前满自夸

典出（明代）冯梦龙《警世通言》。

在强者中间还有更强的人，不要在别人面前自满地夸口。这两句话在于告诫人们，即便自己本领高强，取得了骄人的成就，也不要骄傲自大，自满自得，在别人面前大肆

地炫耀。因为天外有天，人外有人，芸芸众生中还有很多比自己更强大的对手。他们的技术、经验水平都值得自己去学习，去追赶。

此句又可作"强中更有强中手，莫向人前夸大口"，提醒强者要谦虚谨慎，善于学习。

人不可貌相，海水不可斗量

典出（明代）冯梦龙《醒世恒言》。

不能仅凭一个人的外貌就断定他的才能或身份，不能用斗来衡量海水的多少。形容看人要看本质，不能以貌取人。

海水广阔无边，用酒斗去量显然不合适。人相貌有美丑，内心有善恶，用一个人外貌的美丑去判断一个人是善是恶，显然也不合适。一个人其貌不扬，看似平庸，也许他就是真正大贤大智的人才呢。一个人外貌儒雅，温润如玉，也许他的内心龌（wò）龊（chuò），行为卑鄙呢。此二句常用来表明不可以貌取人之意。

人无远虑，必有近忧

典出《论语·卫灵公》。

人要是没有深谋远虑，就一定会出现眼前的忧患。人生不可能一帆风顺，总会有这样或那样的忧患。对于人生可能发生的不测，应该预先防范，在其初露端倪之时，就应该果断采取行动，将其扼杀于襁（qiǎng）褓（bǎo）之中。如果对将来的事情不考虑，就可能会因为疏忽大意而陷入困境。此二句多用来提醒人们，做事情要有深谋远虑，防患未然。

若要功夫深，铁杵磨成针

典出（明代）曹学佺《蜀中广记》。

只要下足功夫，就算是铁棒，也一样可以磨得像绣花针一样细。铁杵：铁棒。比喻做任何事情只要有恒心，肯努力坚持，就会取得成功。

相传，李白幼时曾经在山中读书，还没有读完，就离去了。李白在途中路过小溪，见到一位老婆婆正在溪边磨一根铁杵。李白觉得十分好奇，就问老婆婆缘由。老婆婆告诉他，

她想要把铁杵磨成一根绣花针。李白听了，更感奇怪："铁杵磨成针，能行吗？"老婆婆告诉他："只要功夫深，铁杵也能磨成针。"李白听了，大受感动，就跑回山中，完成了学业。后来，李白成为流芳千古的大诗人。

"若要功夫深，铁杵磨成针"又作"只要功夫深，铁杵磨成针"。

三年之艾

典出（战国）孟子《孟子·离娄上》。

原义是存放了三年的艾草。后比喻凡事必须早做准备。

战国时期，各诸侯国为争霸天下，相互攻伐兼并，连年征战不休，社会动荡，百姓遭难。孟子针对这一社会现实，提出"行仁政"而"富民"的主张。

弟子请教孟子道："先生，夏桀和殷纣为何失去了天下？"

孟子说："因为他们都施行暴政，对外兴兵，对内镇压，只贪图自己安乐，根本不顾百姓的死活，因而失去了老百姓的支持。老百姓一同起来反对他们，他们当然要垮台啦。"

弟子又问："那么，如果一位君主施行仁政，顺应民众意愿治理国家，那他就能获得天下了吧？"

孟子说："是这样的。商汤和周武王之所以获得天下，

就因为他们都施行仁政，顺乎民心。现在也是这样，如果诸侯中有谁实行'富民、仁民、教民'的仁政，那么获得天下便指日可待了。可当今却没人这样做，这就像害病求药一样，一个人如果生病7年了，那么他只有用放了3年的陈艾来医治才能见效。艾草陈放得越久，越干燥，药效才越好。如果平时不留意积蓄一些，待到病危时才临时去找一棵新艾草医治，那已经不顶用了。仁德也是这样，如果君主平常不留心培养自己的仁德，一旦社会矛盾尖锐紧张，恐怕就要遭受灭顶之灾了！"

善弈者谋势，不善弈者谋子

典出（北宋）张拟《棋经十三篇》。

会下棋的人考虑的是整体局势，不会下棋的人只考虑一颗棋子的走法。

懂得下棋的人，着眼全局，不会计较于一子的得失。因为，下棋最终的目的就是要胜过对方，而这个胜利是全局、整体上的胜利，而不是一子的胜利。此二句不仅是有关下棋的金玉良言，对我们的日常生活也有指导意义，它提醒人们，在工作和学习中，不要计较一时成败，要转变思想，着眼于全局，确保最终的胜利。

善有善报，恶有恶报；不是不报，时辰未到

典出《来生债》。

行善做好事的，终究会得到好的报答，为恶做坏事的，到头来终会有坏的报应；当时未报，不等于不报，而是时间早晚而已，时间一到，终当有报。

此句使用十分普遍，意在说明做善事的人会得到好的报答，做坏事的人，不要光看一时得意，到头来终将会搬起石头砸了自己的脚。这几句话看似在宣扬因果报应，其实不然，它概括的是人对善恶的态度和善恶对人的影响，看似特殊，实际普遍。这几句具有劝善戒恶的作用，现代人应该牢记，不可为恶，做不义之事。

神奇化腐朽，腐朽化神奇

典出（战国）庄周《庄子·知北游》。

神奇化腐朽：将好的东西变成不好的东西。腐朽化神奇：将不好的东西变成好的东西。两句合用则表示事物的好坏是相互转化的。

智慧想弄懂世间的一切道理，便到北方游历。

一天，智慧来到玄水边，碰到无所谓。智慧对无所谓说："我想问你一些问题，具有怎样的思想、怎样的考虑，才真正懂得道理呢？具有怎样的地方、怎样的行动，才能与道理相处呢？从什么路径、用什么方法，才可以得到道理呢？"智慧连问三次，无所谓都没有回答。

智慧得不到解答，便来到白水的南边，无意中又碰到了狂屈，智慧又将上述问题去问狂屈。狂屈说："唉！道理我

是懂的，我告诉你吧！"狂屈心里正想说出来，可立刻又忘了他想说的话。

智慧还是没得到解答，就回到帝宫里去见黄帝，向他请教。黄帝说："没思想、没有考虑，才能懂得道理；没有地方、没有行动，才能与道理相处；没有路径、没有方法，才能得到道理。"智慧接着问道："你能说出道理，无所谓和狂屈都说不出来，究竟谁真正懂得道理呢？"黄帝说："无所谓是真正地懂得的，狂屈还差不多，我和你终究是不懂道理的人。因为真正的道理是说不出来的，能说的就已经不是道理了。人们往往把喜欢的认为是神奇，把厌恶的认为是臭腐，但天地间的事很奇怪。"智慧听了黄帝的话后，认为黄帝说得很对，就再不想去弄懂道理了。

绳锯木断，水滴石穿

典出（南宋）罗大经《鹤林玉露》。

用绳子当锯子也可以把木头锯断，水不停向下滴可以把石头滴穿。比喻力量虽小，只要坚持下去，事情就能成功。

绳较木为韧，水较石柔弱，然而绳锯木能断，水滴石能穿，这说明了只要有恒心，坚持不懈勤奋努力，就没有什么

事情不能成功。

失之毫厘，差之千里

典出（北宋）司马光《资治通鉴》。

细微的差错，就会导致极大的错误。毫、厘：都是极小的长度单位。

赵充国是西汉时期的上邽（guī）（今甘肃清水）人。有一次，他奉汉宣帝的命令去西北地区平定叛乱。

赵充国到了那儿，一看地势，发现叛军的力量虽大，但军心不齐，他就决定采取招抚的办法。经过他的努力，果然有1万多叛军前来投诚。赵充国便打算撤回骑兵，只留一小部分部队留驻原地开垦土地，等待叛军全部归顺。

可是还未等到他把情况上报皇帝，皇帝却已下达了限时全面攻击叛军的命令。赵充国经过再三考虑，决定还是按照自己原来的打算去做招抚叛军的工作。

赵充国的儿子赵卬（mǎo）听到这个消息，急忙派人劝他父亲接受命令，省得因违抗皇帝命令而遭杀身之祸。这使得赵充国想起了种种往事。

赵充国曾向皇帝建议让酒泉太守辛武贤去驻守西北边境，但皇帝却派了不懂军事的义渠安国带兵，结果被匈奴人

杀得大败。

有一年，金城、关中粮食大丰收，赵充国向皇帝建议收购 300 万石谷子存起来，那么边境上的那些人见到军队的粮食充裕，他们想叛变也不敢动了。

可是后来耿中丞只向皇帝申请买 100 万石，皇帝则只批 40 万石，义渠安国又轻易地耗费了 20 万石。正由于做错了这两件事，才发生了这样大的动乱。

赵充国想到这些，深深地叹了口气说："真是'失之毫厘，差之千里'啊！如今战事未停，危机四伏，我一定要用生命来坚持我的正确主张，替皇帝扭转这个局面。我想，明达的皇帝是可以对他讲真心话的。"

于是赵充国把他撤兵、屯田的设想奏报皇帝。汉宣帝终于接受了他的主张，最后招抚了叛军，取得了安邦定国的结果。

师旷调琴

典出（明代）刘基《郁离子》。

说明人们要进行正常的生活和有秩序的生产，就必须以一定的方式组织起来，分工协作。

晋平公让人做了一张琴，琴上的弦粗细一样，没有大弦、

155

小弦的区别。

琴做好后，他让乐官师旷来调音。师旷调了一整天，也没调出个曲调来。

晋平公很不满意，怪怨师旷不会调琴。

师旷回答说："一张琴，大弦为主，小弦为辅，大弦小弦各有各的用途。它们彼此配合，才能合成音律；它们有条不紊，才能奏出和谐悦耳的音乐。这张琴的琴弦粗细都一样，破坏了它们应有的系统。这样的琴让我怎么调呢？"

食无求饱，居无求安，敏于事而慎于言，就有道而正焉，可谓好学也已

典出《论语·学而》。

吃饭不要求能够吃饱，居住不要求能够安逸，做事灵敏，说话谨慎，根据已有的道德标准来摆正自己的行为，这就可以称之为是善于学习。

这是孔子告诉我们的关于学习做人的道理，就是对物质条件不能要求太高，在为人处事的时候要严格约束自己的言行，但是头脑一定要灵敏，要善于见机行事。做到这些，才算是好学。

慎始而敬终，终以不困

典出（战国）左丘明《左传》。

仔细、谨慎地开始动手做某件事情，自始至终毫不怠慢，就不会有窘迫之患。

这告诉我们，在做某件事情时，从一开始就应该端正态度，谨慎小心，认真做事，当事情步入正轨之时，更要将认真的态度一以贯之，毫不怠慢，这样做事情就不会有窘迫的感觉。这在告诫人们，做事情要端正态度，不可懈怠。

司马懿攻八卦阵

典出（明代）罗贯中《三国演义》。

比喻态度不老实，不了解事情的真相假装了解，结果自己吃亏。

诸葛亮出师北伐，魏国将军司马懿（yì）率军到祁山，与蜀汉军对抗于渭滨。这里一边是河，一边是山，中央平原旷野，确是一处好战场！

两军相迎，各用箭射住阵脚。三通鼓罢，魏阵中门旗开处，司马懿出马。这边诸葛亮端坐在四轮车上，手摇羽扇，态度安闲。司马懿劝诸葛亮回兵。诸葛亮笑答："等我收了中原，自然回兵。"司马懿大怒，要与诸葛亮决一胜败。诸葛亮笑问："你想要斗将、斗兵，还是斗阵法？"司马懿要先斗阵法。诸葛亮轻摇羽扇，把早在汉中操练精熟的八卦阵布成，问："识得此阵吗？"司马懿说："这是八卦阵，怎么不识！"诸葛亮又问："识是识了，可敢攻打？"司马懿说："识了便敢打。"他叫 3 名将领各引 30 名骑兵，吩咐他们从正东生门杀入，往西南休门杀出，再由正北开门杀入。三人领兵杀入生门，往西南冲去，却被蜀兵射住，冲突不出。阵中门户重重叠叠，难分方向。三将不能相顾，只管乱冲乱撞，弄得魏军精疲力竭，昏昏沉沉，一个个都被缚住。诸葛亮下令将他们的衣服脱了，脸上涂墨。放出阵去。叫他们回

去告诉司马懿，"再读兵书，策观战策，那时再来决雌雄，也不为晚"。

3个魏将和90名军士，面涂黑墨，光着上身，从蜀阵中步行逃出，向魏阵奔来。司马懿一见，咬牙切齿，怒气冲天，说："如此挫败锐气，有何面目见中原大臣！"他拔剑在手，指挥三军，向蜀军冲来，想一举攻破八卦阵，报仇雪耻。结果，八卦阵没有攻破，魏兵反被伤亡了十分之六七，司马懿只好败退了。

天下事当于大处著眼，小处下手

典出（清代）曾国藩《致吴竹如》。

天下之事应从大事上着眼，从小事上着手办理。著眼：着眼。

做任何事情，必然是一个从小及大、由易入难的过程。做事情从大处着眼，这样就能够统筹全局，在大是大非的问题上就能够坚持原则，不至于犯一些战略性的错误。从小处着手，一个接一个地解决问题，这样才能够顺利妥当，最终得以取得全部胜利。此句告诫人们，做任何的工作，需要具备全局的观念，做事情应从小处着手，切忌空谈。

天下事以难而废者十之一，以惰而废者十之九

典出（南北朝）颜之推《颜氏家训》。

世上的事情因困难而失败的，十件仅有一件；因为懒惰而失败的，十件就有九件。

世间之事，有难有易，有成功也会有失败。事情能否成功，不在于事情的难易，而在于你是否付出努力。古往今来，但凡做事懒惰、不思进取之人，想要取得成功，根本就是天方夜谭；而勤劳之人，付出艰辛努力，克服重重困难，往往能够取得成功。此二句颇具警示意义，告诫人们，做事情要端正态度，积极向目标奋斗，不可懒惰。

天下无难事，只怕有心人

典出（明代）王骥德《韩夫人题红记》。

天下的事是没有难和容易的分别的，因为所谓的难事只要遇到有毅力、有决心、有恒心的人，就会迎刃而解。

这两句话的意思是，只要有志向、有毅力，没有什么办

不到的事情。这是脍炙人口的名言佳句，是很多励志奋进之士的座右铭。

悟已往之不谏，知来者之可追

典出（东晋）陶渊明《归去来兮辞》。

认识到过去的错误已经不可挽回，知道未来的事还来得及补救。不谏：不可谏止。

陶渊明壮年时曾出任芝麻小吏，后来不愿意为五斗米折腰，毅然辞官归隐，退居田园。陶渊明回忆往昔，不由得为过去做官的行为而感到懊悔，但是如今辞官归隐，远离官场

161

是非，很多事情此时做也还不晚。

这两句话提醒人们，人不可以活在过去，要活在当下，为过去伤磋无益，还不如把握年华，为今后的理想而奋斗。

勿以恶小而为之，勿以善小而不为

典出（西晋）陈寿《三国志》裴松之注引《诸葛亮集》。

不要认为是小错就去做了，也不要认为这件善举很小，不值得一做就不做了。

刘备从贩席织履的没落王孙，到三分天下的蜀国君主，其所作所为，足以让世人称羡。然而晚年时，错误发动对吴战争，结果大败而归。刘备临死前，托孤于诸葛亮，并且谆谆嘱咐儿子刘禅："勿以恶小而为之，勿以善小而不为。"就是说，对于邪恶的事情，不要以为是小事一桩，无关大局，就不加以防范，须知小的恶行积累下来，就会酿成大祸，到那时，悔之无及。而对于善行、好事，也不能认为意义不大，不值得一做，就不做了，要知道大的善行，都是小的善事积累下来的。

这两句话告诫人们，对于坏事应防微杜渐，坚决不做，对于好事应从小处小事做起，多多益善。

物腐虫生

典出（战国）荀况《荀子·劝学》。

东西腐烂了才会生虫。比喻祸患的发生，总有内部的原因。也比喻本身有了弱点，别人才能乘机打击。

这句成语最初见于《荀子》："肉腐生虫，鱼枯生蠹（dù）。"蠹，即蛀虫。但后来成为一句能广泛应用的成语，却是由于宋代大文学家苏轼的《范增论》而开始的。

范增是秦朝末年反抗暴秦的英雄项梁的谋士，项梁战死后，他的侄子项羽继承了抗秦的事业；项羽是一个有武少谋的人，凭着勇武和范增的策划，取得了诸侯的领导权。当时，范增以为能和项羽相争的便是刘邦，所以主张先将刘邦消灭。在鸿门宴中，范增虽已安排好了杀刘邦之计，只因项羽没有决心，终让刘邦逃脱。

从此，刘邦便从各方面造谣中伤范增，来离间项羽和范增的关系。项羽是个有勇无谋的人，果然中了刘邦的计，渐渐疏远范增，范增愤而离开项羽，不久便病死。

苏轼在《范增论》中谈到这事时，有"物必先腐也，而后虫生；人必先疑也，而后谗入之"。意思是说：一件物体一定是先腐烂了，然后才生出虫来；一个人对另外一个人先有了疑心，才会听信关于他的谣言和毁谤。

这是一句很有道理的成语，天地间的事物，必先是内部起了变化，才影响到外界的。

先下手为强，后下手为殃

典出（元代）纪君祥《赵氏孤儿》。

先动手的占优势，后动手的招致祸害。殃：祸害。

敌我之间的斗争，必然是你死我活的斗争，如果在敌人还没有准备好时率先出手，就能够占据优势；反之，如果让敌人先出手，就会将自身置于不利的处境，是要吃亏的。此话流传极为普遍，今人一般写作"先下手为强，后下手遭殃"，多用来劝人抓紧时机，及早动手，以免丧失主动权。

象虎遇驳

典出（明代）刘基《郁离子》。

比喻不要依靠投机取巧的伎俩自恃高明，更不可盛气凌人、一意孤行。

楚国有一个遭狐狸祸害的人，他想尽法子捕捉狐狸，也

没有捕到。

有人教给他一个办法说："老虎是山中猛兽之王，天下的野兽看见了它，都会吓得丢魂丧魄、趴在地上等死。"

楚人便找人做了一个老虎模型，拿一张虎皮蒙在上面，放在窗户下边。狐狸溜进来碰见了，大叫一声便跌倒了。

有一天，野猪糟蹋了他地里的庄稼，他又叫人把老虎模型埋伏起来，并派他的儿子手持利戈在大路口把守。地里的人一齐叫喊，野猪逃奔到丛林里，恰好遇到老虎模型，返身就往大路上奔跑，便被捉住了。

楚人高兴极了，认为老虎模型可以降服天下所有猛兽。这时，野地里出现了一种像马的动物，他又披着老虎模型迎上去。

有人劝阻他说："这是驳呀！真老虎都不敢抵挡它，你去了一定会遭殃的！"楚人没有理睬。

那像马的大野兽雷鸣般地吼叫着冲到面前，把他抓住便咬，这个楚人最终被咬死了。

后人用这个故事说明老虎的模型吓跑狐狸和野猪一类动物，并取得了一些效果，这原是带有一定偶然性的现象；其实，楚人本身并没有坚实而可靠的力量。可悲的是，楚人竟被"像虎"这种虚假"威力"所迷惑，并以此沾沾自喜，狂傲自大，结果，遇驳而亡。

一木难支

典出（南朝宋）刘义庆《世说新语》。

原指大楼将要倒塌，不是一根木头能够支撑得住的。比喻一个人的力量难以胜任艰巨的工作。

南北朝宋顺帝时，权臣萧道成把持政权，残害忠良，横行恣肆，大有篡（cuàn）夺王室的企图。当时大臣袁粲和刘东两人秘密商量要杀死萧道成，但被萧道成的亲信褚渊知道了，向萧道成告了密，萧道成十分恼怒，立刻派部将戴僧静率领很多人马去攻打袁粲，把城池团团围住了。

这时，袁粲对他的儿子袁最说："我明知道一根木柱不能支撑一座大厦使其免于崩塌，但为了名誉义节，不得不死守下去。"

后来，戴僧静率领部下越墙冲进城里去。在敌人的刀枪剑戟下，袁最勇敢地用身体掩护父亲。这时，袁粲对儿子袁最说："我是个忠臣，你是个孝子，我们死而无愧。"结果他们父子都牺牲了。

一年之计在于春，一日之计在于晨

典出（南朝梁）萧绎《纂（zuǎn）要》。

一年的大计在于春天运筹得如何，一天的大计在于早晨谋划得怎样。

人生岁月，小则以天计算，大则以年计算。一天之始，始于晨，所以只要早晨谋划好一天的工作，这一天都会妥妥当当；一年之始，始于春，所以只要在春天谋划好一年的发展大计，那么这一年都会运行有序。此二句以"一日之计"与"一年之计"的表述，劝喻人们要珍惜时光，善于筹谋，抓住有利的时机成就一番大事业。此话以通俗的语言表达了重要的人生哲理，逻辑性强，意义深刻，故此至今仍是家喻户晓的名句。

宜行则行，宜止则止

典出（唐代）韩愈《上留守郑相公启》。

适宜行动的时候就行动，应该停止的时候就停止。宜：适宜于。行：做。

168

这告诫人们，做事情要注意时机的把握，该做则做，当止则止。如果某事筹措妥当，机会合适，就应该果断地采取行动；如果条件尚不完全具备，时机尚未成熟时，就应该立即停止，立足当前，量力而行，一切从实际出发，如此便会成功。

欲速则不达

典出《论语·子路》。

……味求快，反而达不到目的。

子夏，姓卜名商，春秋时期卫国人，是孔子很得意的一个学生。

子夏当上了莒父县的县令，他向老师孔子请教，如何处理好县政、事务。

孔子回答说："不要图快，不要只顾小利。图快，反而不能达到目的；只顾小利，就办不成大事。"

《韩非子》中也记载了一个欲速则不达的故事。

春秋末期，齐景公正在海边游玩，忽然接到侍者的报告："相国晏婴生病，十分危险！"

晏婴是长期帮助齐景公治理国家的功臣，威望非常高。齐景公得到这个消息，非常着急，立刻下令火速返回都城。他挑选最好的驭手驾车，挑选最好的马拉车。在车上，他

不住地催促"快点跑！快点跑"，虽然马车跑得飞快，但齐景公仍然觉得太慢。于是他把驭手推到一边，自己拿起鞭子赶车。这样跑了一阵，他还是觉得不够快。他心急如火，干脆跳下车子奔跑起来。跑了一会儿，便累得汗流浃背，上气不接下气。齐景公当然不会有四条腿的马跑得快，他一心想快，但这样做的结果反而更慢了，根本达不到他的预期目的。

欲穷千里目，更上一层楼

典出（唐代）王之涣《登鹳雀楼》。

要想把千里之内的风光景物都看个够，那就要登上更高的一层楼。欲：想要达到某种目的的愿望，也指希望。穷：尽。千里目：无限宽阔的眼界。

本来，作者这两句诗是写景的，但是，这看似普通的话语，却蕴含着丰富的哲理。它提示我们，人应该有向上进取的精神和高瞻远瞩的胸襟。

远水不救近火

典出（战国）韩非《韩非子》。

远处的水救不了近处的火。比喻舍近求远，缓不济急，是要误事的。

鲁穆公为了结交晋、楚两个大国，将有的公子派到晋国做官，有的派到楚国做官。一位大臣说："孩子掉到水里了，却跑到越国去请人来搭救，越国人虽然擅长游水，孩子一定活不了。已经失火了，却跑到海边取水回来灭火，海水再多，必定救不了火：这叫远水不救近火。当今晋楚虽然强大，而齐国离我们最近，你却不联合，鲁国的祸患大概无救了吧？"

月晕而风，础润而雨

典出（北宋）苏洵《辨奸论》。

月亮周围出现圆晕就要刮风，础石湿润了就要下雨。比喻事情发生前的征兆。

南宋初年，官僚大地主集团为了推卸北宋灭亡的责任，说北宋亡于金是王安石变法导致的。还在王安石变法时就竭力攻击新法的保守派人物邵（shào）伯温，配合当时有官僚

集团反对政治的需要，假冒苏洵之名炮制了《辨奸论》，从性格、生活、行为等方面，对王安石进行了诋毁与丑化。因为苏洵死后三年，王安石才入朝执政，所以邵伯温把苏洵打扮成一个预言家，在《辨奸论》中说：早就知道王安石当政会造成祸害。月亮周围起了圆晕，就意味着要刮大风了；屋柱的石座湿润了，就意味着要下大雨了。从王安石不讲究吃穿，不剃头洗脸，可以看出他做事不近人情，是个大奸大恶之人。

藏谷亡羊

典出（战国）庄周《庄子·骈拇》。

后因以为典，喻事不同而实则一。

臧（zāng）和谷一起去放羊，两个人全都把羊丢了。主人问臧在干些什么？原来他夹着羊鞭子在读书；又问谷在干些什么？原来他掷骰（tóu）子玩耍。两个人的行动虽然不同，但是对于跑丢了羊这件事却是相同的。

这个故事说明：首先应该做好本职工作，如果心不在焉，各事所好，就会发生事故，造成损失。臧、谷亡羊有"读书"和"博塞"的不同原因，但二人亡羊却没有区别——一切失职的人，不论他们的原因多么不同，但没有完成任务则是完全相同的。

郑人买履

典出（战国）韩非《韩非子》。

指因循守旧，不思变通，终将一事无成。履：鞋子。

郑国有个人想买一双鞋，他不知道自己脚的尺寸，就拿了根草绳依自己脚的大小铰了一段，放在了凳子上。他到了集市上，找到鞋铺，这才想起忘了带草绳。

店主是个有经验的人，一见他要买鞋便当即拿出一双，让他试穿，可他却说："不行不行，我忘了带尺码，怎能买鞋？我得回去取！"

他回家一看，尺码果然放在凳子上。他拿起草绳，又返身往集市赶。

到了集市，集市已散，那鞋铺也关了门。他十分气恼，连连怪自己太糊涂，以致误了买鞋。

路人笑问："你是给谁买鞋呀？"

"我自己。"

"那你为什么不用自己的脚去试鞋，非要去取什么尺码呢？"

那人摇头说："那怎么行呀，我的脚怎么会有尺码那么准确呢？"

后人用"郑人买履"讽刺那些只相信本本条条而不顾客观实际的教条主义者。

知无涯

典出（明代）江盈科《雪涛小说》。

求知是没有止境的。

楚地有个生来就不认识姜这种植物的人，他说："姜是从树上结出来的。"有人告诉他说："姜是从土里长出来的。"这个楚人固执己见，说道："请你和我问十个人，把他们的话当成评断，我愿用我骑的这头驴子打赌。"

不一会儿，他们就问了十个人，都说："是土里生长出来的。"

这个楚人顿时哑然失色，说道："这头驴就输给你了，可姜还是树上长的。"

北方有个生来就不认识菱角的人，在南方当官时，席上吃菱角，他连壳一块吞进口去。

有人对他说："吃菱角必须去壳。"

这个北方人却为自己辩解，说道："我并不是不知道，连壳一起吞下去，我为的是想清火解热呀！"

问话的人又对他说："北方也有菱角吗？"

他回答说："前山后山，哪个地方没有呀？"

姜产在土中，却说是在树上结成的；菱角长在水里，却说是在山里长成的，这都是由于无知造成的。万物的规律是无穷无尽的，如果拿一个模子去套一切事物，那真是见识短

浅啊！

"实践出真知。"所以，任何人都不能强不知以为知，因为学习也是无止境的。

自安于弱，而终于弱矣；自安于愚，而终于愚矣

典出（南宋）吕祖谦《东莱博议》。

自己安心于软弱，最终也只能是软弱；自己安心于愚蠢，最终也只能是愚蠢。

这告诫人们，做任何事情都不能自暴自弃，只要锐意进取，就能改变自己的命运和地位。有些人不够聪明，如果仅仅因为自身才能不及他人，就自暴自弃，不思进取的话，这样的人永远也不可能有什么大的出息。人蠢笨些不要紧，最重要的是要有奋斗之心，如果能够努力奋斗，积极进取，取得杰出的成绩也未可知。